# 宋朝进行时

## 人文鼎盛

〔卷贰〕

野狐狸 著

岳麓书社·长沙

**图书在版编目（CIP）数据**

宋朝进行时：人文鼎盛/野狐狸著．—长沙：岳麓书社，2023.2
ISBN 978-7-5538-1729-3

Ⅰ．①宋… Ⅱ．①野… Ⅲ．①中国历史—宋代—通俗读物
Ⅳ.①K244.09

中国版本图书馆 CIP 数据核字（2022）第 170642 号

本书中文简体版由北京行距文化传媒有限公司授权
湖南岳麓书社有限责任公司在中国大陆地区独家出版、发行。

SONGCHAO JINXING SHI：RENWEN DINGSHENG

## 宋朝进行时：人文鼎盛

作　　者：野狐狸
出 版 人：崔　灿
出版统筹：马美著
策划编辑：李郑龙
责任编辑：张丽琴
营销编辑：谢一帆　唐　睿
责任校对：舒　舍
装帧设计：东合社—安宁

岳麓书社出版发行

地址：湖南省长沙市爱民路 47 号
直销电话：0731-88804152　0731-88885616
邮编：410006

版次：2023 年 2 月第 1 版
印次：2023 年 2 月第 1 次印刷
开本：880mm×1230mm　1/32
印张：12.5
字数：275 千字
ISBN 978-7-5538-1729-3
定价：68.00 元

承印：长沙超峰印刷有限公司
如有印装质量问题，请与本社印务部联系
电话：0731-88884129

# 历史如何说

历史已经离我们远去，对很多人来说，那就是一部部厚重的典籍，让人望而生畏。

其实，历史仍一直流淌在我们的血液里，它所蕴含的真假、善恶、美丑，都萦绕在我们身边，从未消失。

有人说过，一切历史都是当代史。

写一部好看的历史，一直是我心中的一个梦想，我希望能够凭着自己的一支笔，把一段沉睡的历史唤醒，让大家能清晰地看到它的原貌，感受到它的脉搏。

一直以来，我们的历史教育都显得有点"刻板"。政治事件排列在前，经济文化点缀在后，王朝更替、人物更替，如是而已。我想，历史首先是人的历史，每一个历史人物都应该鲜活生动，有血有肉，他们有优点有缺陷，有时胸怀大志，有时私心作祟，一如你身边的张三、李四。

不仅历史人物如此，一个王朝、一项制度、一个经济现象、一种文化形式都有它特定的产生条件和演进规律，就像一个人的成长过程一样。

所以，历史作品不是历史小说，它不仅要告诉人家一个个精彩的故事，还要传递出有温度的历史观。

基于个人偏好，我决定写一写宋朝的故事，讲述公元 960 年至 1279 年两宋三百多年的历史，邀请宋太祖赵匡胤、千古名臣范仲淹、改革家王安石、大文豪苏东坡、民族英雄岳飞、爱国诗人文天祥……来到我们的身边，共同进行一次千年神游。

当然，我写的仍是正史，史实来源既包括《续资治通鉴长编》《宋史》《建炎以来系年要录》等宋代史料，也包括《涑水记闻》《邵氏闻见录》等笔记杂谈，写作中还会参考近现代宋史研究领域的专家著述。文章以讲述宋代的政治事件为主线，穿插描述那时的制度、经济、文化乃至社会生活，同时也融入自己对历史的看法、观点，旨在全面客观地展现那个绚丽时代。

宋代的历史不好写，因为宋朝总给人积贫积弱的印象，一有外战总是习惯性掉链子，宫斗戏也显得成色不足，偶尔碰到几个熟悉的大文人，还会唤醒你"全文背诵"的酸楚记忆。但是，宋朝也有自己的亮色，它的文治风韵、翰墨风华，任何一个时代都无法比拟；它的印记，留在每个人的吃穿住行里，从未消失。

我希望，通过我的描述，能让那段历史活过来，就像发生在我们身边一样，是"进行时"而不是"过去式"。

宋朝进行时！

是的，它就是一段正在发生的历史。

# 目 录

# 第一章　当家的滋味

## 血气方刚

提起宋真宗赵恒，我们通常会想起他曾经写过一首劝学诗：

> 富家不用买良田，书中自有千钟粟。
>
> 安居不用架高堂，书中自有黄金屋。
>
> 出门莫恨无人随，书中车马多如簇。
>
> 娶妻莫恨无良媒，书中自有颜如玉。
>
> 男儿若遂平生志，六经勤向窗前读。

这首诗的意思很直白，作者苦口婆心地告诉大家：巨额存款会有的，豪宅会有的，名车会有的，那个什么也会有的……只要你好好读书，考取功名！这堪称一千年前的最强公务员招聘广告。

记得我们在中学课本上接触到这首诗的时候，老师郑重地告诉我们，这首诗反映出的价值取向是腐朽落后的，应毫不留情地予以批判。其实，按照当时的认知条件，这种想法却是很多读书人的共识，治国平天下的理想要有，吃饱吃好也很重要嘛。

皇帝是天底下权力最大的人，却又是最不自由的人。刚当上皇帝的赵恒有一堆事要干。

给老爸送葬，给大臣升官，把死去的亲妈追封为皇太后，把老婆封为皇后，把自己的生日确定为国家法定节假日，再宣布大赦天下……一连串工作看上去不起眼，但礼数繁杂，够赵恒忙上一阵子了。

例行公事完毕，赵恒才能干自己想干的事。新皇帝上任后首先要办的就是人事洗牌，拥戴有功的就要奖赏，看不顺眼的就得处理。

正所谓"一朝天子一朝臣"。

很多人都推测，王继恩那帮人是死定了，唯一的悬念是斩首弃市，还是赏赐一杯毒酒？

朝廷很快发布了处置决定，结果出乎所有人的预料：

参知政事李昌龄，贬为节度行军司马（从八品小官）；

知制诰胡旦，削去官籍，流放浔州（今广西桂平）。

王继恩，贬为右监门卫将军（从四品），均州安置（类似于监视居住）。

那位李皇后，则顺当地升级成了太后。

处理完毕，再无一人受到波及。

不仅结果让人意外，理由也很耐人寻味。诏令压根就没提什么谋立赵元佐之类的事情。处理胡旦的理由是他诏书写得不好（颇恣胸臆），处理李昌龄和王继恩的理由是说两人勾勾搭搭，泄露机密（漏泄宫禁语言）。

总而言之，大事化小，小事化了。

替赵恒出主意的，还是老臣吕端。吕端做事老道，他之所以这么做，正是为了快速稳定人心，让新皇帝迅速掌握权力。

化暴风骤雨为和风细雨，是为宽容！

宽容，是赵恒从吕端那里学来的治国本领。很快，他把这一本领付诸实践，宣布了另一个决定。

这个决定，为他赢得了更多人心。

咸平元年（998），即位后第二年，赵恒宣布恢复叔叔赵廷美的皇叔身份，重新追认他为秦王、西京留守兼中书令，并给他的两个儿子加官晋爵。堂兄弟赵德昭、赵德芳的后人也得到了不同程度的照顾。

也许，很多人都会觉得，这些举措也没什么了不起。给死人发几个空头名号，有什么用呢？但是，如果回顾一下前代血雨腥风的皇位斗争史，再回到赵恒的位置上去考虑问题，你会发现，这些举措还是值得称道的。

毕竟，他刚从父亲手中接过权力，现在又马上纠正父亲留下的错误，不耻（chǐ）是一种自我否定。

吕端是赵恒坐稳皇位的头号功臣，赵恒对这位老臣充满感激。为了表示对他的尊敬，赵恒每次见到吕端都"肃然拱揖"，从不直呼其名。

吕端长得比较胖，年纪又大了，走起宫殿的台阶来有点儿吃力，赵恒就命木匠专门做了临时阶梯，方便吕端进出。

很可惜，这位忠厚智慧的老臣并没能辅佐赵恒多久。赵恒即位后不久，吕端就生了重病，无法再处理政务。

咸平二年（999），吕端解职回家，第二年，病逝于家中，享年六十六岁。

就在吕端告病归家的那一年，赵恒遇到了第一个真正的考验——辽国入寇！

这回，他必须独自面对。

辽国的统治者依然是萧太后和辽圣宗耶律隆绪。

雍熙年间（984—987）大战一场后，宋辽之间的关系降到了冰点。赵恒刚即位的时候，曾主动向辽国示好，希望能缓和关系，但没办成。此时，萧太后正琢磨着如何欺负一下赵恒这个"职场新人"。

宋咸平二年（999），辽统和十七年，辽国宣布伐宋。

消息传到宋朝，赵恒只好硬着头皮应战。值得庆幸的是，辽国名将耶律休哥和耶律斜轸都已经病逝了，这回为辽国打先锋的是梁王耶律隆庆。

九月，辽国出兵，先是攻打保州（今河北保定），攻了几天没拿下，转而绕道进攻威房军。

所谓的"威房军"，并不是军队名称，而是一个地名，类似于现在的军区。威房军的治所在遂城（今河北保定徐水区），负责守城的宋军将领乃名将杨业之子——杨延昭。

当时，北方天气已经比较寒冷，遂城城小人少，辽军攻势如潮，形势十分吃紧。杨延昭无愧为杨家虎将，上演了一出冰城御敌的妙计。

三国时期，曹操进攻马超，曹军想渡过渭河去安营扎寨，但每次士兵渡河都被马超的骑兵冲散。后来曹操采纳谋士的意见，趁着天冷，命人连夜把水泼在沙土堆筑的营垒上，一夜之间筑了几座冰城，曹军终于站稳脚跟，最终击败马超。史称"泼水筑冰城"之计。

杨延昭把历史重新演绎了一遍。趁辽军夜间停止攻势，他发动全城军民去挑水上城，使劲往城墙上泼水。待到第二天辽军再度前来攻城之时，赫然发现眼前仁立了一座冰城。如此一来，辽军别说攻城了，就是放手让你爬也未必爬得上去。再看城头上的杨延昭，他已经把全城能动员的人都组织了起来，全民皆兵，众志成城，还摆出了一副"有种你就爬上来"的表情。辽军见此情景，只能咬牙切齿地撤退。

辽军从遂城撤围后，并没有立刻返回，而是继续绕道向宋朝腹地深入，在祁州、赵州、邢州、洺州等地四处劫掠。

边境烽火连天，开封城里的赵恒和大臣焦急万分，他们必须马上应对。

了解点儿宋史的人都对赵恒有一个印象——胆小。这个印象并没错，但我要告诉人家，赵恒也不是一生下来就胆小的。如果我让大家猜一下，赵恒小时候最喜欢玩的游戏是什么，相信百分之九十的人都会猜错。

事实上，赵恒小时候最爱玩的游戏就是行军打仗。

据说，赵恒总喜欢命令宫里的人扮成士兵，由自己来当统帅，在房间里扯着嗓子喊打喊杀，这一点跟很多男孩子都一样。唯一不同的是，你想当统帅是要通过石头剪刀布赢来的，而赵恒不用，因为人家是皇子嘛。

所以，收到边关急报后，赵恒虽然感到焦虑，内心却有一丝激动。指挥千军万马冲锋杀敌，不正是儿时的梦想吗？

这时，就有一批人站出来投其所好，劝他借机亲征，一来御敌，二来树立威信。

赵恒欣然同意。


十二月，赵恒命宰相李沆留守东京，自己亲率大军北上，直指边境重镇大名府（今河北大名）。

在新鲜感的支配下，赵恒对这次亲征投入了极高热情，他穿起了厚重的盔甲，主持了庄严的军礼，看着遮天蔽日的旌旗和浩浩荡荡的军队，一股豪迈之情油然而生。他似乎感到祖上骁勇善战的血性已在自己体内复苏，自己血管里正奔腾着无所畏惧的勇气和胆略。

冬日融融，大地苍茫，绵长的军队行进在路上，军士踩在雪上发出厚重的咯吱咯吱声。越接近边境，赵恒的心情越亢奋。他渴望早日抵达战场，指挥将士杀敌御寇。

然而，赵恒的豪迈并没能持续太久。一路走过，他真正领略到了战争的残酷：因伤病折磨而哀嚎的士兵，顶风冒雪运送军粮的民夫，为逃避辽军劫掠而奔逃的难民。

这些都是打仗游戏中无法见到的场景。边境地区粗鄙的生活条件更无法和繁华的京城相比，这里没有金碧辉煌的殿堂，没有花团锦簇的宫苑，也没有各色山珍海味。这里有的只是呼啸的寒风和急促的马蹄声。

一切都在告诉你，这是战场！

其实，这些还不是最重要的。赵恒每天都在面对一封封告急文书，皇帝既然御驾亲征，那就理所当然地成为了最高决策者，许多事情都要等着他来做出指示。而赵恒偏偏最讨厌决策判断，他天性优柔寡断，害怕承担责任。面对复杂的形势，让他迅速做出决断，确实不是他所擅长的。

很多人可能会产生疑问，皇帝身边不是有大批谋臣将领吗？没错，参考意见是有的，但人多嘴杂，每个人的想法都不一样，提出来的意见也各式各样，说到底，最后拍板的人还是你。谁让你是皇帝，还不甘寂寞地跑到前线来"现场办公"，你不背锅谁背锅？

当时，辽军分成几股四处乱窜，让人摸不着头脑，究竟该如何应对也是众说纷纭。有的将领主张坚守城池，不轻易出击，等辽军疲惫了再寻找战机；有的将领觉得在宋朝的土地上不能任由辽军撒野，应该出城迎敌。

赵恒觉得每种意见的理由都很充分，听完这个点点头，听完那个依然点点头，头点完后，依然没个主意。

真正的战争和打仗游戏真的不一样，要考虑的东西太多了，敌情、将领、士气、地形、军粮、天气、装备，等等，想想都让人头皮发麻。这些专业的知识一放到赵恒的面前，他瞬间就头大了。他终于感受到打仗并不是宫廷里的游戏，这个亲征的决定实在是个天大的错误。

我不想待在这儿了，我要赶快回去。

统帅一心想着回家，仗就没法打了。不久，宋军在瀛州（今河北河间）吃了一场大败仗，损失惨重。

消息传来，赵恒又羞又怕，只好下令把负责前方指挥的几员高级将领免官流放，以平息众怒。

赵恒在大名府里度日如年，但他又不能主动提出回去，毕竟是自己主动要来的，转眼又溜回去，太没面子。

千幸万幸，辽军似乎很懂赵恒的心思。

他们居然主动撤军了！

听说这批不速之客主动走了，赵恒高兴得差点儿蹦了起来。赶紧，麻利点儿，打道回府！

趁着辽军撤退的时机，宋军抓住机会追上去揍了几个落单的小辽兵。

敌人走了，面子也找回了一点儿，赵恒和大臣们额手称庆，仿佛挨揍的不是自己，而是辽军。

也有些细心的将领指出，辽军这次行动来得突然，走得突然。说是大规模入侵吧，遇到坚城绕着走，似乎也不恋战；说是来抢掠东西吧，还是和宋军干了几个硬仗。

他们的战略意图是什么呢？会不会留有什么后招呢？

不管谜底是什么，先回家再说吧。归家心切的赵恒才没心思思考这些。

咸平三年（1000）正月，赵恒宣布"获胜"还朝，车驾从大名府出发回京。回到京城，我要好好休息两天。

别急，就在回来的路上，一封急奏来了——四川兵变！

## 焦头烂额

四川地区当时确实是个火药桶，自从张咏走后，后继者办事不给力，这个地方又不安稳起来。

赵恒即位后不久，前后发生了两次兵变，这是第二回。

驻守四川的士兵们嫌待遇太差，和带兵的将领起了矛盾。当兵的人办事比较直接，一言不合就动手。他们推举一个叫王均的人作为首领，纷纷拿起武器来替自己维权，史称"王均之乱"。

王均之乱发生在咸平三年（1000）的大年初一，好在它的波及面没王小波、李顺起义那么大，只用了八个月的时间，朝廷就成功摆平了。

赵恒算是虚惊一场。

但是他并没有得到片刻休息。就在王均之乱快平息的时候，赵恒又有了一份"新工作"——应对党项人！

关于西北党项人的事，属于历史遗留问题，赵光义留下的烂摊子随即出现在赵恒面前。

前面说过，李继迁在西北闹得不亦乐乎，宋朝根本无法对那个地区实现有效控制。就在赵恒刚即位那年（那年还真忙），李继迁又派人来"请降"了。

李继迁说是"请降"，其实是希望宋朝答应他，恢复党项政权的半独立状态。

关于西北党项人的事情，都是赵光义拍脑袋决策导致的问题。赵光义在时，碍于面子，谁都不敢答应李继迁。

宋朝君臣对李继迁的态度为什么突然转变了呢？其实也很好理解。党项人的问题，归根结底就是赵光义捅出的娄子，一直没办法收场，大家心里都有点后悔。可赵光义是皇帝，总不能打自己的脸，硬着头皮也要撑下去。

现在赵光义已经不在了，大家都没了心理负担，赵恒就下诏答应了李继迁的请求。赵恒还授意起草诏书的人，在诏书中特别说明：把五个州赐还给李继迁，是赵光义生前的想法，只可惜他还没来得及实施就挂了，现在我赵恒只是代办一下文书手续。

这么一来，赵恒成功地将失去土地的责任甩锅到了老爸赵光义身上，反正死人也不会爬起来找人算账，自己求个太平最重要。赵恒心里是这么想的，可他哪里知道，李继迁是一只喂不饱的野狼，他的野心绝不止于五个州。

成为定难军节度使后，李继迁非但没有感恩戴德，反而变本加厉地骚扰宋朝边境。

咸平三年（1000）九月，李继迁抢了宋朝派往灵州（今宁夏吴忠）的运粮部队，还杀了陕西转运使、灵州知州，给宋军造成极大损失。

咸平四年（1001）八月，李继迁攻下了边防重镇清远军（今甘肃环县）。

一时间，朝廷上下，大受震动。

为了说明西北形势的严重性，这里我要重点介绍一个地方——灵州。

史书上关于灵州的描述，有"西北要冲""西陲要害"等说法，归纳起来就一个意思——大宋西北地区的咽喉要地。

从地理上看，灵州再往西就是河西走廊，当时那一带散居着回鹘（hú）部落；灵州的西南居住着吐蕃部落，东面则是李继迁占据的定难五州。所以，灵州是汉、党项、回鹘、吐蕃各族势力的交会点，也是宋朝通往西域的大门。

如果我们用"凹"字来表示宋朝西北边境的地形的话，李继迁的地盘正好位于陷进去的部分，灵州则是左边挡住他的凸起部分。也就是说，李继迁如果还想进一步向西拓展地盘，必须过了灵州这一关。

李继迁早在赵光义的时候就开始打灵州的主意，但几次进攻都没成效。后来，李继迁开始转变进攻策略，不再强攻灵州，转而攻击灵州外围据点，掐断宋朝腹地通往灵州的要道。咸平四年（1001）攻下的清远军就是灵州外围的一个重要据点。

灵州地处边陲，光靠自己是无法养活那么多驻军的。长期以来，灵州驻军的军事补给全靠附近几个州，途中自然要有几个据点供运输军粮的队伍中转休息。

清远军是其中最重要的一个。它的失陷，使宋朝君臣一片哗然。

李继迁攻取灵州的心思早已是"司马昭之心，路人皆知"。而让人诧异的是，在大宋朝廷内，赵恒和众人讨论的议题并不是如何守住灵州，而是是否继续守卫灵州。

如此战略要地，居然还有人想放弃？这事说起来更复杂了。

支持守卫灵州的理由主要有两条：第一条，灵州一旦被李继迁夺去，党项人向西拓展的大门就此打开，他们肯定会进一步扩充实力（西取秦界之群蕃，北掠回鹘之健马），假以时日，必成宋朝的大患。第二条，中原王朝所需的马匹主要来自北方以及河西地区（黄河以西），北方现在是辽国的地盘，宋朝只能通过与河西的回鹘等部落进行交易，才能购到优良的战马。如果那个地区被李继迁控制了，宋朝将失去战马的供应源，势必对军事实力造成严重损害。

正方总结陈词：灵州地位重要，必须坚守（灵州民淳土沃，为西陲巨屏，所宜固守）！

主张放弃灵州的人倒也不是卖国贼，他们的理由听起来也很充分：灵州孤悬西边，已经成了宋朝的沉重负担。为了保证灵州的粮草供应，西北几十个州每年都要不停地发运粮草，而且路上很容易遭到党项人的攻击，能够运到的粮食还不到十分之三（确实是实情），同时还伴有大量的军民伤亡。为了守卫这个城，军队和百姓已经苦不堪言。至于军马的供应，其他蕃（fān）部的人为了赚钱，肯定还会想办法和宋朝做贸易，李继迁想管也管不过来。

最后，反方总结陈词：坚守灵州，什么用都没有，反而损失很大（无鸿毛之益，有泰山之损）！

赵恒一听，头又大了！自他走上皇帝岗位以来，关于灵州弃守的奏章就没停止过。

正方说出四条理由，反方就能说出八条理由来。第一天你立论，第二天我反驳，第三天你反驳我反驳你的理由，第四天，我继续反驳……

赵恒每每看着唾沫横飞、情绪激昂的大臣在朝堂上争论，常有一种想请假罢工的念头。

你要让一个连活羊都没见过几次的皇帝，对西北战局做出准确的分析决断，实在太难为人。

灵州的弃守确实是个两难抉择，需要对此事拍板的赵恒，偏偏是个最怕担事的人。上回他成功地把放弃定难五州的责任推给了天上的老爸，这回可没人替他背锅了。赵恒迟迟不敢拍板，就派专人去实地查看，前后派了好几拨，去考察的人也是意见不一，回来后继续吵翻天，差点儿把赵恒逼疯。

就这样，由于赵恒的犹豫不决，宋朝君臣在灵州问题上讨论来讨论去，考察来考察去，始终下不了决心。

一直到了咸平五年（1002）三月，赵恒终于不用再为灵州的问题头痛了，有个人勇敢地站出来帮他做出了决断。

史载：李继迁尽集蕃部，攻陷灵州，灵州知州裴济战死殉国。

宋朝君臣一直在讨论灵州弃守的问题，结果却是既没有守住，也没有撤出。

宋朝的失败，说到底还是因为赵恒不果断。当赵恒举棋不定的时候，李继迁却毫不犹豫地把棋子下到了更远的地方。

拿下灵州后，李继迁挥着马鞭一路向西，一年后，他又攻下河西凉州（今甘肃武威）。

凉州素有"河西都会"之称，早在汉唐时期就是中原王朝经营西域的重要据点。熟悉唐诗的朋友，肯定会背几首《凉州词》，所谓"羌笛何须怨杨柳，春风不度玉门关""醉卧沙场君莫笑，古来征战几人回？"都是脍炙人口的名句。那股浓浓的边塞风情，尽在其中。

李继迁的实力呈几何级增长，令宋朝君臣寝食难安。战又不是，抚又不是，守又不是，弃又不是，朝廷内关于如何遏制李继迁的争论依然沸反盈天。而赵恒还是只能孤坐龙椅，除了叹气，还是叹气。

李继迁成了赵恒心中挥之不去的梦魇。

幸运的是，又过了一年，李继迁自己栽了。

宋朝的时候，凉州（当时称西凉府）属于吐蕃六谷部的地盘，但名义上也臣属宋朝，和宋朝是坚定的政治盟友。

宋朝对吐蕃六谷部倍加恩宠笼络，希望他们能够牵制党项人的发展。这种"以夷制夷"的策略本不足称道，但没承想，赵恒"有心栽花花不开，无心插柳柳成荫"，让他们头痛不已的李继迁，真的被吐蕃人解决了。

说起来，这事也不复杂，又是一个得意忘形导致失败的故事。

李继迁拿下凉州后，心情大好，自我膨胀得厉害。

景德元年（1004）正月，吐蕃六谷部首领潘罗支假意向李继迁投降，李继迁丧失了警惕心，不顾他人劝阻，亲自前往受降，结果半路中了埋伏，身受重伤，突围后不久，在灵州去世了。

一代枭雄李继迁居然以这种方式落幕！只能说，骄傲自满确实要不得呐。

赵恒即位后第一个年号叫作"咸平"，意思是"处处平安"。可从实际情况来看，辽国乱后四川乱，四川乱后党项乱，人家是按下葫芦起了瓢，他是葫芦还没按下，瓢已经浮动起来了。这个"咸平"的年号简直就是一种讽刺。

还好，赵恒的运气似乎还可以，辽军主动退了，李继迁也自取灭亡了，现在总可以睡几天安稳觉了吧。

别忙，前面几件事还只是赵恒餐桌上的几道开胃小菜，饕餮大餐还在后面呢。

# 第二章 左右天子

## 我又回来了

景德元年（1004）闰九月，辽国萧太后及圣宗耶律隆绪亲率二十万大军南下，先锋大将萧挞凛一马当先，兵锋直抵定州（今河北定州）。

此前的疑问，现在终于有了答案。辽国前几次进攻更多的是一种试探，他们只是在为更大规模的入侵做准备。萧太后的政治野心丝毫不输于男人。这回，辽国精锐倾巢而出，是要和宋朝玩一把大的。

实践已经无数次证明，当女人拿出"血拼"的热情时，任何一个男人都会头皮发麻。

显然，萧太后是怀着志在必得的野心来扫货的，还不打算付钱。

边防急报雪片似的飞来。

赵恒又一次成了热锅上的蚂蚁。

幸运的是，这次，他不用再为如何决策而犯愁了——一个强悍的人已经挡在了他的前面，将替他做出决断。

此人正是我们的老朋友，寇准。

没错，我寇准又回来了！

所谓有来有去，再来不难。

早在咸平五年（1002）五月，寇准就已经奉诏回京，担任权知开封府，过了一年，又转任三司使。很多人都认为，寇准出任宰相是迟早的事。

明眼人都看得出来，赵恒已经对现在的宰执班子彻底厌倦了。

自老臣吕端去世后，宰执大臣多是唯唯诺诺之辈。对君主来说，遇到这种类型的大臣，在太平无事的时段是很舒服的，他们会看你眼色行事，挑你爱听的话说。但是真的一摊上大事，这种人就不靠谱了，他们关心自己的官位胜于一切，凡事不肯出头，所有的皮球转了几圈最终还是来到你的脚下，让你苦不堪言。

赵恒希望有一个不计个人名利、忠诚干练的大臣来替他分忧（背锅）。无疑，寇准是最合适的一个！

但是，赵恒又有点儿担心，因为寇准的臭脾气早就名扬四海，谁见谁怕。把这位爷请出来，恐怕他自己也没清净日子过了。

为此，赵恒特地为寇准找了一个搭档——毕士安。

毕士安，字仁叟，代州云中（今山西大同）人，后晋天福三年（938）生，比寇准大整整二十三岁，曾任翰林学士、监察御史等职。

毕士安和赵恒的关系可不一般，他可是赵恒的"潜邸旧臣"。

所谓"潜邸旧臣"，是指皇帝还没即位时，在他的王府里工作的人员。这些人很多都是"关系户"，能力水平不怎么样，但因为侍候皇子那么多年，没功劳也有苦劳。一旦皇子登基成为皇帝，他们当然是跟着升职，所谓"一人得道，鸡犬升天"。

毕士安的仕途轨迹也和赵恒紧密相连。赵恒任开封府尹的时候，毕士安是开封府判官；赵恒被封为皇太子，毕士安当上了东宫右庶子（负责教育太子）；赵恒成了皇帝，毕士安出任权知开封府事。

然而，毕士安可不同于其他的潜邸旧臣，他是乾德四年（966）的进士，有真学问。更重要的是，他为人谦和，从不摆王府旧人的架子，有着很好的口碑。

派这样的人来牵制一下寇准，正好合适。

景德元年（1004）八月，赵恒下诏任命毕士安、寇准为宰相。

任命完毕，赵恒还特别表示，当前属于非常时期，宰相府有权过问军事问题。宰相府和枢密院分管行政、军事的格局被暂时打破，千斤重担全都压到了寇准肩上。

时隔七年，寇准又一次回到权力中心，从此登上人生的巅峰。

寇准可谓"受任于败军之际，奉命于危难之间"。一般说来，他应该带领大家"5＋2"，白加黑，干得热火朝天才是。

然而，人们惊讶地发现，新来的宰相陈了正常上班以外，并没什么特别之处，该吃饭吃饭，该喝酒喝酒，讨论军事问题就像讨论菜场物价，淡定得很。

有一天晚上，前方一连送来五份告急文书，催命似的往宰相府里送，同僚急得头上直冒汗。

告急文书送到寇准手上，大家都伸长脖子，神色紧张地盯着他，就等他一拍桌子，马上行动。

寇准确实拍了桌子，接着说了一句让所有人终生难忘的话：来，坐，坐，咱们继续喝……

同僚们差点儿没晕倒。

都什么时候了，您寇相的心也太大了！

不行，再由着他这么喝下去，大家迟早都要被皇上发配到边疆喝西北风。

第二天，有人把昨晚收到数封战报的事情告诉了赵恒。赵恒听后，把宰执大臣都召集过来问话。

面对质疑，寇准依然很淡定。他慢条斯理地对赵恒说："陛下要解决这件事也很简单，花个五天时间足够了（不过五日尔）。"

五天时间？！

还没等赵恒和同僚们闭上嘴巴，寇准接着讲出了自己的方案——御驾亲征！

御驾亲征？一听这词，赵恒浑身直打哆嗦。

自从咸平初年第一次亲征后，赵恒早就失去了勇气，他再也不想品尝那种担惊受怕、吃苦受累的滋味了。听了寇准的提议，他心里是一万个不愿意。

赵恒心里对寇准的建议很抵触，但又不知如何反驳，只能坐在那里不吭声。

事实上，这也是赵恒的一贯作风，既不肯定，也不否定，能拖则拖，能赖则赖，典型的鸵鸟战术。

见赵恒又不吭声了，原本着急上火的一堆人顷刻间又恢复了平静，谁都不想再多说什么。其实大家心里清楚得很，宋军之所以屡屡陷于被动，决策者的摇摆不定是最主要问题，往根子上说，还是怪坐在龙椅上的那个人。这要是换作赵匡胤，早就抄家伙自己上了，估计拉都拉不住。

果不其然，尬聊了一会儿后，赵恒表示要起身回宫，应对辽国的事情以后再说。

火烧眉毛的事情还能再拖卜去?! 一帮宰执大臣面面相觑，愣了半晌后，也只好起身告退。

唉，也罢。

反正辽国抢的是你赵家的土地，你都不急，我们急什么？与其在这里发呆，不如早点儿回家休息。

正当一群人要各回各家的时候，一声怒吼突然响起。


"陛下今天若回宫，那国事可就没救了（大事去矣）!"

只见寇准一改刚才和颜悦色的表情，大步走到赵恒面前，拦住了他的去路。

在场的所有人顿时都被寇准镇住了，脚像被钉子钉住了一般，不听使唤。

赵恒看着寇准，心里更是叫苦不迭：我请这位爷来对付辽国人，可眼前这位爷，明显比辽国人还要凶狠嘛。

寇准目不转睛地盯着赵恒，言下之意就是让赵恒立刻表态。

你到底是亲征呢，亲征呢，还是亲征呢？

这个时候，幸好毕士安出来打圆场，一边是让寇准不要太激动，一边是支持寇准，劝赵恒采纳寇准的意见。

最后，赵恒哼哼哈哈地应付了一下，算是口头答应了寇准的建议。

其实，让赵恒御驾亲征，并非寇准心血来潮，这只是抵御辽军的计划中的一部分。事后，寇准立刻上了一道奏折，详细阐述了应对辽国入侵的策略。

在奏折上，寇准主要提出了四条建议：第一，敌人大量深入境内，粮草供应必定吃力，宋军仍应以据城稳守为基础，争取拖垮敌人。第二，以前宋军各自为战吃了不少亏，这回各防守据点之间的兵力调配应该灵活多变，不能只顾自守，而是应该加强情报收集（差人探报蕃贼），寻找机会进行伏击战（觅便掩杀）。第三，除了被动迎敌，还应派有胆量的人进入辽国境内，骚扰他们的后方（召募强壮入贼界），力争主动。

关于第四条，寇准已经说过，就是建议赵恒御驾亲征。寇准分析，光靠消耗战一时半会儿是赶不走辽军的。两军相持的时候，士气很关键。既然萧太后及耶律隆绪都来了，宋朝的皇帝也该针锋相对，到前方鼓舞将士的士气。

为了打消赵恒的顾虑，寇准还在奏折中设计了详细的兵力调度和安全保障方案，并为赵恒提供了两条亲征路线，一条是前往大名府，另一条是过黄河到澶州（今河南濮阳）。寇准更倾向于前面一条路线，因为那里离敌人的主力更近一点儿。

工作做到这个份上，赵恒也无话可说了，终于正式同意北上亲征。只是在路线的选择上，他并没按照寇准的意思来，最终选择前往澶州（还是胆小）。

好吧，只要肯亲征，澶州也行。

寇准以为，只要给这位"祖宗"买好"车票"，他就会乖乖上路，一切也就万事大吉了。事实上，脑筋不会转弯的寇准没想到，即使是车票，也是可以退票的。

## 力排众议

在很多影视剧里，皇帝的话被奉为金口玉言，话一出口，就是言出必行，所谓"天子无戏言"。

然而，回到真实的历史中，皇上也是人，赖个皮、撒个谎的情况也不少见。比如赵恒，从来不把自己的承诺当回事，即便是写成了白纸黑字，第二天也敢宣布过期作废。

亲征决议下达后不久，赵恒居然又打起了退堂鼓。

原因很简单，有人在他耳边嚼了舌根。

能够在赵恒面前说得上话的当然也不是一般人，都是宰执级别的人物——王钦若和陈尧叟。

王钦若，字定国，建隆三年（962）生，临江军新喻（今江西新余）人，淳化三年（992）进士。此人自小聪明伶俐，更是拥有一项古往今来百试不爽的职场绝技——拍马屁。

都说自古英雄出少年，其实拍马屁也一样，绝不能输在起跑线上。早在赵光义征讨太原的时候，王钦若才十八岁，就找准机会写了篇《平晋赋论》献上去，只可惜没引起领导注意。

王钦若虽没拍上赵光义的马屁，但他并不气馁，而是总结经验，寻找机会，坚持一拍到底。终于在至道二年（996），拍出了成果，拍出了境界。

那一年，赵恒正以皇太子身份掌管开封府，当年开封府下辖的十七个县都受了灾，他就上奏朝廷申请减免税收。没想到，事后有人举报他夸大灾情、收买人心。皇太子位置还没坐稳，就被人举报了，赵恒吓得不轻。朝廷为彻查此事，专门派人来调查情况，王钦若就是其中的一位调查官员。

经过一番查访，大家发现开封灾情属实，就据实上报完事。但王钦若的调查报告却与众不同，他告诉朝廷：开封的灾情极其严重，非但没被夸大，其实反而少报了。开封十七县的减税额度还远远不够！

如此一来，不仅为赵恒洗掉了弄虚作假、收买人心的嫌疑，还为他树起了为国排忧的光辉形象。这怎能不让赵恒欢欣鼓舞！

核查灾情的事情使王钦若在赵恒心里留下了极好的印象。赵恒一即位，王钦若就当上了三司判官。到了新的工作岗位，王钦若立刻转换角色，继续发挥他的拍马绝技。

三司属于财政部门，在核算田赋的时候，有一个同僚跟王钦若谈起，目前各地拖延未缴的田赋很多，有的都拖了十多年了，怎么催缴都催不上，实在让人头痛。王钦若一听，眼前一亮，有门儿！这是一个不错的机会！

他立刻命人查清了具体拖欠数额，抢在同僚之前奏请赵恒免除这些赋税。

当时赵恒也正犯愁，按惯例新皇帝登基都要给百姓发一点儿福利，来显示皇恩浩荡，可偏偏朝廷财政紧张，筹不出这笔钱。王钦若的建议正合了赵恒的心思：税反正收不上来了，何不顺势做个人情？

赵恒心里认可王钦若的主意，但他又怕免税会被人认为是对父亲的不敬，便问王钦若："这种好事先帝自己为什么不做呢？"

这个时候，王钦若充分体现了一个马屁精的专业素养，他巧妙应对道："先帝应该早就想到了这个事，只是想留下来让陛下赢得天下人心啊。"

一句话，不但为赵恒解了套，而且给赵光义戴了高帽。

对此，我只能说，王大人的马屁功夫已经臻（zhēn）于化境了。

佩服！佩服！

王钦若如此善解人意，官自然也升得飞快，咸平四年（1001）就升任参知政事，成为宰执大臣。

这回，聪明的王钦若已经看出来，赵恒内心是不想亲征的，只是碍于寇准的坚持才勉强同意。于是他找准机会向赵恒偷偷建议：亲征就别提了，还是赶紧溜到金陵（今江苏南京）去吧。

王钦若让赵恒过长江，陈尧叟则建议赵恒收拾铺盖早点儿跑到成都去！

陈尧叟，字唐夫，建隆二年（961）生，阆州阆中（今四川阆中）人，端拱二年（989）进士科状元，时任签书枢密院事（相当于枢密副使）。

此人来自一个牛气冲天的家庭。刚才说过，他是状元出身，属于名副其实的高材生，而他还有两个弟弟，也是现象级人物。

二弟陈尧佐，端拱元年（988）进士，比哥哥陈尧叟还早登科一年，后来也当上了宰相。

三弟陈尧咨，咸平三年（1000）的状元，虽然没进入宰执行列，但经历比两个哥哥还神奇。他不但文才了得，而且精通武艺，尤其擅长射箭，并因此从文臣转行当了武将，后来官至节度使。

一家三个儿子，出了两个状元、一个文武双学位，放到现在，那绝对是一等一的学霸家庭。因为家庭教育实在太成功，连皇上（当时还是赵光义）都啧啧称奇，连带着他们的父亲陈省华也父因子贵，官至左谏议大夫。

能培养出三个学霸，陈家的家庭教育肯定有一手。据说陈省华和他的妻子冯氏管教陈尧叟三兄弟极其严厉，虽然他家的经济条件非常好，但决不允许三兄弟有任何奢侈行为。家里更是规矩分明，陈省华在家中待客的时候，几个宰相级的儿子照样得站在旁边侍奉，他倒没觉得不妥，可客人感觉瘆（shèn）得慌，每次没讲几句话就溜走了。

这里，我还要特别提一下陈尧叟的三弟陈尧咨。大家应该都听说过大文豪欧阳修写的《卖油翁》，第一句就是"陈康肃公尧咨善射"。没错，这里的康肃公就是陈尧咨。

话题扯得有点儿偏了，咱们继续来说陈尧叟。

陈尧叟倒不是什么溜须拍马之人。他曾历任广南西路转运使、度支判官、枢密直学士等职，所到之处，多有政绩。可是，在这次应对辽国入侵的事情上，不知出于什么原因，他提出了非常消极的方案。

要说这两人的建议确实太不靠谱。试想，辽军已经兵临城下，前方将士正在浴血抗敌，你不让皇帝亲征也就算了，还鼓励他逃跑，这会对军队的士气产生多大影响？还没等赵恒跑出开封，估计大小官吏、将官士卒们早就各自打包袱、搬行李了。皇上都没信心了，仗还怎么打？皇上都不要京城了，谁还会拼命死守？更何况，亲征是已经定下来的事情，说变卦就变卦，岂非儿戏？

道理非常简单，可赵恒偏偏是个没主见的人，经这两人一怂恿，他心里就打起了退堂鼓。他把寇准找了过来，说是商量亲征的事。

在寇准眼里，亲征是既定方案，还讨论什么啊。寇准一听逃跑的建议，心中更火了，再看旁边，站着神情怪异的王钦若和陈尧叟，心里立刻明白了大半。

王钦若是江南人，陈尧叟是四川人，所以一个劝赵恒去金陵，一个劝赵恒去成都，都没安好心。

为了彻底杜绝这些人的逃跑念头，寇准慷慨激昂地讲了一番话：

"谁给陛下出了这个主意？出主意的人应该立刻拉出去砍头（罪可斩也）！当今天子英明神武（这句是瞎话），将帅上下一心。只要皇上御驾亲征，敌人自然会退却。就算辽国不马上撤军，我们也应该想办法粉碎他们的图谋，坚守城池，拖垮他们的军队。我们以逸待劳，胜算极大，为什么要放弃宗庙社稷，跑到那么远的金陵、成都去（奈何欲委弃宗社，远之楚、蜀耶）？

寇准话一出口，王钦若和陈尧叟早就吓得魂飞魄散，站在那里不敢出声。赵恒看了看怒目圆睁的寇准，自知理亏，也不敢再说什么。

逃跑的提议就此搁浅。


为了防止有人继续在赵恒耳边嚼舌根，寇准还给赵恒出了个主意，意思是北方边境很重要，需要一个重臣去镇守，我看王钦若挺合适的，不如把他派过去。

擅长拍马屁的人反应就是快！王钦若一看形势有变，立刻换了一副嘴脸，拍着胸脯表示，危急存亡之时，自己理当挺身而出、为国分忧，甘愿到前方御敌！

结果，王钦若被任命为判天雄军、提举河北转运司，驻地就在大名府。

王钦若走了，赵恒消停了，寇准本该松一口气，可偏偏好事多磨。就在即将出发之时，又发生了一件事情，让亲征计划再起波澜。

## 走走停停

赵恒收到了一封来自辽国的信，写信的人叫王继忠。

王继忠，开封人。此人本是赵恒的亲信，赵恒还是皇子的时候，他就侍奉左右。赵恒当上皇帝后，他从一个御前侍卫一直提升到了高阳关副都部署。

咸平六年（1003），王继忠参加了一次宋辽之间的战争，宋朝战败，王继忠也彻底失去了音讯。一直以来，宋朝都以为王继忠在战场上为国捐躯了，赵恒还给他办了隆重的葬礼，又是追封节度使，又是恩荫他的儿子当官。

赵恒没想到，居然在这个节骨眼上收到了王继忠的信。原来，王继忠在那次战斗中并未战死，而是成了辽军的俘虏。萧太后知道他的身份后，不仅没欺辱他，还给他安排了一个官当。

这次，王继忠来信告诉赵恒：辽国有和谈的意向，双方不如讲和算了，宋朝可以先派个使者过来谈一谈。

收到这封信，赵恒既感到意外，又十分高兴。如果能和平解决，那是再好不过，也省得他冒险亲征。

当然，赵恒心里还是有点怀疑辽国的诚意，就向毕士安征求意见。毕士安看了信后，觉得"和谈"还是有点靠谱的。

自从高梁河一战宋辽翻脸以来，双方从没停止过打打杀杀，辽军的骑兵虽然强大，却也啃不动城墙，这样长期耗下去，谁都赚不到便宜。如果讲和是真，那么，辽国这次大张旗鼓地入侵，很可能就是为了在谈判桌上多争取点筹码。

听毕士安一分析，赵恒对和谈的兴趣更浓了。他命人客气地写信回复王继忠：和谈是可以的，先一起研究研究具体方案嘛。

赵恒刚回了王继忠的信，辽军新的一波攻势却来了。

十月，在萧太后的亲自督战下，辽军开始猛攻瀛州，战斗进行得异常激烈。

正当双方打得难分难解的时候，王继忠又来了一封信，信中表示：辽国对"关南"地区志在必得（盖关南乃其旧疆），你们还是早点派使者来讲和吧。

信里说的"关南"之地，是指周世宗柴荣从辽国夺取的，包括莫州、瀛州等幽州以南的一片领土。这片领土本属于幽云十六州的一部分，自从柴荣抢回来后一直由宋朝占领。关于这块领土的主权，宋辽之间长期存在争议。在辽国看来，这是石敬瑭按照协议割给他们的，不管你们中原换谁当主人，都得按协议办。在宋朝看来，这种卖国协议鬼才会承认，我还想主张幽云地区的主权呢，怎么可能把到手的"关南"地区还你？

按照现代眼光看，这属于国际法范畴的国家继承问题；可按当时的条件，双方只能靠刀枪来探讨。

暂时离开硝烟弥漫的战场，让我们再回头体会一下王继忠的那封信，其实其中还可解读出很多隐藏的信息。

王继忠声称辽国对关南地区志在必得，但反过来，我们也可以理解为辽国对其他地区没什么诉求。换句话说，王继忠已经隐晦地亮出了辽国的第一个谈判条件——收回关南地区。

如此看来，辽国强攻瀛州的行动，是想造成收回关南地区的既成事实，让自己在谈判中更加主动。

瀛州之战持续了十多天，好在宋军这回比较争气，拼死守住了瀛州。辽军强攻不成，又玩起了绕城深入的把戏。

于是乎，城外依旧是辽军的天下，城内仍然是宋军说了算，攻防态势没发生多大变化。

瀛州防卫战取得成功后，赵恒再也矜持不住了。他决定先派一个使臣去辽国探探情况，并让枢密院马上物色人选。

战场上的使臣，从来都不是热门岗位。敢揽这份活的人，必须信念坚定、胆略过人，同时还得有极好的口才。

枢密院选来选去，最终确定了一个人选——曹利用。

曹利用，字用之，赵州宁晋（今属河北）人，他的父亲是个七品小武官。父亲死后，曹利用递缺，当了个殿前承旨，后转任右班殿直（九品）。

从履历上看，曹利用绝对是个平淡无奇的小官。名单报上来后，赵恒曾有过疑虑，但枢密院认为此人胆子大、能说会道，条件比较符合。再说，一时半会儿也找不到比他更合适的人，您就将就着用吧。

于是，小官曹利用带着赵恒的书信前往辽国了。即便到出行的那一刻，朝廷也只是略微提升了一下他的官职——阁门祗候。

从八品，还是个小官。

不过，没关系，等执行完这次任务，你的人生将发生天翻地覆的变化。

寇准对和谈并没什么兴趣，他觉得还是要硬碰硬，把辽国人赶回老家去比较靠谱。就算要和谈，也必须先掌握战场上的主动权。说白了，早点儿北上才是正事。

景德元年（1004）十一月二十日，在寇准的催促下，亲征大军终于从开封出发，向澶州挺进。

大军走了三天，于十一月二十二日来到了韦城（今河南滑县），这里距离澶州还有两天左右的路程。

越靠近辽军，赵恒越感到恐惧，他的内心又陷入了挣扎。车驾到韦城后陷入了停滞状态，整整停留了两天。

于是，举棋不定的赵恒又把寇准招来，商议下一步行动计划。寇准其实早就猜到，肯定是这位祖宗的老毛病又犯了，非得再给他下点猛药不可。

接到命令，寇准急吼吼地就往赵恒的驻地闯。寇准还没进门，就听见了一个女人娇滴滴的声音："那些人想把你带到哪里去啊？还不如赶紧回京城呢。"

说这话的是一个妃嫔。没办法，赵恒出门打仗还不忘带着女人。这不，女人不仅胆小误事，还自带枕边风功能，立刻把意志薄弱的赵恒吹偏了。

寇准一进门，赵恒连忙问道："咱们到南方去怎么样（南巡何如）？"

寇准一听，顿时怒火中烧，估计揍人的冲动都有了。

他强压住火气，又唾沫四溅地进行了一番演讲：

"谁那么胆小怕事？简直和乡下老头和农村妇女的见识差不多！现在敌人已经近在眼前，天下人心不定，陛下只能进尺，不能退寸。前方的将士，日夜盼望皇上的銮驾到来。皇上一到，军队肯定士气百倍。倘若陛下这个时候往回走，没走多久，军心必然瓦解。敌人如果再乘势进攻，恐怕陛下想去金陵也去不成！"

这回，为了说服赵恒，寇准还找了个人来一起做思想工作——高琼。

高琼是员老将，在太宗初年就获封节度使，时任殿前都指挥使，直接负责赵恒的安全工作。他说起话来，自然很有分量。

寇准把高琼推到赵恒跟前，说道："陛下如果认为我说得不对，不妨听听高将军的意见。"

高琼连忙接荐："寇准说得对极了。随军将士的父母妻儿都住在京城，肯定不愿意丢下家小跟随您往南方跑。万一跑到半路，军队散了，谁来保护您呢？希望陛下还是下决心赶赴澶川吧。臣下拼死敌中，破敌并非难事。"

如此这般，这般如此……寇准和高琼像哄小孩子一样整整做了半天的思想工作，好说歹说，才让赵恒转过弯来。

行，祖宗保佑，别再闹了，继续上路吧。

## 大　忠

十一月二十四日，大军离开韦城，来到卫南（今河南滑县附近）。此时，车驾离澶州还有一天的路程。

就在这里，车驾又停了下来。

至于原因嘛，连我都羞于写出来，还是因为某人害怕啊。

一路过来，已经不知费了多少口舌，此时，连寇准都束手无策了。

还好，这回天助寇准，前方传来一个天大的好消息，让赵恒改变了主意。

澶州守军击杀辽国猛将萧挞凛！

这个萧挞凛，算是我们的老熟人了。大家应该还记得，那个在陈家谷设伏攻杀杨业的人就是他。自从耶律休哥和耶律斜轸死后，萧挞凛成了辽国第一猛将。

宋军能够击杀萧挞凛，多少有点幸运的成分。

萧挞凛并不是在两军对垒时被斩杀，而是被宋军用床弩狙杀。

　　说到"床弩"，我们不得不展开介绍一下。

　　"弩"是一种古代常见的射击兵器。据说，早在上古时代，"弩"就出现了，到了战国时期，弩已经成为一种成熟的兵器。

　　简单点儿说，弩其实可以看成一个"半自动"的弓，它由弩弓、弓弦、弩臂和弩机四部分组成。弩弓和弓弦类似弓箭的造型，只不过弩是横放的。弩臂为木制或铜制，垂直地固定在弓上。弩机是弩的最核心部位，它是弩的发射机关，类似于手枪的扳机，同时还会配有瞄准装置。

　　实战中，箭是提前安放在弩机上的，弩手只要端着弩就可以直接射击。相比于弓箭手，弩手节省了拉弓搭箭的工夫，不但准确度提高，而且更容易使用。弩的制作样式也多种多样，除了单兵用的弩外，还出现了尺寸极大、威力恐怖的巨弩。比如，唐代的绞车弩，据记载射程可达七百步（约 1000 米），宋朝初年甚至出现了射程达一千步的强弩。

　　射死萧挞凛的弩，就是一种加强版的强弩，人称"床弩"。床弩拥有固定的弩床（发射台），上面安装着好几张弓，拉弦的时候需要多人绞动后部的轮轴，利用轮与轴的半径差产生强力以张弦。这类大口径的家伙安装的"炮弹"型号也不一样，一般常见的羽箭和它相比只能算是一根牙签。事实上，大家完全可以参照标枪来想象当时的画面。

　　萧挞凛向来看不起宋军，行事非常骄横，在率军攻打澶州的时候，亲自骑马到城下督战，还竖着鲜艳的帅旗到处招摇，似乎生怕别人认不出来。

宋军的弓弩手怎肯放过此等良机，只等他进入射程范围，立刻万弩齐发……

也是萧挞凛气数将尽，一支劲弩不偏不倚地射中了他的额头。中箭后，萧挞凛惨叫一声，跌下马来，立刻被人抬回了营寨。因为伤势过重，当晚就挂了。

辽军突然折损一员大将，士气受到极大打击，暂时停止了攻击。

宋军这边则是士气大振，消息很快传到赵恒那里。

收到捷报，赵恒的车驾从卫南出发。

二十六日，大军终于到达目的地——澶州。

至此，督促皇上亲征的任务，似乎已经圆满完成。然而，这只是似乎而已。

寇准还须办完最后一件事，才能算是大功告成。

过河。


澶州是个横跨黄河的城，黄河以南的称南城，黄河以北的称北城，两城之间以浮桥连接。

赵恒到澶州以后，住在南城。寇准希望他能够更进一步，前往北城巡视。

谁都知道，皇帝亲征，最大的功效并不是增加战斗力（还得分兵保卫），而是用来向将士传递必胜的信心，鼓舞军队士气。宋军以黄河为天然屏障，澶州南城与辽军并无接触。从严格意义上来说，赵恒只有进了北城，才算到了真正的前线。只有这样，正面迎敌的将士才能看到天子的威仪，感受到朝廷守住领土的坚定信念。

因此，寇准的意见是皇上必须上桥过河。

然而，即便是这么一段路，走得也不容易。

赵恒内心并不想过河，因为黄河是他最后的心理安慰。在他看来，万一辽军杀过来，至少还可以掀掉浮桥，赶紧跑路。

说到底，还是胆小。

事情到了这个份上，寇准当然不肯让步（否则白来了）。他耐住性子，继续苦口婆心地劝说："陛下不过河，那么人心仍然惶恐不安，对敌人也不能产生心理威慑，不足以立威决胜！各地勤王的军队正在昼夜兼程地赶来，您有什么好担心的呢？"

面对磨磨唧唧的赵恒，高琼也看不下去了，跟上来就是一嗓子："陛下如果不过河，百姓就像死了爹妈一样（百姓如丧考妣）！"

还是武将干脆，没那么多大道理，可话糙理不糙。

在寇准和高琼的坚持下，车驾这才从南城向北城缓缓开进，可就在车驾上浮桥前，居然又停住了！

我的娘唉，你还有完没完？！

说实话，写到这里，别说寇准，就连码字的我都有穿越过去打人的冲动了。只能说，如此优柔寡断的君主，也算千古一人了吧。

这回没等寇准出场，高琼大步上前，抄起手杖就敲打车夫的脊背："还不赶快走，都已经到这里了，还有什么好迟疑的（今已至此，尚何疑焉）？"

显然，这话其实是说给赵恒听的。

上桥吧，不能再折腾了！

从开封到澶州，距离三百里，如果按照正常的行军速度，有个四天也差不多了。考虑到军情紧急，速度应该再快点。可是，从十一月二十一日到二十六日，赵恒的车驾整整走了七天。

这一路，赵恒走得战战兢兢；这一路，寇准陪得心力交瘁。

好在，总算走完了。

没办法，身为辅臣，寇准必须尽忠。

所谓忠、义、礼、智、信，忠在首位。

按照传统的治国理想，君主应忠于江山社稷，臣子应忠于君主。如此一来，君明臣贤，自然可以实现天下大治。

很可惜，谁都知道，这只是一个理想化的模型。

显然，君主并不像书中吹嘘得那样神奇，什么真龙天子、神仙转世，那统统都是蒙人的。他只是一个普普通通的人，一个充满私欲的人：遇到危险，他会胆怯；遇到诱惑，他会无法自持；听到批评，他会恼羞成怒；受到吹捧，他会洋洋自得。

其实，我们也没什么好苛求的。所有这一切，都是一个正常人的正常反应。

但是，我们的圣贤书告诉每一个臣子：当君主放纵私欲的时候，你要挺身而出，坚持道义；当君主怀有私心的时候，你要挺身而出，为民请命，让君主的行为回归到正确的轨道。

这样做，无疑是冒着极大风险的。翻开史书，大家会发现，如唐太宗一般有自制力的君主只是少数，从谏如流的君主并不多见，犯颜直谏的臣子大都无法善终。

如果你是一个臣子，费尽千辛万苦，好不容易得来一个官职，你愿意为了心中的道义而甘愿冒犯君主吗？愿意为了那些毫不相干的黎民百姓而赌上自己的锦绣前程吗？

所以，臣子的忠诚，有大忠、小忠之分。

小忠者，只考虑君主的喜怒哀乐，只揣摩君主的心意行事，惯于明哲保身、左右逢源，甘于做一个圆滑的利己主义者。

大忠者，忠于江山社稷，忠于圣贤之道，不逢迎君主，不顾虑个人得失，一心以苍生为念。为纠正君主的过失，敢逆龙鳞，甘受斧钺！宁鸣而死，不默而生！

寇准当属后者！有此一人，宋朝幸甚。


　　"能左右天子，如山不动，却戎狄，保宗社，天下谓之大忠。"

——《范文正公集》


景德元年（1004）十一月二十六日，澶州北城门楼，宋军将士终于看到了象征天子仪仗的黄龙大旗。

史载：诸军皆呼万岁，声闻数十里，气势百倍。

# 第三章 澶渊之盟

## 试　探

赵恒亮相完毕后，住进了北城行宫，而寇准则留在城楼上，继续督战。虽说护驾的部队里三层、外三层，可赵恒那颗心始终放不下。以他的胆量，住在这种天天能听到喊杀声的地方，不整出神经衰弱才怪。

赵恒心里没谱，就偷偷派人去看寇准在干啥。很快，派去的人就回来告诉赵恒，寇相正在城楼上和人喝酒下棋，玩得非常嗨。如果再多几个人，就可以开派对了。

有一点必须说明，寇准确实有爱喝酒的毛病，尤其喜欢一堆人聚在一起，大摆宴席，不醉不归。按照现在的说法，这属于典型的享乐主义，但在那个时代，倒也不算大问题。

赵恒看到寇准如此洒脱，心里稍微宽慰了一点儿："寇准这个样子，我应该没什么好担忧的吧（准如此，吾复何忧）？"

战场的形势正在不断好转，赵恒却还是一心念想着和谈。早在曹利用出发前，赵恒就亲自接见了他，并且特地交代了自己的想法："契丹人这次南侵，不是想获得土地，就是想要点财物（废话）。关南的土地已经归属我们很久了，决不能再割给契丹！汉代用玉帛赐给单于，那还是有先例的。"

赵恒嘴里的汉代玉帛，是指汉朝初期对匈奴实施的和亲纳贡政策。当时汉朝国力虚弱，尚处于休养生息状态，为了赢得一个安定的发展环境，不得不把姿态放低点儿。当然，后来出了个汉武帝就不一样了，卫青收复河套、霍去病封狼居胥的事情大家应该都听说过，那是何等壮怀激烈、气贯长虹！

赵恒并没有兴趣学汉武帝，他只想过上几天太平日子。所以，他为曹利用设置了谈判的底线：

要地，没有；要钱，可以谈一谈。

在历史洪流之中，个人的际遇从来都是无法预知的。当一个机会来到你面前的时候，你根本就无法知道，前面等待你的，到底是一扇幸福的大门，还是一个坑人的陷阱。更多时候，对于个人来说，你根本没有选择的余地，只能沿着历史安排的道路，战战兢兢地走下去。

曹利用正走在一条前途莫测的路上。

客观地讲，曹利用正在从事的是高危职业。虽说有"两国交战不斩来使"的说法，但人家契丹人又不学国际法，谁知道他们被惹急了会不会把你斩首祭旗？

看上去，曹利用是摊上了一份苦差事。然而，他的内心却也有着一丝紧张和兴奋。

一直以来，曹利用只是个边缘得不能再边缘的人物，平时见到那些权贵重臣，也只能远远地站在一旁，连头都不敢抬一下。然而，这回他却突然成了天子瞩目的人物，对很多人来说，这样的机会，一辈子也就这么一次。曹利用是个小官，但他不甘于庸庸碌碌的人生。他决定牢牢把握住这次机会，哪怕赌上自己的一切。

历史之神微笑地收下曹利用的赌注，回馈给他一份大礼——一条完全不同的人生轨迹。

当月，曹利用来到辽军营寨，被告知，萧太后要亲自召见他。

来之前，曹利用已有充足的心理准备，什么刀山火海、侮辱刁难、软硬兼施……该想的都想了一遍。可等曹利用见到了萧太后，发现自己的想象力还真是不够丰富。

萧太后接见曹利用的地方不是在营帐里，也不是在行宫里（确实没有），而是在一辆马车上。这车也不是什么加长版、豪华版，陈设极其简单（礼容甚简）。

萧太后就坐在车上，而曹利用则被安排坐在车下。在马车车辕（套在牲口脖子上的曲木）上横着一块木板，简单地放着点儿吃的，算是给曹利用提供了一份免费招待餐。

见过损人的，也没见过这么损人的！让别人露天吃快餐也就算了，旁边还有一只牲口，换谁都不会有胃口。坦率地说，这种画面我都脑补不出来，只能根据史料机械地翻译一下。

不过，待遇差点也算了，至少没有动刀动枪，还是谈判的事情要紧。

双方谈判的焦点其实已经很明白，就是关南地区的归属。问题是萧太后态度坚决，根本没有让步的意向，曹利用白白磨了几天嘴皮子。

初次和谈无果，曹利用只好打道回府。但是他并没有灰心丧气，甚至心中还有一丝窃喜。

因为，萧太后并没让他一个人回去，而是另派了一个辽国使臣和他结伴而行。

种种迹象表明，和谈的大门并未完全关闭，一切都还有转圜的余地。

从古到今，谈判历来是项技术活。有人喜欢投石问路，有人善于旁敲侧击，有人擅长欲擒故纵，各种花招千变万化，说到底只是为了一个目标——知晓对方的底线。

萧太后是个精明的政治家，她想从谈判桌上为辽国争取到更多的东西，就必须试探宋朝的底线，要地也好，要钱也好，两者兼得更好。经过几番试探，她开始确信，用金钱换取和平确实是宋朝的真实想法。

拨开层层表象，我们会发现，两股势力能够走到谈判桌前，最本质的原因就是双方的实力达到了均衡。宋辽之间打打停停几十年，双方已经达到了均势。

辽国的骑兵已经无法再通过攻城略地来扩大战果，只能靠武力劫掠获得一点儿收益。宋朝既然没有实力收回"幽云十六州",也不能有效阻止辽国的机动性打击,只能承受因此导致的损失。

换句话说,双方的利益得失已经成了一个定量。

如果我们从经济学角度去看待双方的行为的话,辽国所得的收益可以用这个公式来体现:

$$辽国的收益 = 劫掠所得 - 行动成本$$

而宋朝的损失也可以用一个公式表示:

$$宋朝的损失 = 受侵损失 + 抵抗成本$$

按照这两个公式,如果双方达成和平协议,由宋朝向辽国交纳一笔固定资金的话,辽国则可以省下一笔"行动成本",而宋朝则可以省下一笔"抵抗成本"。显然,这是一个双赢的模式。

其实,政治博弈和江湖规则并无二致,只是政客能够为"买路钱""保护费"加上一堆天花乱坠的说辞。


所以,我们也有理由认为,萧太后并未将获取关南旧地当作真正的目标,在她的内心中,同样认同"以金钱换取和平"的方案。当然,对辽国而言,说成"以和平换取金钱"更加贴切。

萧太后派使臣赴宋朝,正表明了她不希望和议中断。曹利用敏锐地捕捉到了这点,他于是乐观地认为,和谈的最大障碍即将被突破!

## 三根手指

十二月,曹利用把辽国使臣领到了澶州,赵恒在行宫接见了来使。

走到这一步，应该说双方议和的诚意算是非常足了，但这毕竟是政治盟约，影响久远，谁都不会轻易先松口。于是乎，双方还得继续装腔作势地扯皮。

一个坚持要地，一个坚持只肯给钱；一个严肃声明我就是要地，一个严肃声明我就是只肯给钱；一个反复强调我还是要地，一个反复强调我还是只肯给钱……

几回合下来，还是没个结果。用现在的话说，谈判仍在艰难地进行中。

当然，谈判也不是一点儿成果也没有，双方决定，曹利用再跟着辽使回去继续谈。


在曹利用出发前，赵恒及一班臣僚都已经感觉到，辽使虽然没有松口，但态度已经缓和了不少。这次前去，极有可能达成正式协议，因此，他们不能不对具体条件有所考虑。核心问题只有一个：

究竟答应给多少钱？

曹利用当然做不了这个主，这事只能由赵恒来拍板。为此，曹利用在出发前特地去请示了赵恒，请最高领导给个数目，他心里也好有个底。

赵恒对这个问题也早有考虑。他告诉曹利用："必不得已，虽百万亦可。"

这句话很好懂，意思是：如果万不得已的话，即使一百万也可以。

说到这里，有人可能会有疑问，一百万是什么玩意呢？如果是一百万两黄金，那赵恒必须做好把皇宫卖了的准备；如果是一百万枚铜钱，辽国肯定不干，总不能是美金、欧元呀。

所以，我现在必须得穿插一点儿宋代财赋方面的知识。

在很多人的印象里，古人最常用的货币是铜钱，这点确实没错。宋朝人一般也用铜钱，铜钱的基本单位是贯，一千个铜钱为一贯。但是宋代财政收入不能仅仅用多少贯钱来表示，因为政府同时还会征收很多其他物品。

具体来说，宋代的征收物可以分为四类：一类是贵金属，比如金银，通常以"两"为计量单位；一类是谷物，比如稻、粟、麦等，通常以"石"为计量单位；一类是帛，比如绢、罗、绫等，通常以"匹"为计量单位；最后一类是物产，如茶叶、薪炭等各种品类的东西，计量单位更是五花八门。

以上财物加起来，总计可以达到二十多项。正因为各类东西的计量单位不同，所以我们在说明宋朝政府收入时，往往只能说个数量，后面的计量单位则是贯、匹、石、两等等，几个单位同时使用。

因此，赵恒所说的一百万，也是个笼统的概念。

不过，话说回来，有数总比没数好。曹利用得到最高指示后，就准备再次出发了。可他刚从赵恒那里出来，就被一个人叫住了——寇准。


对于议和，寇准一直是心有抵触的。在他眼里，现在宋军形势大好，完全可以把辽军赶回老家，别说给钱了，假以时日，或许还能够收回"幽云十六州"呢。

很可惜，当时朝廷中有寇准这样的想法的人极少，赵恒议和的决心很坚定，毕士安等人也表示赞成，所以他也只能勉强同意。

作为宰相，寇准纵然改变不了议和的大趋势，却也不肯大便宜辽国人。于是，等曹利用一出来，他就把曹利用叫到了自己的营帐里。

见到曹利用，寇准也不废话，劈头盖脸地就是一句："虽然你有皇帝的旨意，但去了以后最多只能答应三十万，超过三十万你别来见我，否则，我寇准肯定斩了你（毋得过三十万，过则勿见准，准将斩汝）！"

曹利用看着寇准生气的样子，知道这位爷惹不起，连忙应承着离开了。


当月，曹利用又来到辽军营寨，萧太后想要利用最后的机会再争取点筹码，故意命人继续拿关南旧地说事。

和前面几次不同，曹利用这回不再和他们耐心周旋，而是严词拒绝："你们带着军队来缔结盟约，如果希望我们拿出点钱财充作军旅开支，尚可以商议，其他就别多想了。"

辽国接待者还是不死心，说道："我们兴师动众而来，本来就是为了拿回关南旧地。如果不如我们所愿，回去都愧见国人。"

听辽国人这么一说，曹利用知道不做最后的表态是不行了！于是他霍然起立，怒视对方，慷慨激昂地说道："我既然受命来谈判，大不了就是一死！如果你们不后悔，一定要坚持自己的欲求，恐怕非但土地拿不到，也别指望结束战争了！"

辽人见曹利用如此态度，就将情况报告给了萧太后。

萧太后见已经到了最后摊牌的时候，终于点头答应了宋朝的方案，以钱财来换取和平。

接下来，双方完全进入了讨价还价的状态，估计情形跟菜市场买卖东西也差不多，无非是你报价，我杀价，你来我往，循环往复，如此而已。

具体的过程史料没说，我们直接说最后的结果。

三十万，成交！

准确地说，是宋朝每年交付辽国银十万两，绢二十万匹。史称"岁币"。

不知道是寇准画的底线起了作用，还是事有凑巧，反正曹利用谈下来的就是这个数。

和议谈成了，而且答应的岁币要比皇上的底线少了整整七十万，曹利用心中喜不自胜。一走出辽军营帐，他便用最快的速度向澶州赶去，希望能马上回去向赵恒报告。

当然，除了完成任务的喜悦之外，曹利用也在憧憬自己的未来。

他相信，大功告成之日，必是自己飞黄腾达之时！

曹利用赶到赵恒行宫的时候，碰巧赵恒正在吃饭，他只好在外面干等。

正在吃饭的赵恒听说曹利用回来了，急着想知道结果，饭还没吃完，就迫不及待地派内侍去问。

曹利用自以为立下奇功一件，不肯轻易说出来，声称："这是机密，只能自己当面报告（此幾事，当面奏）。"

曹利用越是卖关子，赵恒越是心急，连忙派内侍再去催问，还特别叮嘱道："就算不能详细说，报个大概的数目过来也成（姑言其略）。"

曹利用见皇帝又派了人来，卖关子的兴致反而更高了。别人心急火燎想知道答案，他却依然一言不发。再三催问之下，他才神神秘秘地伸出了三根手指。

内侍一看三根手指，明白了，三百万！赶紧回去复命吧。

赵恒一听内侍说三百万，心疼得直咂嘴，失声说道："太多了！太多了。"不过后来转念一想，居然又想通了，还自言自语说道："只要能把事情了了，也行（姑了事，亦可耳）。"

对于如此息事宁人的态度，我只能说：敢情花的不是你的钱！

关子卖了，赵恒的心理期望也被拉到了最低线，曹利用这才屁颠屁颠地来觐见。赵恒一见曹利用，就问他谈得怎么样。

曹利用还要把欲扬先抑的戏份演足，跪在地上不起来，连称自己有罪："臣答应送给辽国的银绢实在太多了。"

赵恒连忙追问："究竟答应了多少（几何）？"

曹利用这才回答："三十万。"

三百万一下子变成了三十万！

赵恒当时的心情，大概就跟现在买彩票中了千万大奖差不多。如果条件允许，估计抱着曹利用亲几口的心都有了。

啥都不用说了，升官！

转眼之间，曹利用从八品的阁门祗候一下子变成了从四品的东上阁门使、忠州刺史。

## 一纸协议

大事议定，接着就是办手续。

宋景德元年（1004）十二月辛丑，辽统和二十二年，宋辽两朝正式订立盟约。

当时的和议也和现在两个公司订合同差不多，文本一式两份，各持一份，文书上的法定代表人，当然是两边的皇帝了。鉴于这是一份十分重要的合同，咱们就一起凑过去看个仔细。

合同的主要内容有六条：

一、确立友好联盟关系（共遵诚信，虔守欢盟）。

二、宋朝每年以赞助军费（以风土之宜，助军旅之费）的名义送辽国绢二十万匹，银十万两，双方在雄州完成交割。

三、双方各自守好现行边界，不得再搞军事摩擦，不能再招纳对方叛亡人员（沿边州军各守疆界，两地人户不得交侵，或有盗贼逋逃，彼此无令停匿）。

四、不得骚扰影响对方农作物生产（至于陇亩稼穑，南北勿纵骚扰）。

五、双方不得再在边境增添军事设施（两朝城池，并可依旧存守，淘濠完葺，一切如常）。

六、赌咒发誓，谁不遵守和约谁就没有好下场（子孙共守，传之无穷，有渝此盟，不克享国，昭昭天鉴，当共殛之）。

其实，除了以上书面内容外，双方还有一些其他约定，用现在的话说，属于具有法律约束力的合同补充条款，主要是两条。

第一，约定宋辽两国属于兄弟关系。"兄弟"二字可不是为了表示双方关系亲热，那可是实打实地论辈分。

这里的辈分，就是宋朝皇帝和辽国皇帝的辈分高低。中国人好面子，对于辈分这事情看得很重，一点儿都不含糊。

当时，赵恒37岁，耶律隆绪33岁。经过磋商，赵恒就按年纪做了兄长，耶律隆绪只能称小弟。同时，赵恒尊辽国萧太后为叔母。这么一来，双方在面子上都过得去，算是谈妥了。

第二，宋辽两国决定在边境上设置榷场（自由市场），允许双方百姓在边境开展贸易活动。

开放边境贸易，对双方经济发展都有好处，相对来说，宋朝还占点儿便宜。因为宋朝的经济比辽国发达得多，绸缎、瓷器、茶叶、粮食各色商品应有尽有。反观辽国，能出口的只有马牛羊。双方一开放贸易，宋朝长期占据贸易顺差地位，送出去的岁币还能赚回来不少。

合同内容就那么多，其实最让大家念念不忘的始终是三十万岁币。

关于这笔钱，有人觉得给多了，用教材上的话说是"（宋朝）从此背上了沉重的包袱"；有人觉得那点钱对于财大气粗的宋朝来说，只是毛毛雨而已。

众说纷纭，莫衷一是。

所以，关于钱的事，我们还是有必要说得更仔细点。

根据一份记载，宋朝景德某年的财赋收入 47211000 贯、匹、石、两。虽然我们不知道具体是景德几年，但景德这个年号一共才用了 4 年，应该能大体反映出当时的财政状况。

从数据上看，宋朝总收入达 4700 余万，相比之下，那 30 万岁币不到千分之一，看似小菜一碟。

但是，我们必须看清楚，辽国要的是十万两白银和二十万匹绢。

有人曾专门做过研究，宋朝绢帛类产品的产量很高，给辽国的那点绢也就相当于宋朝一个州的产量。可是，宋朝的白银收入并不多，十万两白银大约能占到宋朝年产量的十分之一还多。所以说，这份白银支出，还是有较大压力的。

当然，如果我们考虑到宋朝从此节省了大笔军费开支、边境百姓得以安居乐业等因素，缔结盟约对宋朝还是利大于弊。

钱的问题讲完，再说说政治上的影响。无论钱多钱少，宋朝毕竟是被人勒索了一笔保护费，要说这事有多光彩是不可能的。因此，无论当时还是现在，对"澶渊之盟"的负面评价从来没断过。

所谓"岁赠资敌"是也。

很快，有人站出来拿这个说事了。

# 第四章 一国君臣如病狂

## 小报告

"澶渊之盟"达成后，宋朝北方边境实现了难得的和平。双边贸易打开了，军费开支大大减少了，辽国还时不时送点土特产过来表表心意，赵恒心里非常高兴。

在一片祥和的氛围中，有一个人反而郁郁不乐——王钦若。

和议达成后，王钦若从大名府回到了朝廷，但他一回朝廷就主动要求辞去参知政事的职务。倒不是"王官迷"不想当官了，只因他不想给寇准打下手，害怕被整成机关闲散人员，于是干脆自己主动请辞。

赵恒也知道王钦若和寇准处不来，于是为王钦若特设了一个"资政殿学士"的职位，暂时安排他去编书。

王钦若想办法躲着寇准，但寇准可不是那么好避开的。寇准的脾气我们都知道，只要是他看不顺眼的人，他一定会逮住机会为难你一下。

在确定班位的事情上，寇准就整了王钦若一把。

所谓"班位"，是指官员上朝参加朝议时的顺序。古代社会最讲究等级尊卑，班位的顺序也是身份地位的象征。一般来说，班位是按照官阶大小来排列的，遇到相同官阶的官员，则要比职位、比资历，反正一定要分出个上下左右为止。

这么一来，问题出现了。新设的资政殿学士官阶是正三品，和翰林学士正好相当，把谁排在前面好呢？偏偏它又是个新职位，也没前例可参照。

照理说，王钦若担任参知政事的时候班位就在翰林学士之前，中间又没被贬职，应当排在翰林学士之前。但寇准可不这么认为，谁让你这个"资政殿学士"是个新官职，我就装不知道，从此定下规矩——资政殿学士的班位在翰林学士之后。

王钦若吃了个哑巴亏，跑到赵恒那里喊委屈，赵恒只好亲自出面和了一把稀泥，在"资政殿学士"的"学士"前面加了个"大"字。王钦若转眼成了大学士，重新排到了翰林学士前面。

王钦若一直被寇准压制，心里很不舒服，但他也没办法。"澶渊之盟"后，寇准被朝野上下看作是促成和议的头号功臣，他的声望达到了顶点，连赵恒也对他毕恭毕敬，凡事言听计从。

王钦若对这种局面很不甘心，他一直在耐心地寻找机会进行反击。这时，朝局正在悄悄发生着变化。

景德二年（1005）十月，老臣毕士安去世了。

一直以来，毕士安都是寇准的坚定支持者。寇准性格直率，容易得罪人，经常被人在赵恒面前打小报告，每当这个时候，毕士安总是挺身而出，为其辩护。可以说，没有毕士安的支持，寇准的很多谋划根本无法得到赵恒的认可。

很可惜，这个忠厚的老臣在北征前就已身染重病，在和议达成后不到一年，就不治而亡。

毕士安的去世对寇准是莫大的损失。从此，他在朝中失去了一个最重要的盟友，也失去了一道替他遮挡暗箭的屏障。

然而，寇准并没有意识到危险的来临。

和平时期，宰相最大的权力就是官吏的任免权。在宋代，官吏的晋升提拔是有一定规律的，一般是根据资历、年限来排序，干到一定年头就可以提升官阶。可事情到了寇准这里就不一样了，不弄出点儿花样来哪能叫寇准？

我们每个人都可能有切身体会，在交往中都倾向于选择和自己脾性相投的人。寇准在用人上也是这样，总是喜欢优先提拔那些出身寒微、说话直来直去的人。他这么不按常理出牌，难免会得罪一大批人，有人就小心翼翼地拿出官吏升迁记录本子，跟他说以前的惯例做法（持例簿以进）。

寇准看都不看，把本子丢在一边，大大咧咧地说道："宰相就是统领百官的，如果只按常例办事，怎么体现任用贤能、屏退庸才的职能呢（若用例，非所谓进贤退不肖也）？"

人家当然不敢当面顶寇准，只好背地里向赵恒打小报告。但赵恒听说了寇准的应答后，觉得他说得也挺有道理，一点儿都没减少对他的信任。

如此一来，寇准更加自鸣得意，眼睛都快长额头上了。

打几个小报告，岂能扳倒立下不世功勋的当朝宰相?!

小报告，学名叫谗言，通俗点说就是背地里说坏话。事实证明，打小报告也是一个充满技术含量的活，你没有一点儿业务水平，想干坏事也干不成。

王钦若的人品不怎么样，但他确实是一个十分聪明的人。他确信，赵恒内心里并不喜欢寇准，如今善待寇准，只因为寇准在促成澶渊之盟中立了大功。

因此，要扳倒寇准，就必须改变赵恒的这种认识。

很快，王钦若瞅准时机，对寇准狠狠地射出了一支冷箭。

景德三年（1006）二月，在一次朝会结束后，众臣纷纷散去，王钦若故意留到了最后。

当时，赵恒正恭恭敬敬地目送寇准领着一班大臣退去，王钦若悄悄走到赵恒跟前，两人有了这样一番对话：

王钦若："陛下敬畏寇准，是因为他有功于江山社稷吗？"

赵恒："那当然。"

王钦若："我真没想到陛下会说出这样的话。澶渊一战，陛下不认为是耻辱，反而认为寇准对社稷有功，这是为什么啊？"

赵恒："为什么这么说？"

王钦若："城下之盟，哪怕春秋时期的小国也感到羞耻。您现在作为一个大国皇帝，却在城下和敌人结盟，还有什么比这个更让人感到耻辱的？"

王钦若口中的"城下之盟"，源自春秋时期的一个典故。楚国军队包围宋国都城长达九个月，楚国要求宋国派人出城签订盟约。宋国的勇士华元偷偷来到了楚军营帐，对楚军统帅子反说："我们国君让我转告你，宋国都城内已无粮食和柴草。但是，如果签订'城下之盟'，和灭国没什么两样，我们宁可战死，也决不从命！除非楚军后撤三十里，我们才会议和。"华元的话让子反感到害怕。楚军真的后撤三十里，才与宋国议和。

不得不说，王钦若确实是最懂赵恒内心的人。辽宋之间的澶渊之盟，说是"城下之盟"也不为过。泱泱大宋要靠输送钱帛来换取和平，不啻为一种耻辱。

这个道理，赵恒不能不认，因此，每当有主战派提出反对意见时，他都以不忍百姓再受战祸为说辞。谁都知道，最想忍辱议和的人，正是赵恒自己。

如今，王钦若的一番话，彻底撕掉了赵恒的遮羞布，让赵恒无地自容，只能沉默不语（上愀然不能答）。

王钦若的话戳中了赵恒的痛处，他接着抛出了更致命的一句：

"陛下知道赌博吗？赌钱的人钱快输光的时候，就把自己所有的老本都压上去，这就是所谓的'孤注一掷'。陛下，您就是寇准手里的孤注呀，这是多么危险的事情啊！"

好一个王钦若，这个小报告来得实在太绝！

按照王钦若的逻辑，赵恒不仅签订了耻辱的"城下之盟"，还被别人当成了筹码使用，一国之君的颜面早就荡然无存！如此推理，寇准非但没立下什么功劳，反而有要挟君主之罪。

但是，仔细思考一下，王钦若的话其实有着明显的漏洞。首先，寇准的本意并不是议和，而是主张战斗到底。再者，如果觉得"城下之盟"可耻，你王钦若还主张南逃呢，岂不更加可耻？

很可惜，从资质上讲，赵恒只是个平庸的君主，他只关心自己的脸面，却无心明辨是非。

从此，赵恒对寇准的信任大不如前（由是，上顾准稍衰）。

当月，赵恒以"滥用职权博取虚名（以国家爵赏过求虚誉）"为由罢免了寇准的宰相职务，命其为刑部尚书、知陕州（今河南三门峡市）。

四十五岁，寇准第三次被外放。

正值壮年却被迫"退居二线"，寇准心中委屈是难免的，但这就是官场的现实，他也无能为力。

曾经威风八面的宰相，现在已经成了地方上无所事事的闲官，寇准每天只好以喝酒、作诗打发日子。

大中祥符元年（1008），寇准又被任命为知天雄军兼驻泊都部署，转而来到了大名府。

大名府是辽国使者进入宋朝的必经之地，每当辽国使者路过，寇准作为地方长官都要出面接待。一次，辽国使者见到这位曾经叱咤风云的宰相沦落到这般地步后，故意揶揄道："相公名望如日中天，为什么不继续在朝廷担任宰相了呢？"

面对挖苦，寇准面不改色，说道："皇上认为朝廷里现在没什么大事，但大名府是北方要地，非我寇准来把守不可（北门锁钥，非准不可）！"

说罢，举杯畅饮，谈笑自若。

苟利家国，岂为身谋！

## 皇帝行贿

寇准走后，王钦若如愿回到宰执行列，出任知枢密院事。但他还不能高兴得太早，顶替寇准出任宰相者乃是王旦。

前面说过，王旦和寇准是同榜进士，但两人的官宦生涯却截然不同。如果说寇准的仕途是惊涛骇浪的话，那么，王旦的仕途更像是一汪平静的湖水，见不到一丝波澜。

从平江知县干起，王旦历任郑州通判、知制诰、翰林学士等十多个职位，把各类岗位都干了个遍，没被超常提拔过，也没挨批贬职过。到了咸平四年（1001），他升任参知政事，成为宰执大臣。

　　看了王旦同学的简历，每个人都会由衷地赞叹：稳，太稳了。如果我们再拿同期的寇准同学对比一下，人家早就坐过两回电梯了。

　　王旦和寇准的行事风格不一致，但为政立场基本一致。寇准催促赵恒亲征的时候，王旦是坚定的支持者之一，而且一同随驾来到澶州，当时还出了个小插曲。

　　赵恒御驾亲征时，弟弟雍王赵元份被安排留守京城。但没想到，赵恒到澶州不久，京城传来消息，赵元份突然生了重病。

　　皇帝还在外面，朝廷里不能无人做主。最后，赵恒决定派王旦赶紧回去留守京城。临行前，王旦对赵恒说："希望陛下把寇准召过来，我有话要说。"赵恒就连忙派人去找寇准。

　　等寇准一到，王旦看着赵恒，一脸严肃地说："十天之内，我如果没有收到捷报，该怎么办？"

　　所谓十天内的捷报，只是个委婉的说法，其实是提醒赵恒，万一他有什么不测，朝廷里该怎么办？

　　赵恒没料到王旦会提出这种问题，沉默了很久之后，说道："立皇太子。"

　　言下之意，允许王旦另立新君。

　　王旦得到允诺后，迅速秘密赶回京城。一回京城，王旦直接进入宫中掌控局势，并下令严密封锁消息。直到和议达成，赵恒等人赶回京城，王旦率人迎接时，他的家人才知道实情。


　　临行前要求赵恒做出承诺，是做最坏打算；要求召寇准到场，是保证万一有变，内外可以协同一致；严守回京的消息，是为了防止人心恐慌。

无怪乎，人人都赞叹：王旦行事，心细如发，稳如泰山。

王旦当宰相以来，赵恒深感满意。因为他既能替领导把事情办了，又不会咋咋呼呼顶撞人，最擅长"摆平"各类错综复杂的关系。

可是，很快，王旦遇到了一件从政以来最难"摆平"的事情。

给王旦添堵的不是别人，还是我们的老熟人王钦若。事情还得从头说起。

自从被王钦若用"城下之盟"的话戳到了痛处后，赵恒经常闷闷不乐（上自是常快快），他感到自己的天子威严受到了极大的挑战，仿佛时刻都能听到旁人的窃窃私语。这种羞愤感老是压在他的心头，挥之不去。

有一天，赵恒把心中的苦恼告诉了王钦若，并问他："现在我该怎么办呢?"

王钦若回答："陛下如果率兵北上，夺回幽云地区，就可以洗刷耻辱了。"

王钦若这个回答口是心非，明明知道赵恒最怕打仗，还故意拿"幽云十六州"说事，明显是哪壶不开提哪壶。

赵恒一听要打仗，立刻就泄了气：我要有这本事，还用你说?

当然，话不能明着说，于是赵恒继续拿百姓当挡箭牌："河北百姓刚刚得到休息，我不想把他们再推向战争的火坑。你还是想想其他办法吧。"

　　王钦若知道赵恒上钩了，心中暗喜，神神秘秘地说道："陛下如果不想用兵，那就应该建'大功业'，这样或许可以镇服四方，让外邦也不敢小视本朝。"

　　赵恒一听，很感兴趣，忙追问："什么算得上'大功业'呢？"

　　王钦若随即亮出了他的底牌："封禅！"

　　由于王钦若同学的花样实在太多，我不得不再次打断叙述，进行一下名词解释。

　　所谓"封禅"，其实是一种古代的大型祭祀活动，"封"就是在山顶祭天，"禅"就是在山下祭地。此类活动一般是由皇帝亲自主持，在著名的山岳举行。古人把泰山看成最高的山，所以泰山就成了封禅的指定地点。

　　我们的古人是非常重视祭祀活动的，祭天地、祭鬼神、祭祖宗、祭圣人等等，种类繁多，形式不一。到了皇帝这里，祭祀活动就更重要了，因为他要通过祭祀活动来告诉天下臣民，自己的权力是老天给的，是非常神圣的，所以你们都得听我的。

　　在所有的祭祀活动中，"封禅"则是最隆重的一种。

　　如此重大的活动并不是每个帝王都能去的，理论上说，你非得干下盖世功勋才有资格去做"爬山运动"！否则，你还是找个小土堆自己玩去吧。

　　如果我们帮赵恒回忆一下的话，在他之前，进行过封禅活动的帝王加起来都凑不成一支篮球队，一共才五个：秦始皇、汉武帝、汉光武帝、唐高宗、唐玄宗。

上面五位除了唐高宗（被武则天怂恿着去的）以外，翻翻其他几位的工作业绩，那可是满满的干货。

如此一比，问题来了，赵恒有什么拿得出手的成绩去封禅呢？

不要紧，咱们王钦若已经为赵恒想好了："想要封禅，必须天降祥瑞，或者干出空前绝后的大事业才行（然封禅当得天瑞，希世绝伦之事，乃可为）。"

照王钦若的话说，想封禅是有前提条件的，要么天降祥瑞，要么干出大事业，二选一。

空前绝后的大事业，赵恒当然没有，所以王钦若重点要说的是第一项——天降祥瑞。

"祥瑞"，可以理解为"吉祥的预兆"。根据古代天人感应的学说，如果统治者失德，导致政治昏暗、民生凋敝，就会出现大旱、洪水、地震之类的自然灾害，加以警示。如果统治者有德，国泰民安、物阜民丰，上天就会降下祥瑞，给予表彰。

总而言之，祥瑞可以看作老天爷给皇帝寄来的表扬信。

能称为祥瑞的东西是很多的，在宋朝之前，已经多达百余种，而且还具体划分了档次。

高档的祥瑞是天文祥瑞，其实就是一些半真半假的自然现象，什么日月合璧、五星连珠、祥云瑞雪之类都算，还有诸如河水变清（俗称"河清"，一般指黄河），地上冒甘泉，天上降甘露，等等。这些现象经常被人看成是太平盛世的象征。天文祥瑞因为在天上，所以最有权威性，被称为"上瑞"。

中档的是动植物祥瑞，比如龙、凤凰、麒麟、灵龟、仙鹤、芝草（灵芝）、嘉禾（多穗的谷稻）等等。最有意思的是，一些白鹿、白虎之类的动物变种也常被视为祥瑞，其实也就是些基因变异的小动物。

最次的祥瑞是一些器物，比如神鼎、玉璧之类。这些东西要么是从天上掉下来的，要么是从地里刨出来的，反正不能说是人工打造的。其实嘛，都是如假包换的人工祥瑞。

总而言之，能称得上祥瑞的，都是一些神乎其神的东西。


说到这里，王钦若停了下来，他偷偷地观察了下赵恒的反应，发现赵恒低头沉思，仍不答话，似乎还有顾虑。

是的，功业纵然不好建，但祥瑞也不容易得到嘛。老天爷又不是某宝，你想要什么就可以下单送来。

本着"毁人不倦"的精神，王钦若继续对赵恒循循善诱："所谓祥瑞，也是前人自己造出来的。只要皇上深信不疑，带头尊奉，并且将它们公之于众，和天降祥瑞有什么区别呢？你以为'河图''洛书'是真事吗？不过是圣人借神道来教化百姓罢了（圣人以神道设教耳）。"

王钦若不愧为大学士，讲了十来句话，蹦出了那么多新词。好吧，咱再简单说一下什么是"河图""洛书"。


所谓"河图"，是说上古伏羲氏的时候，黄河中浮出一只龙马（传说中兼具龙和马形态的神兽），背着一幅"河图"献给伏羲。相传伏羲根据这幅图创造了"八卦"，后来周文王又根据八卦推演出了《周易》。

所谓"洛书"，是相传大禹的时候，洛河（今河南境内黄河支流）

中浮出了一只神龟，背着一幅"洛书"献给大禹。大禹根据书上的记载，成功治理了洪水。

根据这两个传说，"河图""洛书"经常被视为中国古代哲学观念、思维方法的源头。提起上古文化，都得从"河图""洛书"说起。

联系上下文，王钦若的意思很明白，既然"河图""洛书"都可以造假，那么人工造点儿祥瑞什么的，更不在话下。

到此为止，王钦若终于把自己的馊主意全说出来了，简单概括，八个字：

人（zhuāng）造（shén）祥（nòng）瑞（guǐ）

泰（zì）山（qī）封（qī）禅（rén）。

听了王钦若的一番话，赵恒依然低头不语，但内心已被说动了。这个方案既可以满足他的虚荣心，又不用冒大风险，很符合他的性格。只是，还有一个最后的担忧萦绕在赵恒心头。他若有所思地对王钦若说："王旦不会同意这么做吧？"

是啊，封禅这样的大事情，如果得不到宰相的支持，那肯定不能压服百官。

王钦若充分发扬了坏事干到底的作风，自告奋勇表示："这事我去办，我去把陛下的意思转达给他，应该没什么问题。"

赵恒想了一会儿，点头同意。

于是，王钦若就去找了王旦，把赵恒要去封禅的想法告诉了他。

王旦听了王钦若的主意，顿时心头一紧。他突然意识到，赵恒过了几天太平日子以后，已经开始琢磨着玩花样了。然而，封禅这类事情，装神弄鬼、弄虚作假也就算了，关键是会耗费大量人力钱财。

听了王钦若的传话，王旦不置可否，只是哼哼哈哈地应付一下。

赵恒听了王旦的反应，知道这位宰相的内心并未认同。为了把王旦彻底拉上贼船，他想出了一个绝招——行贿。

行贿这种事情，从古到今都不少见。可照常理来说，一般都是地位低的人向地位高的送。到了赵恒这里，完全反了过来，他创造性地开了皇帝向臣子行贿的先河！

于是，赵恒挑了个日子，把王旦叫到宫内一起喝酒，两人你来我往喝得很开心。喝到差不多的时候，赵恒命人搬来一坛酒，并意味深长地看着王旦，说道："这酒的味道可是好极了，回去和家人一起喝吧。"

熟悉点儿行贿套路的人知道，把值钱的东西放在不值钱的包装里，是屡试不爽的送礼方法，为的就是瞒天过海、掩人耳目。前面讲到吴越王钱俶送给赵普的那些瓜子金，就是当成海鲜大礼包送来的。事情到了赵恒这里，也一样。

王旦抱着酒坛，满腹狐疑地往家里赶。这又不是什么喜庆日子，皇上单请他一个人吃饭喝酒，肯定另有隐情。一回家，他就关闭大门，屏退左右，把酒坛恭恭敬敬地摆到桌上，然后小心翼翼地打开了盖子。顿时，一片刺目的白光四射而出。

坛子里装的不是美酒，而是满满一坛宝珠！

这可是一笔价值不菲的财产！按照当时的市价，一斤宝珠大约值六百两银子，如果考虑到皇宫里的宝珠成色更好一点，眼前一坛宝珠都顶得上一栋极品豪宅了。

王旦是个厚道人，自做官以来，一直清廉自守，各种请托都能拒之门外。但是，他也知道，任你以前再清白，现在也不是讲廉洁从政的时候。

皇上送东西贿赂你，那是想让你配合封禅。如果你再把礼物登记上交，就太不识抬举了。

望着桌上的一坛宝珠，王旦瘫坐在了椅子上，心中翻江倒海。

皇上封禅的决心已定，摆在他面前的只有两条路：要么违心同意；要么据理力争，然后滚蛋。

守着这坛宝珠，王旦思前想后，坐立不安，苦思冥想了一夜……

也罢，任你折腾一次吧。

谅你也掀不起什么大浪。

王旦选择了妥协。

他希望，这只是赵恒的心血来潮。他希望，凭借自己的手腕，把封禅的影响降到最低。

折中妥协，委曲求全，这是王旦的一贯风格。

然而，这回，他做出了一生中最严重的误判。

　　赵恒去掉了最后一层顾虑，从此开始放心地让王钦若筹备封禅活动。

　　在闹剧开始前，我们有必要来分析一下赵恒的行为逻辑。

　　看了上面的记述，很多人可能会产生一堆问号。

　　赵恒既然知道王旦不认同封禅之类的事情，为什么不把王旦撸掉呢？

　　为什么不让更合他心意的王钦若做宰相呢？

　　想让王旦支持封禅，为什么不堂而皇之地赏赐，反而要偷偷摸摸地行贿？

　　是的，为什么呢？

　　你是说一不二的皇帝呀。


　　因为，他是赵恒。

　　是的，赵恒虚荣、胆小、怕事，但他并不傻，他分得清忠奸对错，知道谁是谁非。留着王旦，那是因为朝中不能没有人干活；宠着王钦若，那是因为要满足自己的私欲。留着两种不同的人相互掐架，也能保证权力不旁落。

　　所谓帝王心术，不过是千方百计地将私欲凌驾到社稷苍生之上。


　　天下承平日久，赵恒的私欲被彻底释放出来了。

　　闹剧就此开始！

## 装神弄鬼

大中祥符元年（1008）正月，赵恒突然在崇政殿召集王旦、王钦若等人，煞有介事地向众臣讲了一大堆话：

"我寝殿里的帘幕都是青色布幔做的，到了晚上，如果不点蜡烛，根本看不清颜色。去年十一月二十七日半夜的时候，我刚要睡觉，忽然有个房间变得亮如白昼，我很惊讶，起来看了好几次，接着看见一个头戴星冠、身穿红袍的神人。神仙告诉我，'你应在正殿建黄篆道场一个月，我会降下天书《大中祥符》三篇，请千万不要泄露天机'。我想起身应答，神人忽然不见了，于是我赶忙命人把事情记录下来。自十二月初开始，我就开始吃素斋戒，并在朝元殿建了道场，修了九级神坛，做了豪华的车子，恭恭敬敬地迎接神仙下凡。虽然已过了一个月，我也不敢叫人撤去。刚才皇城司的人来奏报，说左承天门南角的鸱吻上，挂着一块黄帛。我连忙派人去查看，回报说，'黄帛有两丈长，裹束着一份书卷，书卷用青丝线缠绕三周，封处隐隐有文字标记'。我仔细想想，估计这就是神人所降下的天书。"

睁眼说瞎话！

在此，我得向大家声明，以上内容虽然过于荒诞离奇，但绝对是基于史料的直接翻译，本人未做任何加工。如果有人觉得过于荒诞，可以找赵恒探讨。

好了，咱们还是接着看荒诞大剧。

王旦、王钦若见赵恒已经带头入戏，赶紧跟着配合表演，一帮人抢着上前祝贺，纷纷表示，一定是赵恒在皇帝岗位上工作完成得太出色，把老天爷也感动了，才会派神仙送来天书。

赵恒听后很开心，带着众人来到承天门，按照既定的剧本继续演下去。他对着天书又是烧香，又是叩拜，然后命内侍小心翼翼地把天书取了下来。接着，王旦代表百官接了天书，跪拜着献给赵恒，赵恒再接着跪拜接受，然后亲自把天书放到车上，自己则率领百官步行在后，一路恭恭敬敬地把天书送到了道场。

到了道场后，由陈尧叟打开天书，宣读天书内容。

当然了，那肯定是一封热情洋溢的表扬信，主要是三方面内容：第一，表扬赵恒的工作成绩（那是必须的）；第二，告诉赵恒要继续清静无为地治理天下（继续花钱买和平）；第三，赵宋王朝将永远延续下去（想想就好）。

赵恒听完表扬后，把天书放进了一个特制的金盒子里（居然提前知道了尺寸），藏了起来。

为了隆重庆贺天书到来，赵恒派人四处忙活起来，又是祭告天地宗庙，又是大赦天下，并宣布改元"大中祥符"。

上有所好，下必效之。见到皇帝好这口，全国都有模有样地搞起了庆祝活动。

赵恒收到老天爷的表扬信，就相当于得到了上级部门的批示，接下来，他和王钦若等人就开始忙着张罗封禅大典。

中国古代的礼仪制度是非常复杂的，婚丧嫁娶、出征打仗、宴会宾客，等等，都有一套讲究的礼数。朝廷上的活动规矩更多，如何行礼、如何着装、时辰安排、人员顺序等细节都被规定得死死的，容不得半点差错，恨不得把你出门先迈左腿还是先迈右腿都规定好。

前面所述迎天书的活动又是斋戒，又是跪迎，一堆繁文缛节，麻烦得很。可若是把迎天书和封禅一比，那就是小巫见大巫了。

如果把封禅比作一部影视大片，迎天书充其量只是片头花絮。


封禅活动的程序和仪式非常繁杂，非常枯燥，非常故弄玄虚，要不是行文需要，连我这种历史爱好者都懒得搭理。为了不给大家带来催眠效果，我把这部肥皂剧的主要剧情给大家回放一下：


**第一集：半推半就。主演：皇帝赵恒**

三月，兖州（今山东境内，当时泰山在兖州辖区）父老百姓一千二百八十七人到开封，请求赵恒到泰山封禅。赵恒推辞——装；

兖州官员集体请愿要求封禅。赵恒推辞——接着装；

各地在京考生（当年正好为科举年）八百四十六人请愿要求封禅。赵恒推辞——继续装。

宰相王旦率领文武百官、军队将领（诸军将校）、地方官员（州县官吏）、少数民族代表（藩夷）、宗教界代表（僧道）、民间高寿有威望者（耆寿）共两万四千三百七十人请愿要求封禅，先后上书五次。赵恒推辞——居然还要装。

四月，皇宫功德阁内又降下天书，内容和上次的一模一样。赵恒这才下诏同意赴泰山封禅　　　贺下不情了。

### 第二集：泰山奇遇。主演：王钦若

六月，王钦若被先行派去探路，他一路赶到泰山后，收获不小。他先是发现了山下冒出醴（lǐ）泉（甘甜的泉水），后又看见了苍龙，接着又说泰山中的老虎主动逃跑了，山上有一处池水变成了紫色……反正是一堆堆祥瑞都让王大人遇到了。

紧接着，赵恒宣布，自己又梦到了上回那个神仙，神仙告诉他，马上又会扔本天书过来，地点就在泰山。

不用说，王钦若先生马上就派人来报告了，就在泰山醴泉亭旁边捡了一份老天爷发来的快递，打开一看，正是天书。

受"王钦若奇遇记"的启发，全国各地都掀起了上报祥瑞的热潮，什么仙鹤、金丹、灵芝等等，应有尽有，管饱管够。许多地方还争相报告好消息，诸如黄河水变清了、监狱里没犯人了（学名"狱空"）……

一时间，那些奇珍异兽井喷式地冒了出来，算是为封禅做足了舆论准备。

### 第三集：热火朝天。主演：宋朝官民甲乙丙丁。

赵恒决定十月赴泰山举行封禅大典，这样一来，各项筹备工作满打满算也就半年时间。

命令一下，朝廷上下立刻忙得鸡飞狗跳。

若干人要忙着在泰山上修圜台（祭天场所）；

若干人要忙着采办祭天用品；

若干人要忙着研究封禅的礼仪；

若干人要忙着考察赴泰山的道路；

若干人要忙着做好沿途警卫；

若干人要忙着出使外邦，通报消息；

若干人要忙着写文章歌颂太平盛世；

若干人要忙着准备各类吃喝花销；

…………

等一切都搞得差不多了，赵恒还接连搞了几次彩排，甚至不惜亲自出场表演、上台走秀。

形式主义害死人，还真不是句空话。

**第四集：封禅大典。主演：皇帝赵恒。**

十月初四，赵恒终于迎来了高光时刻，他率领着一支庞大的队伍浩浩荡荡地从开封出发，前往泰山。

这支队伍真是拉风。走在最前面的是护送天书的仪仗队，赵恒头戴通天冠、身穿绛纱袍、乘着专用大辇紧随其后，再后面是文武百官及护送军队，整支队伍达到上万人。

一行人哼哧哼哧走了十七天，来到泰山脚下，接下来的名堂更多了：

斋戒沐浴、圜台祭天初献、封祀坛亚献、封祀坛终献、社首山祭地、燔燎祭礼、朝觐坛接受朝贺、大赦天下、加封百官、曲阜祭孔……

不管你看得懂也好，看不懂也好，总而言之，这些神神道道的活动让宋朝君臣忙活了整整四十七天。

直到十一月底，这一大批人才回到了开封。

封禅过后，最满意的是赵恒，刚开始装神弄鬼的时候，他还有点担心和生涩，但随着事情的发展，他越来越沉醉其中，众人吹捧、万邦来朝的景象极大地满足了他的虚荣心。在一片阿谀声中，他仿佛觉得自己真成了盛世明君。

城下之盟的心理阴影，早就烟消云散，他无比享受那种虚幻的快感，沉浸其中，不能自拔。

赵恒得到了精神上的满足，而文武百官也不亏，虽然被折腾得够呛，但凡是跟去封禅的官员都得以加官晋爵，也算劳有所得。

可面子工程总要有人买单，唯一的冤大头还是平头百姓。这么一次封禅，竟然耗去了宋朝年财政收入的三分之一，比起契丹劫掠造成的损失，远过之而无不及。

这件事也再次印证了一个道理：一个国家最怕的并不是张牙舞爪的外敌，而是自己窝里的瞎折腾。

要说最叫苦的人还是王旦，他本来就是违心迎合，可一旦被拉上了贼船，才发现已经身不由己。作为百官之首，那些荒诞不经的事情还得他领头来操办。形势的发展也大大超出了他的预想，大小官吏见皇上好这口，争着上报祥瑞来讨赵恒欢心，大批文人则挤破了脑袋写各类肉麻的颂词，官场被搞得乌烟瘴气。

与此同时，个别正直的官员不断上书反对，言辞激烈，骂得唾沫横飞。王旦夹在其中，左右为难。他唯一能做的，就是盼着闹剧早点结束，好让天下重归太平。

可是，让王旦万万没想到的是，请神容易送神难，封禅这部荒诞大剧过后，还有一部部续集等着上线呢。

"大中祥符"这个年号，赵恒一共用了九年。

九年里，赵恒一刻也没闲着，每年都要领衔主演几部魔幻大片，热潮一波接着一波，大典一个连着一个。老规矩，对于催眠类内容，我们依然长话短说：

大中祥符二年（1009），为了感谢老天爷送天书过来，赵恒命人在京城修建玉清昭应宫，并要求全国各地大修宫观——相当于物流布点，方便接收老天爷派发的"快递"。

大中祥符四年（1011），组团赴汾阴（今山西万荣）祭祀地神——旅行攻略可参考泰山封禅。

大中祥符五年（1012），赵恒宣称自己的祖先（又称圣祖）赵玄朗是个神仙，号称"九天司命上卿保生天尊"。某天凌晨，神仙祖宗和一群神仙朋友在延恩殿现了真身，当场表扬了赵恒的工作业绩——光表扬信已经不过瘾，开始接受当面表扬。

大中祥符六年（1013），举行奉迎圣像大典，赵恒为玉皇、圣祖、太祖、太宗做了四个大铜像，把铜像迎进玉清昭应宫进行隆重祭祀——赵恒尊崇道教，直接把自己老赵家的家谱接进了神仙谱系。

大中祥符七年（1014），组团赴亳州太清宫朝谒老子——继续参号泰山封禅和汾阴祭地。此时的赵恒早就成了老戏骨，对套路驾轻就熟。

大中祥符九年（1016），宣布要祭祀最高神仙"玉皇"，并给玉皇起了个尊号"太上开天执符御历含真体道玉皇大天帝"，简称玉皇大天帝——发明了一个"玉皇大帝"的称呼。

大中祥符年间的事情大致如此。赵恒同志对装神弄鬼之事乐此不疲，堪称达到了戏我不分的境界，满朝臣子也跟着一块儿疯。更可悲的是，赵恒和他的大臣们每疯一次，荒诞的剧情就要再上演一次，全国上下就要被折腾一次，民脂民膏就要被挥霍一次。

我小时候听童话《皇帝的新装》，总觉得安徒生把故事编得太离谱，世界上怎么可能有这么荒唐的事情。直到在史书上看到了这一段，我才相信，有时候，历史比童话还要童话。

> 封禅事作，祥瑞沓臻，天书屡降，导迎奠安，一国君臣如病狂然，吁，可怪也。
>
> ——《宋史·真宗三》

一国君臣如病狂。

可笑，可悲，可叹。

# 第五章 归去来

## 裱糊匠

在很多人眼里，大臣都有忠奸之分。忠臣的形象一般都很高大，往往是一脸正气、怒目金刚，路见不平一声吼，看到邪恶势力就要代表月亮消灭你！

其实，这是一个非常片面的认识。

政治斗争是纷繁复杂的，不可能非黑即白、非此即彼，像寇准这样的人反而属于珍稀品种。更多时候，即便你有治国安邦之心，也必须学会妥协，学会左右逢源，学会耍心眼、斗心机，在尽量不得罪人的情况下，把自己想办的事情给办了。只有这样，你才能在险象环生的官场里生存下来，并实现自己的理想。

要想成为这样的牛人，必须把自己的棱角磨得一干二净。你甭管心里有多么厌恶皇帝办的那些烂事，也绝不能明着反对，非但不能反对，还要面带笑容、兴致盎然地带头参与，给足皇帝面子。真碰上皇帝胡闹了，要尽量找个说得过去的理由，偷偷地单独上奏，找好台阶，想好退路。其间，还要平衡各方利益，防止树敌过多，防着政敌放冷箭、打小报告。

总之，你必须把自己炼成一个人格分裂、通体圆润、深不见底、领导认可、同事支持、群众拥护、敌人抓不住把柄的人，才能算修炼到家。

王旦就属于这种人。

大中祥符年间的王旦，已经成了大宋朝的裱糊匠，哪里有破洞，哪里就有他的身影。

王旦操心最多的是财政问题。

赵恒大搞东封西祀，花钱肯定少不了。钱不够花，只能伸手向百姓要，增加税收在所难免。朝廷一开始琢磨着增加农业税，王旦立马就站出来表示反对，因为农业税的最终承担者还是底层穷苦农民。

既然农业税不能增加，赵恒就又打起了增加禁榷和商业税收的主意。所谓"禁榷"，是一种政府专卖制度，就是把盐、酒、茶等利润较大的商品由政府垄断经营，这也是朝廷的一大收入来源。提高禁榷和商业税收，表面上是向商人要钱，比向农民伸手要钱温和一点，但本质上也是盘剥百姓。王旦还是觉得不妥，他更怕下面的官员为了取悦皇帝，竞相盘剥百姓来增加收入。

经过王旦一番据理力争，最终迫使赵恒下诏，收取禁榷和商税，以各地中等年份收入为定额上缴，不准随意增加。而且，每当新任转

运使向王旦辞行时，王旦都要告诫一番，要爱惜民力，别指望着通过
增加财政收入来显示政绩。

按照王旦的态度，赵恒装神弄鬼需要花费的钱，不能靠"开源"，
主要还得靠"节流"。

总之，一句话，您就省着点花吧。

作为大总管，王旦不但要管家里的事，"邻里纠纷"也得操心。

辽国已经成了盟友，战争是不会有了，可外交摩擦还是少不了。
签订澶渊之盟后不久，辽国趁着赵恒去封禅的时机，希望宋朝在原来
约定的数目上，再额外多给点好处。

说起来契丹人也太没有契约精神，盟约墨迹未干，就耍起了无赖，
这让赵恒很头痛。撕毁盟约吧，不情愿，也不敢；答应契丹人的无理
请求吧，又咽不下这口气。

王旦接到这件棘手的事情后，知道辽国这是政治讹诈，不会有什
么实质性威胁，就采取了淡化处理。他只是派人轻描淡写地回复辽国：
可以先给六万（银、绢各三万），下次交割的时候从三十万岁币中
扣除。

王旦的回复搞得辽国很没面子，人家是奔着修改合同条款的意思
去的，到了王旦这里变成了一个穷邻居向富人讨钱花，所以辽国收下
那六万银绢后，也没再嘀咕什么。此后，在当年的岁币交割中，王旦
还是授意地方官府仍然按照约定的三十万给，但明确表示：下不为例。

宋朝的不友好邻居不止辽国一个。大中祥符三年（1010），党项人

也曾以遭遇饥荒为借口，向宋朝讨要东西。当时的党项首领是李继迁的儿子李德明。

李德明不像他的老爸李继迁那么彪悍，但是他们父子俩的生存思路是一致的，就是一会儿在边境抢钱，一会儿觍着脸要钱。反正是打打停停，停停打打，无穷匮也。

这回，他张口就要一百万斛粮食。

面对这个无赖，很多大臣认为，李德明刚刚归顺不久，现在又来讹诈，毫无信用，应该下诏书斥责他一顿。

赵恒拿不定主意，转头问王旦。王旦心里很清楚，党项人的游击战术很难对付，那群叫嚷着要下诏斥责的人纯属看热闹不嫌事多，真惹出了乱子，他们连吭都不会吭一声。李德明明知宋朝不会答应，还狮子大开口，无非是想利用宋朝的诏书来激怒党项人，也好找个借口挑起边境冲突，下诏斥责正好中了他的圈套。

这回，王旦又打出了一套漂亮的外交"太极拳"。他下令官署，立刻在京师备好粮食一百万斛，并给李德明发了一封热情洋溢的诏书，告诉他：您要的东西准备好了，请赶快来开封领取吧。

李德明拿到诏书，才发现自己手下的人应用文没学好，忘了把交货地点说清楚。去开封领粮食，那不是天方夜谭吗？结果，他手里的这封诏书，既不能用来使激将法，也不能当粮票。唉，被老狐狸王旦耍了。

李德明觉得自讨没趣，只能摇头作罢。

以上处理内政外交的方法，属于四两拨千斤，属于"你有百炼钢，我有绕指柔"。这些方法属于高段位的和稀泥，非常具有王旦特色。但是有些破事，就连王旦也圆不了，只能硬着头皮顶。

给王旦带来大麻烦的是蝗虫。

大中祥符四年（1011），宋朝境内闹起了蝗灾，很多地方的蝗虫遮天蔽日，到处啃食庄稼，连京城开封附近也未幸免。但那个时候，正是赵恒玩得最嗨的时候。人家每天都在收到老天爷的表扬信，兴头正高着，突然出现灾情，岂不大煞风景？

于是，许多官员开始谎报灾情，企图大事化小，反正灾情再严重也饿不死他们。受当时的氛围影响，一些无良的官员甚至拿蝗虫做起了文章：有的说蝗虫不吃庄稼，改吃其他东西了；有的说蝗虫飞着飞着就自己掉下来摔死了；有的说蝗虫抱着庄稼集体绝食死了；有的甚至说蝗虫因为害怕皇帝，选择跳河自杀了……谎话越编越离谱，硬生生把一件坏事吹成了一件喜事。

更有缺德的官员还特地捡了几只死蝗虫给赵恒看，还上奏道："蝗虫真的死了，请拿到朝堂上供大家观看，率百官庆贺一下（蝗实死矣，请示于朝，率百官贺）。"

蝗虫一夜之间由害虫变成了善解人意的小宠物，赵恒听了后非常高兴，还真想搞一次大型庆典，来显摆他的盛世成果。

事情发展到这一步，王旦实在看不下去了，这次他直接站出来叫停了赵恒的荒唐想法。赵恒见王旦坚决反对，就把"宠物庆典"暂时搁置了起来。

说来也巧，赵恒有一次和几位大臣正商量事情，忽然看见天上飞来一大群蝗虫，有的还直接飞进了宫殿。他长在深宫之中，哪里见过如此情景，这回亲眼所见，脑子转过弯来了，讪讪地说道："如果我在举行灭蝗庆典时这批蝗虫飞过来，岂不让天下人耻笑（使百官方贺，而蝗如此，岂不为天下笑耶）？"

总算没有傻到不可救药。

王旦是赵恒在位期间担任宰相时间最长的人，从景德三年（1006）当上宰相开始，宰执班子里的人员轮流转，只有他一直岿然不动。

王旦之所以深受赵恒信任，除了他自身的政务能力强外，最大的优势是公正无私。

按照宋朝的制度，高级官员拥有推荐人才的权力，所以，底层官员想要快点儿爬上来，必须得"上面有人"。宰相王旦在拔擢人才的问题上，处于一言九鼎的地位，甚至是其他宰执人员的决定，他的建议也至关重要。但是，王旦奖拔人才，从不兜售私人恩情，很多人甚至受了他的推荐还不知情。

大中祥符六年（1013），王旦又向赵恒提出了一个重要的人事任免建议——召回寇准，任枢密使。

## 事要过三

王旦借着生病之机向赵恒推荐了寇准。

那年，王旦得了场重病，一度连上朝都成了困难。赵恒听说王旦一病不起，害怕朝廷失去顶梁柱，就命人把王旦接进宫内，急切地问道："你现在病得那么严重，万一有什么不测，你让我把天下事托付给谁呢?"

王旦没有正面回答,而是让赵恒自己拿主意:"了解大臣的莫过于君主,还是请英明的君主自己选择吧。"

赵恒再三询问,王旦就是不吭声。赵恒说出了几个人选,王旦还是默不作声。

最后,赵恒恳切地说道:"你还是试着说说看吧。"

听到这句话,王旦推开两边扶着他的人,勉强起身,郑重地拿起笏板,上奏道:

"以臣之愚,莫如寇准。"

赵恒一听到寇准的名字,头脑里立刻又浮现出那张咄咄逼人的嘴脸,不由得皱着眉头说:"寇准性格刚硬偏激,你还是再想想其他人吧(准性刚褊 [biǎn],卿更思其次)。"

王旦回道:"其他人,我就不知道了。我病得太厉害,不能待太久。"

说完便起身告辞。

言下之意,寇准是唯一人选。


赵恒拗不过王旦,于大中祥符六年(1013)年底将寇准召回京城,担任东京留守。

大中祥符七年(1014)六月,又是在王旦的努力下,寇准代替王钦若出任枢密使。

于是,寇准又奇迹般地回到了权力中心。至此,他已经在外面待了整整八年。

这是他人生中的第四次起复，此时他已五十三岁。

八年过去了。

赵恒以为，时间会磨砺寇准的个性。此番回来，他应该已经变得稳重深沉，不再锋芒毕露。

王旦觉得，自己费尽心思把这位老兄从外面捞回来，他今后做事总会悠着点，至少会讲究点儿方式方法吧。

但事实证明，"江山易改，本性难移"这句话还是非常靠谱的。而且，寇准还是个非常讲究效率的人，只用了十个月的时间，就轻轻松松击碎了大家的期待。

这十个月里，寇准干的主要工作只有一项——得罪人。

一上来，他就和两个副手闹翻了。

此时，在枢密院担任枢密副使的是曹利用和王嗣宗。

曹利用大家都认识，在澶渊之盟中立下大功后，他官升得飞快。在这次宰执班子调整中，他被任命为枢密副使，成了寇准的副手。

看着眼前这个副手，寇准心里硌得慌。

就在十年前，你还只是一个匍匐在我眼前瑟瑟发抖的小武官。

现在却几乎和我平起平坐了?!

要不是我寇准把谈判价码限定在三十万，你能立下如此奇功吗?

曹利用偏偏也是个性格耿直、不善变通的人（性悍梗少通），觉得自己是凭本事混上来的，平时也不把寇准当回事。

两人互相讨论问题时，一遇到观点分歧，寇准总会来上一句："你就是一个没文化的武官，懂什么国家大事（君一武夫，岂解此国家大体邪）？"

扎心了，说得太扎心了！

抛开观点对错不说，寇准这种家长式的训人方法确实伤人自尊，转眼就为自己树了个敌人。

寇准的另一个助手王嗣宗也是个有故事的人，他可是太祖开宝八年（975）的状元。说起这个状元，还有一段插曲，别人的状元都是考出来的，王嗣宗的状元却是他打架打出来的。

那年科考的殿试环节，拟从王嗣宗和一名陈姓考生中选一人为状元，到底选谁则由赵匡胤最后钦定。

赵匡胤那天正好脑洞大开，觉得"文"的已经比够了，干脆来点"武"的。当场宣布：你们俩的卷子我也不看了，直接在殿上比比拳脚吧，谁赢了这个状元就归谁。

赵匡胤的决定惊呆了在场的所有人，但皇帝的命令谁也不能说不是，王嗣宗就和那个陈姓考生在殿上比画起来。正好那个陈姓考生头发有点少，在斗殴过程中被王嗣宗打落了幞头（头巾），王嗣宗因此被判胜出。因为有这么个插曲，王嗣宗得了个"手搏状元"的外号。

王嗣宗当时七十一岁，属于三朝老臣。而且，他也是个烈性子，平时待人很严厉，喜欢破口大骂下属（务以丑言凌挫群类）。如此人物，怎么着也不会把寇准放在眼里。

于是，大中祥符七年（1014）的枢密院，成了典型的"三国杀"

格局。三个老男人一台戏，别说团结合作，没打起来就不错了。

如果只是窝里斗倒也没什么，可寇准从来都是个耐不住寂寞的人，怼完曹利用、王嗣宗，又惹上了三司使林特。

这个林特可不好惹，他是王钦若的死党，在天书封禅中专门负责物资供应工作，赵恒对他倚重得很。寇准对林特这批靠支持封禅爬上来的官员天生反感，经常和他闹矛盾。

话说林特主管的三司下面有个叫"驼坊"的单位，主要负责饲养骆驼供于运输，在"驼坊"里面干活的人都是些刺配后的犯人，俗称"配军"。那年，三司遣散了一批驼坊配军，却没有按规定发放装钱（安置费）。要说这件事情小得不能再小了，但寇准还是拿此说事，当着赵恒的面又和林特杠上了。

看着眼前咄咄逼人的寇准，赵恒又不由得想起了那个逼迫自己北上的犟脾气宰相，心中不免后悔起来。

事后，赵恒忍不住对王旦说道："寇准年纪那么大了，也经历了不少事情，我本来以为他能改改以前的脾气。现在看他的所作所为，毛病反而比以前更厉害了（准年高，屡更事，朕意其必能改前非。今观所为，似更甚于畴昔）。"


大中祥符八年（1015）四月，仅仅当了十个月枢密使的寇准又迎来了一次外放，任武胜军节度、同平章事，判河南府（今河南洛阳）。作为这次打短工的报酬，赵恒给了寇准一个使相的荣衔，罢相制词也写得很客气，所谓"朕宠待老成，永言勤止"。

言下之意，您老还是哪儿凉快，哪儿待着去吧。

淳化二年（991）、淳化五年（994）、景德元年（1004）、大中祥符七年（1014），寇准四次进入权力中枢，但每次都是待个两三年（这次更短）就匆匆落幕。

胸无城府，喜怒不掩，不善察言观色，不善经营人际关系……这些性格特点决定了寇准注定无法融入官场。对于这些官场门道，他不是不懂，而是不屑。

对寇准而言，如果想让他违心不说话，还不如挂冠而去，做个山野村夫。

四起四落。

不管命运如何起伏，我寇准从来未变！

几乎所有人都以为，寇准已经结束了他的政坛传奇经历，他的人生即将归于平静。然而，谁都没料到，他还要迎来最后一次惊涛骇浪。

天禧三年（1019）四月，寇准又接到了召他回朝的诏书，开启了第五次起复的历程。

## 一个传说

要让皇帝主动想起寇准，那肯定是遇到了真正的大事。摆在赵恒面前的，是一个老大难的问题——皇位继承。

赵恒同志因为入戏太深，每天都忙于跳大仙，终于把自己的身体给跳垮了。自从大中祥符九年（1016）生了一场重病后，他的身体每况愈下，这迫使他必须抓紧时间思考自己的接班人人选。

赵恒总共有过六个儿子，但存活下来的只有第六子赵祯。

照这么看，皇位供需关系很平衡，赵恒根本不用担心恶性竞争问题。

可赵恒自有赵恒的烦恼。关于他的烦恼，要先从一个传说讲起。

我国古典文学名著《三侠五义》中曾记载了一个"狸猫换太子"的故事。

相传，北宋真宗年间，皇帝赵恒的一个刘姓妃子和一个李姓妃子都怀有身孕，刘氏担心李氏生下儿子与自己的孩子争储君之位，就阴谋陷害李氏。李氏刚生下儿子，刘氏就用剥掉皮的狸猫调换了李氏所生婴儿，并谎称李氏生下个怪物，导致李氏惹怒皇上，被打入了冷宫。事后，刘氏还命人将李氏真正的儿子抱走害死。但阴谋并未得逞，这个孩子最终被八贤王收养。此后刘氏也生了个儿子，并顺利地被立为太子，她自己也当上了皇后，但她的儿子很快因病夭折。真宗没了子嗣，就收养了八贤王的一个儿子，并立其为太子。这个太子，其实就是李氏被抱走的那个儿子，也就是后来的宋仁宗。有一次机缘巧合，太子与生母李氏在宫中相会。刘氏得知情况后，害怕事情败露，就进一步迫害李氏，李氏历经磨难后流落民间。仁宗即位后，李氏遇到了大清官包拯，包拯查明真相，使得沉冤昭雪，李氏终于得以与亲生儿子仁宗相认，事情终于迎来了大团圆的结局。

"狸猫换太子"的故事因为内容丰富、情节曲折，很受大众欢迎，后来被不断地改编成京剧、评剧、黄梅戏等各类剧种，近年来人们也没少在影视剧中见到。

　　传说的内容一般都比较邪乎，否则也没人爱看，但接下来，我们还是要回到真实的历史中。狸猫肯定是没有的，换太子也是不可能的，那个无处不在的八贤王也是子虚乌有，最多勉强算有个现实原型，而包拯包大人则确有其人，可他和这件皇家公案没半毛钱关系。

　　传说中大反派刘姓妃子的原型就是现在的皇后刘氏，她并没小说中说的那么凶残歹毒，但她确实干过一件不地道的事情——将一个李姓女子的孩子据为己有。

　　史实和传说沾点儿边的，也仅此一个。

　　好了，我们再来看看真实的刘氏。

　　刘氏，益州（今四川成都）人，从小就失去父亲，跟着母亲到处流浪，日子过得非常艰辛。她年少时以做艺妓为生，练就了一门击鼓说唱的绝活。艰苦的生活条件使得她聪慧早熟，不但粗通文墨，而且颇懂人情世故。

　　成年后，刘氏嫁给了当地一个叫龚美的银匠。又过了几年，因生活所迫，她跟着丈夫龚美一起来到京城开封谋生。可到了京城后，两人的日子并未好转，反而过得越来越惨，龚美只得考虑让刘氏卖身大户人家来维持生计。

　　如果以现在的眼光来看，很多人都会觉得这个龚美真不是个东西，连老婆都敢卖。但是，在当时的社会，这却不是一件特别稀罕的事。

穷人走投无路之下，卖妻卖儿的比比皆是。被卖者进入大户人家，不管地位如何，至少能够吃顿饱饭，把命保住，同时，家人也可因此得到一笔活命钱。

在生存面前，所谓尊严、感情之类，都只能位列其次。

这是生活传授给刘氏的经验。

机缘巧合，龚美在京城结识了一个叫张耆的人，此人彻底改变了这对夫妇的人生轨迹。

张耆本不是什么大人物，当时正在襄王赵元侃的府上当差。这位赵元侃，就是后来的皇太子赵恒（公元995年被立为太子后改名）。

赵恒当时还没有皇储身份，平时除了声色享受外，也没什么大追求。他听说蜀地的女子漂亮聪慧，就让下人去留心物色一个。刘氏长得很漂亮，又能说会唱，张耆就投其所好，把她介绍给了赵恒。

赵恒见了刘氏，一见倾心，立刻把刘氏召入府中纳为侍妾。

刘氏入府后深得赵恒宠爱，两人整日厮守在一起。赵恒因过于宠溺刘氏，还曾被人在赵光义面前告了黑状，吓得他赶紧把刘氏送到了府外，悄悄安置在张耆家里。

时来运转，赵恒当了皇上，刘氏也被接进了皇宫，从此她的人生发生了华丽转变。

景德元年（1004）正月，刘氏被封为美人（正四品）；

大中祥符二年（1009）正月，刘氏晋升为修仪（正二品）；

说起来宋朝的风气也真开放，刘氏的前夫龚美居然也因她沾了光，被召入朝廷做了官。龚美还改名为刘美，从此与刘氏以兄妹相称，前夫转眼成了兄长。

从艺妓到侍妾，从侍妾到妃嫔，刘氏奇迹般地从社会最底层跃升到了最高层，短短二十余年里，她拥有了不同寻常的人生体验。

她也曾放下所有自尊，穿梭在街头酒肆，一次次向陌生人乞求讨好，只为能得到一次表演的机会，得到几个可怜的铜板。白天所遭受的冷眼呵斥、奚落嘲弄，她只能忍着。等到夜深人静时，她往往会独自啜泣，默默释放痛苦。能够陪伴她感受那份委屈的，只有天上的月亮和身边垂头叹息的丈夫。

第二天，她又拭去泪水，挤出笑容，生活还要继续。

京城的繁华曾经让她无比惊诧，高墙深院、歌楼酒肆，穿着奢华的达官贵人穿梭其中，挥金如土。很多时候，她只能怀着好奇心，怯生生地偷看一眼，然后匆匆走过。当华丽的马车呼啸而过时，她会惊恐地避让，然后痴痴地想，同在天地间，为何会有如此迥异的命运安排？

幼年丧父，她从未享受过一个女孩在父亲怀里撒娇的感觉。成年离家，则过着背井离乡、四处漂泊的生活。最后，还要被迫和与她相依为命的丈夫分离。失去、失去、再失去，这是刘氏前二十年的生活一直在重复的基调。

直到她第一次进入王府才知道，世间还能有这样一种生活，超乎自己所有的想象。她暗暗告诫自己，必须牢牢抓住眼前的一切，不再让它失去，绝不能再让它失去！

入宫以后，刘氏小心翼翼，生怕失去自己已有的地位，从不和其他女子争风吃醋。经过十余年的努力，她终于成了后宫中最受皇帝宠幸的女人。然而，她的野心并不止于此，她把目光投向一个女子所能获得的最高地位——皇后。

## 危机初现

赵恒曾经封过两个皇后，都是他做皇子时迎娶的。第一个是潘氏，她还没等赵恒当上皇帝就病逝了，死后追封。另一个是郭氏，赵恒即位后被立为皇后，到了景德四年（1007），也因病去世。从此，后宫的至尊之位一直空缺着。

刘氏一直觊觎着皇后这个位子，赵恒也有意封刘氏为皇后。可是，古代社会立皇后可不是皇帝的私事，小夫妻俩说了不算，必须朝里朝外众人都认可才行。

很不幸，刘氏的封后申请屡屡无法得到朝臣的审批通过。大臣们不同意立刘氏为后，并不是和刘氏有什么过节，主要是因为她的出身问题。

古代社会门第观念很强，比如我们熟悉的刘备，就是一个卖鞋的，愣是要把家谱翻烂，证明自己和中山靖王有那么千分之一的血缘关系。人虽穷，可祖宗了不得！

按照当时的传统观念，像刘氏这样出身寒微的人，别说当皇后了，让你当个妃嫔都是破例了。

想当年，赵恒刚登基，想封刘氏为贵妃，手谕送到了时任宰相李沆那里，人家只瞟了一眼，就把纸烧了。刘氏是个聪明人，她没有像其他女子一样在赵恒面前一哭二闹三上吊，而是马上主动让步，赶紧和大臣缓和关系。

刘氏表面上隐忍低调，但从未放弃过改变这种被动局面。

可一个人的出身也可以改变吗？

答案是可以的。古代社会信息不如现在发达，没有身份证、人事档案之类的说法，只要你有勇气，说自己是盘古、女娲的后人也没人拦你，关键是别人得信你。也确有一些古人为了让自己的出身高贵点儿，喜欢找个前代的名人认作祖宗。

为了能越过出身的门槛，刘氏一直在想办法。当然，她也不能随便认祖宗，你说自己是刘邦的后代，那也得有人信啊。最靠谱的方法是找个有头有脸的人，攀个亲戚，这样就能让自己的身份鲜亮起来。

刘氏把想法告诉了赵恒，赵恒倒也很听老婆的话，立刻物色了一个——权知开封府刘综。

一天，赵恒把刘综叫来，问他："听说你和后宫的人是亲属，我打算给你安排个新职务，这事你自己知道吗？"

刘综一听，立刻明白了，皇上这是暗示让他和刘氏攀亲。其实，对刘综来说，这绝对是个升官的好机会，你帮了皇帝和准皇后一个大忙，将来肯定会吃香的喝辣的。

可宋朝的不少文官确实很有骨气，刘综就是其中一个，面对利益诱惑，毫不动心。

刘综清了清嗓子，回答道："我是河中府的人，出身贫寒，在宫里没什么亲戚。"

太不给面子了！

赵恒和刘氏后来还找过其他姓刘的大臣，可谁都不想攀这门亲，夫妻俩也真是自讨没趣。

就因为如此，直到大中祥符二年（1009），刘氏还只是个修仪，连个妃都没评上。

顺便科普一下，皇帝老婆的品级和官衔一样，也是很复杂的。最高贵的自然是皇后，其次是正一品的"妃"，一共只有贵妃、淑妃、德妃、贤妃四个名号。其次是"嫔"，种类更多，具体还要细分成"从一品"和"正二品"两类，修仪属于第二类中的一个名号。再往下，还有婕妤、美人、才人、贵人几个等级。

从以上情况来看，刘氏的等级也不算高。可事实就是如此，就连皇帝也不能任意决定老婆的排位，最得宠的未必就能成为等级最高的。刘氏就因为家庭出身，始终被摁着没法抬头。

改出身是没戏了，刘氏只好再想其他办法。摆在她面前的路还有一条——生孩子。

古代讲究多子多福，皇室更以子孙繁盛为荣。在后宫里，甭管你多么貌美如花，出身多么高贵，多么知书达理，多么贤良淑德，会生孩子才是硬道理，更准确地说，是生男孩。

赵恒的儿子大都早夭，到了景德年间，赵恒已经年近四十，仍是膝下无子。赵恒自己也着急，朝野更是议论纷纷。在这个时候，谁能为赵家生个继承人出来，那就是头号功臣。

可惜的是，刘氏的肚子也不争气，入宫多年，毫无动静。如果此时宫内有个女人为赵恒生个儿子，刘氏的皇后梦算是彻底破灭。更糟的是，刘氏只比赵恒小一岁，已经过了最佳生育年龄，生出儿子的希望已经极其渺茫。用一句流行的话来说，就是：

留给刘氏的时间已经不多了！

也正是在这个时候，"狸猫换太子"中的李姓妃子的原型出现了。

李氏，杭州人，生于低级武官家庭，最初她可不是什么妃子，而是刘氏身边的一个侍女。刘氏见她沉默寡言，为人老实，就安排她做了赵恒的司寝（后宫女官名）。

后来发生的事情有点儿童话色彩。一天，李氏在服侍赵恒的过程中，引起了赵恒的注意，两人愉快地交谈起来。交谈中，李氏给赵恒留下了极好的印象。鉴于赵恒是皇帝，就省略了中间环节，直接把李氏给"幸"了。

巧的是，经过那么一"幸"，李氏怀孕了。

大中祥符三年（1010）四月，伴随着一声婴儿的啼哭，李氏产下了一个男孩，他就是皇太子赵祯（起初叫赵受益）。

再后来发生的故事就丝毫没有童话色彩了。李氏刚生下孩子，还来不及享受一点点做母亲的快乐，孩子就被人抱走了，并且终其一生，她都未能和自己的儿子相认。

刘氏抱走了这个孩子，将他据为己有。

据一些学者考证，这出"曲线生子"的好戏都源于刘氏的精心策划。

李氏为人老实，毫无背景，又是刘氏的侍女，事成之后也不会背叛刘氏单干，选她去完成这个任务最为合适（能不能生出男孩就看运气了）。至于赵恒，对刘氏总是言听计从，他只要有个儿子继承皇位即可，至于挂在谁的名下，并不介意。

应该说，这种推测，虽无实证，却很合情理。

刘氏抱养（或者说强占）李氏孩子的事情在宫内尽人皆知，但谁都不敢公开议论此事，包括孩子的生母。李氏从此很难再和自己的亲生儿子见面，即便是偶尔看到一眼，她也必须压抑心中的激动，把所有的思念变成自己枕边的泪水。

好在宋代宫廷斗争的残酷程度毕竟不如其他朝代，你死我活、杀人灭口之类的惨剧总算没有发生。

然而，割裂骨肉亲情，终究是有些残忍。任何一种思念，都无法比过母亲对孩子的思念。

若干年后，当这个秘密大白于天下时，人们对老实善良的李氏充满同情，对刘氏的冷酷残忍痛恨不已。人们把这种情感倾注到了想象之中，"曲线生子"经过口口相传，慢慢演变成了"狸猫换太子"。

公道自在人心。

到目前为止，胜利是属于刘氏的，她终于有了儿子，获得了向皇后宝座发起冲击的最大资本。

大中祥符五年（1012）六月，刘氏被册封为德妃（正一品），半年后，又被册封为皇后。

历经艰辛，刘氏的地位终于达到了辉煌的顶点。她已是无比尊贵的皇后，还掌控着唯一的皇子。然而，她并没有满足。

人们发现，这个来自底层的女人似乎拥有无穷的精力和欲望，她的野心不止于名望和地位，她已经把手伸向了更为敏感的领域——权力！

刘氏参与朝政的事情早有端倪。此前，赵恒批阅奏章的时候，她经常陪伴左右，帮着出出主意。刘氏和普通女子不同，她通晓历史典故，朝廷里的事情只要听一遍就能说出原委（性警悟，晓书史，闻朝廷事，能记其本末），处理政务极有天赋。

赵恒本来就不是个勤快人，有一个信得过的人替他干活，他也乐得省事。久而久之，刘氏代替赵恒处理政务成了一种常态。


后宫参政从来就是一大忌讳，更糟糕的是，自从赵恒身体状况不佳后，他对刘氏的依赖越来越强。如果说，大中祥符年间的刘氏还只是赵恒的一个私人秘书，那么，到了天禧年间，刘氏已大有取代赵恒之势。

眼看刘氏势力坐大，一些大臣开始担心，赵恒若突遭不测，刘氏会成为汉朝吕雉、唐朝武则天之类的人物，于是纷纷建议早立太子。

天禧二年（1018）八月，赵恒接受众臣建议，将赵祯册立为皇太子。然而，确立皇太子并不能完全解除群臣的担忧。

因为，皇子赵祯当时才九岁，按照现在的算法，尚属于低年级小朋友，根本不可能亲自理政。

　　一个重病在身的皇帝，一个野心勃勃的皇后，一个年幼无知的皇子，一群各怀心思的大臣。

　　天禧年间的朝局，微妙而又诡异。

# 第六章 对垒

## 一生劲敌

天禧三年（1019）六月初六，寇准正在回京的路上。

当天，司天监发布了一个天文现象——太白昼见，引起朝野上下一片震动。

太白就是金星，太白昼见，就是说金星在白天出现了。

搁到今天，人们有天文知识，对此类现象也不会大惊小怪，顶多赞叹几句空气质量真好，天空能见度很高。但是，回到一千多年前，太白昼见的现象却被赋予了另一层政治含义——女主昌！

言下之意，女人要得势！

不用明说，那些政治神经异常敏感的官员都联想到了眼前这位刘皇后。

　　事实上，朝廷的局势已经危如累卵。

　　就在一个月前，赵恒又一次突然病倒，刘氏抓住这次机会，发布了两个重要的军事任命，把自己的前夫刘美和一个心腹将领提拔到了禁军重要岗位，掌握了禁军三衙的控制权。

　　朝中人人都看清了刘氏的政治野心。按照目前的态势，一旦赵恒的身体有变，一场激烈的后党和帝党之争必将上演。

　　六月十三日，寇准来到京城，出任宰相。时隔三年，朝中已经物是人非。

　　好友王旦已经在两年前去世了，这位长期操劳的老臣直到死时仍对自己没有劝止赵恒封禅耿耿于怀，嘱咐家人在他死后为其剃去头发，穿上僧衣（削发披缁），以表达出家悔过的愿望。

　　王旦一走，取代他和寇准搭班的是向敏中。向敏中也是寇准的同年，和他关系不错。按照赵恒的安排，向敏中是类似于毕士安、王旦的角色，既能支持寇准干事，又能防止他过分"激动"。可惜的是，寇准刚上任才三个月，向敏中突发中风，一病不起。撑到第二年年初，向敏中也去世了。

　　老对头王钦若在王旦死后当上了宰相，得意忘形，后因出了廉政问题，被人排挤出了宰执班子。

　　寇准是铁杆的太子党，他希望赵恒一旦一命呜呼，就由自己扶立太子即位。太子年纪小不要紧，由他老寇代劳就是了。至于刘氏嘛，有空可以继续玩她的拨浪鼓去。

目前，寇准是唯一的宰相，拥有说一不二的地位，由他率领的文官集团去对抗区区一个女人，应该不成问题。但是，他没料到，文官集团并不是铁板一块，而且，一个最强劲的敌人已经来到他的身边。

就在寇准被任命为宰相的时候，有一个人也来到了中书省，被任命为副相，成为寇准的新搭档。

丁谓。

丁谓，字谓之，苏州长洲人，乾德四年（966）生，年轻时就以文采出众闻名。宋初文学家王禹偁曾对他的诗文给予极高的评价，甚至认为他能和唐代文学名家韩愈、柳宗元相媲美。得到名流的赞誉后，丁谓的才名远近皆知。他成了人人看好的"潜力股"，还没科考中第，就被朝廷高官招为女婿。

淳化三年（992），丁谓参加科考，他不负众望，高中进士第四名。

当时的殿试成绩公布，比现在的高考网上查分还要激动人心，它采取的是现场唱名的方式（胪传殿唱）。那些历经千辛万苦完成最后一考的考生，集体站在大殿下，等待命运的宣判。考生的名字按照名次从高到低一个个报出来，听到自己名字的直呼阿弥陀佛、祖宗保佑；没听到自己名字的，则失魂落魄，估计只能扶着墙走出去了。

获得第四名的好成绩，换作别人，早该乐成一朵花，而丁谓却还嫌太低，直接在殿上抱怨起来。因为那次科考的状元叫孙何，他是丁谓的好朋友。丁谓觉得他们两人本来水平差不多，这回自己却落在孙何之后，很没面子。当时主持殿试的太宗赵光义也很幽默，劝慰牢骚满腹的丁谓说："甲乙丙丁，合居第四。"谁让你姓丁呢？

皇上都出来打圆场了，丁谓当然不敢再说什么。不过没关系，考场比完，还有官场。

应该说，科举入仕的官员，个个都是饱读诗书之人，写文章的水平不会差到哪里去，但若论处理实际政务，却未必人人胜任。而丁谓确实是个极其聪慧的人，他不但以文采著称，更对吏道无师自通，在每个岗位上都留下了卓越的政绩。

丁谓从饶州通判做起，才过三年，就因为善于处理茶盐事宜，被提升为福建转运使。不久，他又出任夔州路转运使。当时，那里杂居着一些少数民族群体（溪洞夷人），经常出来劫掠。丁谓到任后，招抚并用，很快恢复了该地区的和平稳定。地方百姓感念他所做出的贡献，多次集体要求他留任。

当官当到百姓拦道挽留的程度，可见丁谓在工作岗位上干得非常不错。

景德元年（1004），担任转运使五年后，丁谓被召回朝廷，出任权三司使。没干多长时间，澶州之战发生了，他被派到靠近前线的郓州（今山东东平）担任知州，后又兼任郓、齐、濮三州安抚使，负责黄河沿岸大片地区的战时秩序维持工作。

一次，辽军的骑兵大举侵犯，境内的百姓吓得四散奔逃，不少百姓来到黄河边上，争相渡河。因为事发突然，河边人多船少，开船的人想发国难财，开始坐地起价。难民抢着渡河，船夫趁机抬价，辽国追兵逼近，河边顿时乱成了一锅粥。面对乱象，丁谓命人从监牢里拉出了一批死刑犯，在河边当场斩首，严令众人听从调度、遵守秩序。看着河边齐刷刷滚落的一堆脑袋，难民再也不敢抢着登船，船夫也不敢哄抬物价，撤离行动逐渐有了秩序。同时，丁谓还派人在河边张挂起旗帜，敲打刁斗（军用警戒器具），故意大造声势。来犯的辽军以为这里屯有大量宋军，最终引兵而去。由于丁谓临危不乱，处置得当，全体百姓得以安全撤离。

"澶渊之盟"后，丁谓继续回朝担任权三司使。三司使是执掌全国财政的重要岗位，在这里，他又表现出卓越的理财能力。景德年间，丁谓组织编撰了《景德农田敕》和《景德会计录》，推动了全国性的户口和土地普查。

宋代缴税的一个重要指标是土地拥有量，很多土豪大户为了逃避纳税义务，千方百计隐瞒实际情况，少报漏报土地田亩数。丁谓的普查，使得朝廷更加完整地掌握了全国财赋状况，并大大增加了朝廷财政收入。因此，可以说，丁谓又办了一件意义非凡的大事。

可以显示丁谓才能的例子，远远不止上面这些。其中最为人熟知的，还是那个"一役三济"的故事：

大中祥符年间，皇宫发生了一场火灾，火势很大，烧掉了不少宫室，赵恒让大家想办法修缮一下。当时修缮工程遇到了三个困难：一是修宫室需要大量泥土，但是在京城内并没有现成的泥土可取，只能从其他较远的地方挖土。二是修宫室还需要许多木头、砖瓦等建筑材料，而宫室地处京城中心，旁边是市坊区，外面的大型材料想运进来很不容易。三是宫室修缮完后，还会剩下一堆破砖烂瓦等着清理。

面对这些困难，很多人都面露难色，丁谓却主动当起了修葺使，用一个极妙的办法解决了上述三个难题。

丁谓经过深思熟虑，想出了一个一举三得的方案：从筑宫室地基开始，挖几条深沟，一直延伸到开封汴河，引汴河水灌入大沟中，形成了几条人工河。如此一来，那些挖沟所得的泥土可以直接为修缮宫室所用，而外部的木头、石块等建筑材料则可以通过人工河用船只运送进来。用河水来运材料，自然比人扛马拉更省时省力。等宫室修缮完成后，丁谓又命人用那些剩余的建筑垃圾回填人工河，使得河道重新变为街衢。

用现代眼光看，这是统筹原理在建筑领域的妙用，放到现在可能并不稀奇，但是若从当时的背景去看，却是一项了不起的成就。更何况，想出这个妙计的丁谓并不是什么工程专家，他可是一个不懂理工科的文科生。

这个故事一直为人津津乐道，它被原原本本地记载在沈括的《梦溪笔谈》之中，所谓"一举而三役济，计省费以亿万计！"


边远地区、战乱地区、专业财政岗位，丁谓每到一处都能干得风生水起。如果时间停留在景德四年（1007），我相信，所有的史书都会对丁谓不吝赞美之词。他真是个才华横溢、无所不能的奇才。

然而，到了大中祥符元年（1008），丁谓遇到人生中最重要的一个岔口。


对古今中外的读书人来说，无论身处哪个时代，一旦步入社会，他们经常会面临现实和理想的选择问题：书上是家国兴亡，现实是柴米油盐；书上是仁义道德，现实是弱肉强食；书上是"君子坦荡荡"，现实是尔虞我诈。理想和现实契合的时候很少，矛盾的时候却很多，只等你做出选择。

天书封禅开始了，对于大多数官员来说，他们每个人都面临着一次选择的机会。是主动迎合，把它当成一次升官发财的机会，还是犯颜直谏，坚守心中的良知？抑或是消极应对，在理想和现实中求取平衡？

丁谓也面临着抉择。

以他的智商，不会不知道天书封禅是怎么一回事，但对名利的极度渴求战胜了一切，他只想凭借自己的才华，博取更高的地位和权力。

于是他选择了主动迎合，没有丝毫犹豫。

那些庸庸碌碌之辈都已高高在上，为什么我要久居人下呢？

以我的才智，怎么能甘心做个三司使呢？

封禅，就是上天赐给我的最好机会！

甲乙丙丁，何居第四？

封禅活动一开始，丁谓又是报祥瑞，又是写颂文，表现得非常积极主动，给赵恒留下了极好的印象。当然，拍马屁的人多的是，光靠这些还远远不能使丁谓脱颖而出。

东封西祀，免不了要花钱。赵恒内心想着把场面搞大点儿，可又怕财政吃不消。王旦等人也不断拿此说事，劝赵恒悠着点儿。此时，作为执掌全国财政的三司使，丁谓的意见就比较关键了。

早在泰山封禅之前，赵恒就亲自召见了丁谓，询问国家财政能否应付封禅的花销。

这要是换成了王旦，不论国库里有多少钱，他都会拿出账本，掰着手指告诉赵恒，养兵要花钱，养官要花钱，救灾要花钱，岁币又快要交了……你看这个封禅活动是不是将就一点儿……

赵恒一心想封禅不假，但搞成多大规模，他心里也没底。如果此时丁谓能够动一动小聪明，让赵恒少浪费点儿钱财还是能办到的。

很可惜，丁谓觉得这是一个讨好皇上的绝好机会，他知道赵恒内心希望得到怎样的答案。于是，丁谓掷地有声地告诉赵恒：

"大计固有余矣！"

言下之意，朝廷收入完全可以支撑封禅活动的需要，甚至还会有点儿结余。

赵恒得到这个回答后，如释重负，开始放心大胆地折腾起来。此后的西祀汾阴、天书祥瑞、圣祖降临等活动，丁谓也是竭尽所能满足赵恒的需要，任其肆意挥霍太祖、太宗两代人好不容易积攒下的钱财，即使国库虚空也在所不惜。


如果说丁谓替那些神鬼活动结账买单，只是因为他正好在"财政部长"这个岗位上，不得已而为之，那么，在修建玉清昭应宫这件事上，他绝对难辞其咎。

大中祥符二年（1009），赵恒突发奇想，要修建一座华丽的玉清昭应宫来满足自己的拜神活动。由于工程量太大，预计会耗费很多钱财，结果遭到了群臣的一致反对。赵恒见众意难违，就找丁谓商量这件事，看能不能想个法子让大家把这个工程预算给批下来。

丁谓听完，意味深长地看了赵恒一眼，慢慢地说道："陛下富有天下，建一座宫观来供奉神仙，有什么不可以呢？"

赵恒听后，点头就像鸡啄米，谁说不是呢？可王旦他们不这么想啊。

丁谓也不急，接着说："现在皇上没有孩子，建一个宫观，正好可以用来祈福，好让上天为大宋送来一个皇子。群臣不知道皇上有这层意思，所以才会阻扰。皇上把意思说明白不就可以了吗？"

赵恒一听，顿时豁然开朗：我怎么没想到用这个理由对付反对者呢？

不得不说，丁谓确实机智过人。用求皇嗣的借口来修玉清昭应宫，立刻把经济问题变成了关系宋朝江山延续的政治问题。如此上纲上线，谁还敢说半个不字？

丁谓略施小计，就帮赵恒解了套。

光出馊主意还不够，丁谓帮忙帮到底，直接负责起玉清昭应宫的修建工作。在他的主持下，宫观的建设规模被进一步扩大，工作量自然也大大增加。为了如期完工，他不但要求工匠白天加班加点，甚至晚上还得点着蜡烛赶夜工，搞得工人们苦不堪言。在丁谓的催逼下，原本预计十五年完成的工程，只花了七年的时间就完工了。建成后的玉清昭应宫达两千六百一十区，内部装饰穷极奢华，所耗钱财近乎宋朝两年的财政收入。

为讨好赵恒，丁谓肆无忌惮地浪费资财、役使民力，他的名声也随之一落千丈。他和王钦若等五个人因为在封禅行动中表现最卖力，被人称为"五鬼"。

当不当鬼，丁谓并不在乎，他只想得到自己想要的东西。那些反对者的言论，丝毫不会消减他攫取权位的欲望。只花了六年时间，他就由权三司使而升任参知政事，进入宰执行列。

大中祥符九年（1016），丁谓因受到指责太多，被外放为平江节度使、知昇州，可仅过了两年，他又回到了权力中枢。

天禧三年（1019）六月，丁谓和寇准一同回朝。

可怕的对手，一生的劲敌。

## 两大集团

寇准和丁谓此前的交集并不多。丁谓工作能力突出，一度还给寇准留下了很好的印象。

然而，时过境迁，一切都发生了变化。丁谓因为一系列无底线的操作，臭名声已经传遍朝野内外，寇准对这号人物自然有着强烈的抵触心理。

两人还没搭班多长时间，就为一件小事结下了梁子。

有一次，寇准和丁谓等人一起吃工作餐，寇准的胡须不小心被汤水弄湿了。丁谓看见后，赶紧起身替寇准擦胡须。寇准冷不丁来了这么一句："参知政事是国家的重臣，难道是用来为长官擦胡子的吗？"

太不给面儿了。

如果光从人际交往的角度看，这是一个非常失败的案例。人家向你献殷勤，你不领情也就算了，还出口讥讽别人。讥讽就讥讽，还当着他人的面，那不是给自己拉仇恨吗？

咱们现在常说的"溜须拍马"一词，就是从这个小故事里来的。

中国的交际习惯向来喜欢绕弯子，甭管两人内心多有意见，场面上的事情还要过得去。人前笑脸、人后捅刀也是稀松平常的现象。可这道理在寇准那里行不通。在寇准的世界里，非黑即白，非敌即友，从来没有掩饰一说。

经过"溜须"事件后，寇准和丁谓算是彻底撕破了脸。其实，从形势的发展来看，即使没有那档子事，寇准和丁谓也到了摊牌的时候。


赵恒的身体一直处于时好时坏的状态。到天禧三年（1019）下半年，赵恒上朝次数越来越少，甚至出现了表达困难、指令含糊不清的状况。

皇位传承成为迫在眉睫的事情。

九月，赵恒在宫中宴请皇室成员、宰执大臣等，并把本朝的《国史》《实录》及自己所写的一些文章赐给皇太子赵祯。几天后，赵恒又以皇太子的名义在东宫设宴款待群臣。寇准作为宰相，在宴会上向赵恒表示："皇太子天生仁义、稳重宽厚，在您的教导下，更是勤勉好学，上进有为，这真是国家的幸运啊。"

如果就事论事，可能谁都会惊叹，寇准这张大嘴巴什么时候变得这么甜了？拍起马屁来也很有天赋啊。

事实上，寇准还真不是拍马屁。

赵恒安排两次宴会的目的可不简单，它释放着很强的政治信号。

当着众人面赐予太子《国史》《实录》，是象征代代相传。隔了几天，他又以太子的名义大宴群臣，是希望众臣忠心辅佐太子。

寇准岂能不知个中滋味？他当众夸赞太子，就是秉承赵恒的意思，以此来巩固皇太子的地位。

天禧三年（1019）十一月，太常礼院（礼宾部门）制定了《大礼称庆合班图》。这个图，其实就是朝廷搞大型礼仪活动时用来排座次的。古代官场对人员的位次是很讲究的，如果排错了，那是要酿成政治事故的。

在太常礼院新制作的《大礼称庆合班图》里，皇太子的位置排到了宰相的前面。太子赵祯当即谦让表示不行，赵恒也把皇太子的想法转告给了寇准等宰执大臣。寇准立刻表示，储君的地位理应高于臣子，谁都不能乱了君臣规矩。如此一来，在正式场合中，皇太子的地位仅次于皇帝。

寇准扶持太子赵祯上位的心思已经表露无遗。

寇准的用心刘皇后一清二楚。照这种情形发展下去，一旦赵恒西去，她将迅速成为皇宫内的"下岗分流人员"，而且，等待她的后果绝不仅仅是失去权力那么简单。一旦她失势，经营多年的信息封锁将转眼失效，别说太子赵祯，估计连开封街头卖菜的大妈也敢津津有味地讨论皇子亲妈的故事。

最关键的是，赵祯的亲生母亲李氏仍然健在，赵祯也会不断长大。他怎会容忍一个强行将自己和亲生母亲分离开的人继续高高在上，哪怕这个人只是名义上的太后？

所以，刘氏告诫自己，她必须继续把权力牢牢攥在手里，才能维持现在所拥有的一切，否则她多年来的苦心经营，将瞬间化为乌有。她的结局将比以前更加凄惨。

刘氏不想坐以待毙，她利用自己对赵恒的影响，加速扩张自己的政治版图。在她的周围，也形成了一股庞大的政治势力，他们希望在赵恒归天后，由刘氏以太后身份掌握最高权力。

以寇准为首的一帮人则针锋相对，希望按照传统的儒家法则，由他们辅佐幼帝行使权力，直至他年长亲政为止。

天禧三年（1019）年末，皇后党与太子党的争斗日益白热化，两大集团已是剑拔弩张，虎视眈眈。

战斗一触即发。


在紧张的战斗开始前，咱们先来讲点轻松的内容。在梳理这段历史时，我发现了一个有意思的现象：两大集团的主要成员人数差不多，而且几个成员的岗位也是针锋相对，正好可以捉对厮杀。如此巧合，也堪称一个奇观。现在，我们不妨先来看看双方的出场阵容。

**第一组选手：寇准 VS 丁谓**

这对选手就不用多说了。寇准，唯一的宰相，当之无愧的太子党领袖。丁谓，于天禧三年（1019）十二月升任枢密使，他一心要扳倒寇准取而代之，已然是皇后党的领军人物。

**第二组选手：李迪 VS 曹利用**

李迪是张新面孔，有必要详细介绍下。

　　李迪，字复古，开宝四年（971）生，祖籍赵郡（今河北赵县），景德二年（1005）举进士第一。李迪因为有状元头衔，又深受玉旦的器重，官升得非常快，于天禧元年（1017）被任命为参知政事。待丁谓被调至枢密院后，成了唯一的副相。他曾多次上书反对刘氏封后，为刘氏所忌恨。他还曾有过一个重要的身份——太子的老师（太子宾客）。不用说，李迪自然是铁杆的太子党。

　　曹利用，当时已经担任枢密使，和丁谓同为枢密院的最高长官。严格来说，曹利用并不算后党，他和刘氏以及丁谓的关系一般，只因和寇准关系非常差，才倒向了刘氏一边。在曹利用的问题上，寇准倒确实应该反省一下。

**第三组选手：周起 VS 任中正**

　　这对选手其实并没有太多的戏份，完全可以称为"打酱油组合"。此时，两人都担任枢密副使。周起和寇准关系不错，任中正则和丁谓关系很好。

　　通过上面的人事布局，我们可以看得很清楚，中书里有一个宰相（寇准）和一个副相（李迪），枢密院里有两个枢密使（丁谓、曹利用）和两个枢密副使（任中正、周起）。六位宰执大臣基本对半开，可谓势均力敌。

　　除了宰执大臣以外，两个阵营中都还藏着一些其他选手。

**第四组选手：杨亿 VS 钱惟演**

　　本组选手是一对笔杆子组合。

　　杨亿，字大年，建州浦城（今属福建）人，开宝七年（974）生，时任翰林学士。他曾是远近闻名的神童。如果说李迪是个高考状元的话，那么，杨亿更像个保送生。他十一岁就因为进献诗文而被特授"秘书省正字"，此后又被赐予进士及第。别人千辛万苦才能考来的功名，他得来全不费工夫。

杨亿和寇准非常投缘，两人经常在一起开怀畅饮，高谈阔论。澶渊之盟前夕，陪着寇准在城楼上喝酒装淡定的就是这位老兄。都说物以类聚、人以群分，杨亿的脾气和寇准也差不离，脖子硬，性子直。大中祥符五年（1012），赵恒决定立刘氏为皇后，想让大才子杨亿来起草制书，派丁谓去传达命令。丁谓说明来意后，杨亿表示，让他写倒也不难，就是不知道刘氏祖上三代的情况怎么样（因请三代）。

你这不是哪壶不开提哪壶吗？

丁谓被噎得说不出话来，硬着头皮继续劝杨亿："你就勉为其难写一下吧。写了这制书，你还愁没有荣华富贵吗？"杨亿的回答却很坚决："这种富贵，并不是我想要的。"最后，赵恒和丁谓都拗不过杨亿，只能让其他人来写。


接着看看皇后党选手钱惟演。

钱惟演，字希圣，太平兴国二年（977）生，吴越王钱俶的儿子。钱惟演和杨亿有很多相似之处，同样年少以文采成名，同样长期从事文书撰写工作，就连此时担任的职务也一样，都是翰林学士。早先，在编写《册府元龟》（赵恒主持编写的一部巨著）的过程中两人还有过合作。虽然都是大才子，但钱惟演和杨亿个性迥异。钱惟演喜欢投机取巧，一心攀附权贵，他和丁谓结成了亲家，还把自己的一个妹妹嫁给了刘氏的前夫刘美，一下子和两个大人物都攀上了亲戚。为了维护自己的利益，他义无反顾地加入了皇后党阵营。

**第五组选手：周怀政 VS 雷允恭**

最后出场亮相的是一对宦官组合。

周怀政，并州人，时任昭宣使、入内副都知，属于"太子党"阵营。

周怀政的养父也是宦官，在跟随太宗赵光义征伐北汉的路上，从死人堆里把小怀政救了出来，收为养子。周怀政做了宦官后，顺风顺水，逐渐成为赵恒最亲信的人。赵恒在生病的时候，甚至要把头枕在周怀政的腿上才能入睡。"天书"第一次降下来的时候，赵恒曾派两个宦官去承天门把"天书"迎下来，周怀政便是其中之一。

因为得到赵恒的宠信，周怀政一度权势极盛，朝里朝外都有许多人巴结他。他狐假虎威，什么滥施权力、排挤同僚、贪污受贿之类的事都没少干，俨然是宦官界的"成功人士"。

然而，好景不长，他干的那些破事逐渐传到了赵恒的耳朵里，赵恒开始对他刻意疏远。这让周怀政十分不安，他很清楚，一旦失宠，人家肯定有怨报怨、有仇报仇。为了维持自己的地位，周怀政没少动歪脑筋，经常故意安排一些小宦官假传皇帝的命令来宣召他，然后自己再装模作样地溜进去，找个其他地方待一会儿，每天这样自编自演几回，就为了让别人觉得自己在领导那里还很得宠。此种把戏，和一些网红店雇人排队的套路差不多。

可是，掩耳盗铃的把戏终究掩盖不住事实，周怀政的身价还是一路走低。眼瞅着就要跌破发行价了，为了快速止跌，周怀政就寻思着寻找新的政治靠山。因为其他宦官已经提前到刘氏和丁谓那边烧热炕了，他只能倒向太子党一边。

按理说，周怀政这号人物，是不该和寇准发生什么关联的。寇准也不是那种利用宦官在内宫布眼线的人。他要真有这个觉悟，就不会几起几落了。

周怀政之所以能和寇准搭上线，是因为他曾派人弄出了几份天书，并把天书的发现地点安排在了寇准所辖境内。寇准对天书并不感兴趣，但作为辖区最高长官，又不能不上交，两人因此有了交集。

有意思的是，周怀政发现天书后不久，丁谓等人为打击寇准，曾指责周怀政伪造天书。说来丁谓的这番指控太无厘头了，这天书难道还有不伪造的吗？不管怎么说，周怀政在政治上至少是倾向于寇准等人的。但是，我们说，有猪一样的队友，还真不如没有。

后来的事实证明，寇准结结实实地被这个猪队友给坑了，坑得一塌糊涂。


雷允恭，开封人，他的简历就没周怀政那么丰富了。作为一个非资深宦官，他和丁谓的关系很好，经常为丁谓提供点儿内部消息。雷允恭和周怀政则属于同行业竞争者，揭发周怀政伪造天书的事情就是他干的。不过，雷允恭和周怀政都可谓"猪队友"，周怀政坑惨了寇准，雷允恭也把自己的后台丁谓给坑惨了，而且，他挖了一个更大的坑。

## 节节败退

进入天禧四年（1020），赵恒已经病入膏肓，无法上朝的情况越来越频繁，后来干脆长时间不露面，再后来，连说话都有些困难。

赵恒病势越重，皇后党和太子党的斗争就越激烈。五月，寇准拿"争夺盐井"事件率先发难。

当时，四川一带盛产井盐，经营井盐是一项很赚钱的买卖。刘皇后是四川人，她显贵以后，老家的亲戚也跟着沾了光，成为当地有名的大户。刘家人看见别人经营井盐有点儿眼红，就利用权势夺了别人的买卖。这种仗势欺人、与民争利的事情历来最遭人厌恶，结果，举报信一直送到了朝廷。寇准本来就嫉恶如仇，一上朝就提出要坚决依法惩办，不仅要依法惩办刘皇后的亲戚，还要追查后台，因此而牵扯到刘皇后的前夫刘美。

很可惜，寇准这次又没看准赵恒的心思。一路过来，我们其实已经看得很清楚，赵恒从来不是个有魄力的君主，他虽然不希望朝廷大权落到女人手里，但也绝没有汉武帝赐死钩弋夫人般的勇气。应该说，赵恒的心里，也十分矛盾，毕竟是几十年的夫妻，毕竟是皇子的养母。他只想稍稍遏制一下刘氏的权力，让她从一个政治女强人变成一个简单的贤妻良母，足矣。

当然，谁都知道，这是赵恒的一厢情愿。他不敢承认，也不愿承认，政治斗争，从来就是你死我活。

寇准的提议刚抛出来，丁谓、曹利用就投了反对票，理由十分奇蔩，说是现在有的地方正在闹旱灾，不适宜兴起牢狱之灾（天旱不宜更起冤狱）。赵恒心里也不赞成寇准的提议，乘势又和了一把稀泥："算了，算了（便罢，便罢）。"

寇准自讨没趣后，彻底看清了赵恒心里的小算盘，他决定不再直接攻击刘皇后，而是绕道攻击。

与此同时，刘皇后和丁谓经历了这次风波后，也敏锐地嗅到了危险的来临，他们当然不会听任局势朝自己不利的方向发展。

双方都希望看准机会，给对方致命的一击。

六月，赵恒的身体再次恶化，更严重的是，他的神智变得很不清醒，经常是自己说过的话，转眼就忘，俨然已经成了一个废人。

一天，寇准瞅准机会，单独进宫面见赵恒。他先是不紧不慢地和赵恒谈着一些常规事务，谈着谈着，逐渐把话题转到了太子身上。赵恒也不管听没听懂，只是哼哼哈哈地应付着。

眼见火候差不多了，寇准突然前趋一步，走到赵恒的近前，一字一顿地说道：

"太子是人心所向、众望所归的皇位继承人。"

赵恒无力地看了寇准一眼，示意寇准说下去。

"请陛下以江山社稷为重，放心把皇权交给太子，以巩固大宋江山根基！"

寇准的谏言一针见血，他劝赵恒以江山为重，不要再贪恋皇位，趁自己还有一口气，赶紧决定让太子监国，把权力提前交到太子手上，以保大宋江山不落入旁人之手。

说完这句，寇准观察了一下赵恒的反应。

赵恒没有马上回应，他疲倦地闭上眼睛，面无表情，毫无声息，仿佛成了一尊静止的雕塑。

不得不说，帝王表面上是最风光的人，本质上却是最孤独的人。在他即将离去的时候，无论亲疏，无论忠奸，大家都无暇关心他的生死，每个人的心里都只惦记着那个即将空置的皇位。他享受着权力的荣光，最后又成了权力的傀儡。

形势已经非常明朗：如果权力还在赵恒手上，刘皇后就可以利用亲近赵恒的便利弄权；如果权力转到了太子手里，实际掌权的就是辅佐太子的宰执大臣。

寇准告诉赵恒，他必须在生前做出抉择，否则后患无穷。

过了许久，赵恒才睁开双眼，意味深长地看了寇准一眼，重重地点了点头。

赵恒的态度让寇准大喜过望，赶紧趁热打铁说出第三句话："丁谓是靠不住的人，不能让他来辅佐皇太子，请皇上选择正直的大臣辅佐他。"

这回寇准吸取了教训，他不再把矛头对准刘皇后，只是希望除去后党中最活跃的丁谓。丁谓一除，其他的人物就好对付了。而刘皇后一旦被剪除了羽翼，再想干政也不会有人理她。

难得的是，这次，赵恒又首肯了寇准的建议。

走出宫门，寇准早已激动得不可自抑。为防夜长梦多，他赶紧找来了翰林学士杨亿，让他连夜起草请求太子监国的表文、罢免丁谓的诏书。

杨亿接到命令后，既兴奋又紧张。他知道事关重大，决不能走漏半点风声，所以，一接到命令立刻屏退了所有下人，一个人埋头起草表文，甚至连剪蜡烛芯的活儿也亲自来干。

然而，杨亿千防万防，却没想到，还是寇准自己出了纰漏。

要说寇准别的毛病都没有，但贪杯的问题还真是存在的，尤其喜欢聚众豪饮，还非要喝个不醉不归才尽兴。

这回，寇准眼见即将大功告成，心生得意之心，开心地喝起了小酒，酒喝高后，嘴不把门，竟然把消息给说漏了。

喝酒误事，所言不虚。

风声走漏后，皇后党的眼线立刻向刘皇后和丁谓等人报告。刘皇后和丁谓立刻决定，连夜采取行动，马上去找赵恒，让他改变主意。

赵恒已经答应了寇准的请求，还能再马上反悔吗？

事实证明，赵恒的"金口玉言"确实比废纸还不值钱。更何况，现在躺在床上的，是一个生命垂危、脑袋已经变成浆糊的皇帝。

当丁谓等人跑到赵恒跟前，带着哭腔诉说自己的委屈时，赵恒立刻没了主意。

他或许是得了健忘症，早已忘记白天的承诺；或许是得了痴呆症，失去了基本判断力。赵恒居然答应丁谓的请求，推翻了寇准的建议，甚至还要罢免寇准。

转眼间，事情发生了天翻地覆的变化。

丁谓显然要比寇准谨慎，得到赵恒的肯定答复后，他连宫门都没迈出去，直接派人把钱惟演叫了进来，当场起草好了罢免寇准的诏书。

诏书拟好后，钱惟演接着对赵恒说："如果这样的话，宰相府里只剩下了一个李迪，是不是再任命个人为宰相？"钱惟演是想趁热打铁，继续扩大战果，把丁谓推上去当宰相。

可赵恒被折腾了一天，早就精疲力竭，听了钱惟演的话，只是有气无力地回了句："暂且缓缓吧（姑徐之）。"

徐之就徐之吧，反正已经取得了不小的胜果，也不枉连夜加班。丁谓和钱惟演开心地溜了出去，有没有吃夜宵庆祝不知道，兴奋得睡不着觉是肯定的。

与此同时，寇准、杨亿等人也正憧憬着美好的未来。

他们摩拳擦掌，只等次日上朝，就奏请太子监国，然后就是赵恒批准，然后就是皇后党扫光光，然后就是寇准一人撑起大宋天空，然后就是放手施展自己的治国理想……反正，他们应该也没睡着。

第二天，早朝。

寇准、丁谓等人都准时前来打卡上班，平时互不待见的两拨人这回没怒目相向，每个人的脸上挂着一丝不可捉摸的微笑。因为大家都确信，过了今天，眼前这些讨厌的敌人将在自己的面前彻底滚蛋，越远越好。

今天的笑容，是胜利者面对失败者的嘲弄。

然而，胜利者只有一方。

当罢相制词宣读的时候，寇准简直不敢相信自己的耳朵。如果按照以往的性格，他早已暴跳如雷，定要站出来喷一会儿口水。

然而，这回寇准很反常。

他很快就控制住了自己的情绪，没有愤怒，没有辩解，没有斥责，平静得似乎早就知道了结果。

因为，他心里清楚，自己根本就不可能得到一个解释。

寇准抬头看着坐在皇位上的赵恒，那里只有一个无精打采、神志不清的病人，木然的眼神，呆滞的表情。

或许，眼前这个病人就是最好的解释。

天禧四年（1020）六月，寇准再次罢相。

五起五落。

当然，政治斗争是极其曲折复杂的，皇后党还远没有到弹冠相庆的时候。寇准虽然没有了实权，但仍是当朝的太子太傅、莱国公，更重要的是，他还留在京城生活。

只要寇准还在京城，以他的品级，就仍可能在很多礼仪场合见到赵恒。说不定哪天皇上回心转意，又把寇准提了上来。谁不知道寇老先生自带电梯属性呢？

对刘皇后、丁谓来说，寇准就是他们身边的一颗定时炸弹，只要他还在一天，他们就食不甘味、睡不安寝。

丁谓还在想法子剥夺寇准的留京指标，寇准的队友却已经按捺不住了。他们开始积极主动地策划反击，准备帮助寇准改变不利的处境，却终使寇准跌入了万劫不复的深渊。

太子党首战失利后，最着急的人不是李迪，也不是杨亿，反而是宦官周怀政。

都说官场是最现实的，谁一旦失势，那就是"拔了毛的凤凰不如鸡"。但是，在宋朝，宦官和文官的地位可不一样，同样失势，李迪、杨亿等最多也就贬个官，好歹还能活命。而周怀政就不同了，以他的斑斑劣迹，极可能变成一只烧鸡。

为了挽回败局，周怀政决定铤而走险，他制订了一个让人瞠目结舌的计划。

计划概括起来有五点：逼迫赵恒让位当太上皇，扶持太子登基，废掉刘皇后，诛杀丁谓，迎回寇准当宰相。

应该说，从行动目标来看，这充分体现了周怀政的远大理想和革命彻底性，但他的智慧和他的决心实在不兼容，计划还没出手，就先夭折了。

过程很简单，周怀政找了禁军中几个亲信（自己以为）搞宫廷政变，结果人家听了他的命令后，毫不犹豫地跑到了丁谓家里……

处理结果简单明了：周怀政被问斩，还顺带连累了甲乙丙丁若干人。

其中的甲乙丙丁，寇准也在内。

丁谓对寇准早已恨入骨髓，他千方百计地把寇准和周怀政案牵连在一起，还不断在赵恒耳边拿此说事，致使寇准被一贬再贬。

七月二十八日，寇准被贬为太常卿、知相州（今河南安阳），一下子由一品变成了三品。

七天后，正朝相州赶路的寇准接到命令，改任安州（今湖北安陆）知州，只好调转马头。

十八天后，还是在路上，寇准又接到命令，他的工作地点又变成了更偏远的道州（今湖南道县），更可气的是，连官衔也变成了六品小官——道州司马。

五十九岁的寇准二十五天内被连贬三次，一位为国家社稷立下汗马功劳的名相，如今却屈辱地被人驱赶着，疲于奔命。

然而，寇准似乎注定命运多舛，后面还有更险恶的考验等着他。

# 第七章 黄雀在后

## 低 调

寇准被贬后，太子党看上去败局已定。

李迪作为太子党的最后代表，长期被丁谓打压。在一次等待上朝的时候，李迪和丁谓又吵了起来。丁谓一方人多势众，李迪吵不过，气得拿起笏板想揍人。要不是其他人及时拉架，文斗差点就改成了武斗。

上殿后，李迪气火攻心，当着赵恒的面大骂丁谓奸邪，顺带还捎上了曹利用、钱惟演等人，说这群人朋比为奸、蛇鼠一窝，都不是好东西。骂完后，李迪还告诉赵恒，自己也不想干了，干脆把自己和丁谓他们统统给免了吧。

这种同归于尽的进谏方式让赵恒非常反感，结果可想而知。

丁谓没走，李迪走了。

十一月，李迪被外放到郓州。一个月后，杨亿又因病去世了。加上九月份受寇准牵连而外放青州的周起，太子党几乎被一扫而空。

注意，我说的是"几乎"，不是全部。就在太子党纷纷作鸟兽散的时候，有一个不起眼的小角色进入了宰执班子，不久，他将成为力挽狂澜的人物。

在介绍这位人物前，我们还是先来看看现在的权力分配情况。

到天禧四年（1020）底，朝廷是皇后党的天下。

宰执班子一共六个人：宰相丁谓、冯拯，副相任中正、王曾，枢密使曹利用、枢密副使钱惟演。

除了四名皇后党成员外，还有两个新人：冯拯和王曾。

冯拯是个老资格，他虽然和寇准关系不好，但也算不上皇后党成员，属于中立派。

最后还剩下个小角色，王曾。

王曾，字孝先，太平兴国三年（978）生，青州益都（今山东青州）人，咸平五年（1002）进士。

宋朝开国以来，文治的氛围越来越浓，各类学霸级人物层出不穷，什么年少成名的、学通古今的、状元出身的，各色人物都有。但这些书呆子如果碰到王曾，也只能心悦诚服地说一句：兄弟，请收下我的膝盖。

　　王曾有一项无数学子梦寐以求的至高荣誉——连中三元。也就是说，在科举考试中，解试、省试、殿试连续取得第一，分别获得解元、省元、状元。能完成如此惊人壮举的，放到整个宋朝也就 6 个人，放到科举制实施以来，从隋唐到明清，也就 15 人（又说 13 人）。

　　如果说，有人偶尔考个高分属于超常发挥的话，那么王曾的连中三元则属于绝对的实力。他参加省试和殿试时写的两篇命题作文流传出来后，上到文人雅士，下到黎民百姓，人人争相传抄，一时间，洛阳纸贵。尤其是殿试时所作的文章《有物混成赋》，成了后代公认的范文（天下以为赋格）。

　　前面提到的杨亿、钱惟演都是当时著名的文章高手，两人政治倾向尽管不同，但见了王曾的文章，意见却出奇一致。杨亿读了王曾的“高考作文”后叹息说：“真是辅佐帝王的人才啊（王佐器也）！”钱惟演看了后则大发感慨：“你的文章名扬天下，我怎么敢和你相提并论呢（文章扬历中外，岂惟演所敢侔哉）？”

　　难能可贵的是，王曾已然牛成这样，为人却很低调。

　　按照当时的规矩，状元返回家乡的时候，地方官是要组织百姓到郊外迎接的。这个迎接可不是拉个横幅那么简单，不仅要敲锣打鼓，鞭炮齐鸣，还会搞些文艺表演，吸引更多的人来欣赏新科状元的风采。那种衣锦还乡的感觉，想想都能让人从梦里乐醒。

　　王曾连中三元的消息一传来，家乡青州就沸腾了。当王曾回来的时候，地方官一早就派人到城门口迎候。王曾并不喜欢那种排场，早早地就把自己的衣服马车都换了，找了个偏僻的小门进了城。王曾拜见地方官后，人家还特惊讶：“听说你要来，我早就派人去迎候了，为什么守门的还没回来报告，你反而到了呢？"

王曾把入城的经过说了一遍，并连声解释："小才侥幸中了状元，怎敢劳烦父老乡亲迎候呢？"

地方官看着眼前这个年轻人，不由得连声赞叹："你是真状元啊！"

王曾德才兼备，名声很大，当时的宰相寇准也听说了。

当王曾在地方上任满三年通判，回京参加学士院组织的召试时，寇准破例允许他直接在政事堂参加考试，并任命他为秘书省著作郎、直史馆、三司户部判官，成为五品官员。

从此，王曾走上了仕途快车道，相继担任两制官（知制诰、翰林学士），然后就顺利进入了宰执班子。

大中祥符九年（1016）正月，王曾升任参知政事，出任副相。这一天，离他考上状元也就十四年。

王曾受过寇准提携，应该算是太子党，但他和寇准、李迪等人性格迥异。寇准、李迪属于一言不合就放炮的直肠子，而王曾明显要比两位内敛得多，极少和人脸红脖子粗地争论问题。

大中祥符二年（1009）的时候，赵恒决意要修玉清昭应宫，很多人都站出来反对，王曾也上书反对。但他和大多数反对者不一样，没有一上来就对皇上进行勤俭节约教育，而是再次拿出了参加科举考试的架势，洋洋洒洒写了一篇《乞罢营玉清昭应宫疏》，此文堪称古代谏净文的典范。平时需要写作公文的朋友可以拿过来学习一下，看一看连中三元的王曾是怎么给领导提意见的。

文章先是拍了一通赵恒的马屁，说皇上如何圣明，治理国家如何成功，等等。马屁拍完，话锋一转，给领导提了点"小建议"——别修玉清昭应宫了。

为此，王曾在文章里列出了五条不宜修建的理由（未便之事）：其一，耗费人力；其二，花费钱财（颇烦经费）；其三，修建宫观会让大量身份不明的民众聚集在京城，容易增加不安全因素；其四，按照天时规律，现在不宜动土；其五，听说天书里写着让我们清静无为，现在大兴土木有违老天爷的意愿。

仔细分析一下，王曾的这篇奏疏真是奥妙无穷。首先，他只说修玉清昭应宫是"未便"之事，修建起来钱财花费"有点多"，什么浪费挥霍、穷奢极欲之类的激烈字眼一个也没有，说得很委婉。接着又顺便说了个安全问题，那可是设身处地地在为皇帝考虑啊。

最后两条更逗，王曾也开始学起了神鬼论，拿神仙和赵恒说事：你不是相信老天、推崇天书吗？那老天爷还让你清静无为、别瞎折腾呢。这种劝说方式，属于"以子之矛，攻子之盾"，既没有得罪赵恒，又把想说的话全说了。

虽然王曾的奏疏还是没能阻止赵恒修建玉清昭应宫，但他说话很注意分寸，也没得罪赵恒和那些支持天书封禅的人。

靠着低调沉稳的做事风格，王曾在朝廷内混出了好人缘，一些皇后党成员也和他有所往来。


然而，王曾再老练，也有马失前蹄的时候。在副相的任上干了不到一年，他就因为一件小事被撸了下来，遭受了仕途中的第一次打击。

王曾被免职说起来让人啼笑皆非，原因竟然是他不肯多要一个官衔。

送给王曾的这项官帽，在历史上叫"祠禄官"，为宋代所特有。宋朝能有这项发明，还得感谢赵恒。因为他崇信道教，在全国各地建满了宫观，后来他又忽发奇想，要求高级官员兼任宫观使，品级越高的官员对应规模越大的宫观，比如宰相王旦就被任命为玉清昭应宫使。

这些"某某宫使，提举某某宫"的名号就是所谓的"祠禄官"。祠禄官是扣在官员头上的一顶帽子，体现了皇帝对你的宠信，其实是没啥事可干的。但赵恒也不让你白戴帽子，有了这个官衔，还可以多领一份专项补贴。

按照朝廷惯例，王曾升任副相后，应当兼任会灵观使。换作别人，有白拿一份津贴的好事，谁管你封我什么名号呢？可王曾却主动辞掉了这份兼职，因为他内心深处并不赞同赵恒搞那些乌七八糟的神鬼活动，对于强行分配给自己的那顶"祠禄官"帽子很反感。正好当时最得赵恒宠信的王钦若却很想得到会灵观使这个名头，王曾就趁机向赵恒表态，这个兼职你爱给谁就给谁吧。

没想到，王曾看似谦让的举动却把赵恒惹怒了：这么重要的官职，你却推来推去？忙活了半天，你对我组织的活动不是真爱啊？不想当会灵观使，干脆其他的也别干了！

天禧元年（1017）九月，王曾被免去了副相职务。第二年，他被外放应天府，出任知府。不过好在也不是什么大错误，没过多久，王曾又官复原职了。

天禧四年（1020）八月，寇准被外放后不久，王曾第二次进入宰执班子，继续出任副相。

如果回过头来看王曾的第一次免职，他其实应该庆幸，因为那段时间正好是太子党和皇后党斗得最厉害的时期，还不如躲到外面清净。

就这样，到天禧四年（1020）底，王曾成了仅存的太子党成员。如果按照丁谓的做事风格，他迟早要步寇准、李迪的后尘。王曾当然不会坐以待毙，但他也不会像李迪一样直接翻脸，去和皇后党争个鱼死网破。他还是选择了自己的反击方式。

为此，王曾找了和自己私交不错的钱惟演。

自从太子党失败后，朝廷的大权已经完全落到了刘皇后手中，朝廷外面舆情汹汹，搞得刘皇后和太子赵祯之间的关系也很紧张。王曾趁机找到钱惟演，说了这样一番话：

"太子还年幼，离不开皇后的帮助，皇后也需要依仗太子。失去了太子，人心也不会归附她。皇后善待太子，太子就安心了；太子平安了，皇后家族才能平安。"

王曾讲出这番话，说明他的眼光确实要比寇准、李迪等人独到得多。

一个政治家固然需要坚持原则，但也必须尊重现实。很多时候，你必须在现实面前做出妥协，才能迂回达到自己的目的。寇准、李迪是坚定的理想主义者，一心维护皇权，排斥刘皇后，不懂变通和妥协。从某种程度上说，这是导致他们失败的最大内因。

王曾和寇准、李迪不同，他是现实主义者。他相信，赵恒是不可能完全抛弃刘皇后的，而只要刘皇后还在，太子就不可能不受其影响。道理很简单，太子还那么小，他的生活起居、吃喝拉撒终究要有人打理。只要太子进了宫里，一百个寇准也是鞭长莫及。你想让人既当生活保姆，又不干涉朝政，对一个已经尝到权力滋味的人来说，这是一件完全不可能的事情。

所以，王曾选择了和刘皇后合作，只要能让太子平安长大，一切都可以妥协。

王曾对钱惟演说的这段话，听上去是和了一把稀泥，其实柔中带刚。所谓"太子还年幼，离不开皇后的帮助"是实情，但也提醒皇后，太子是她唯一可以仰仗的政治资本，离开了太子闹独裁，大家也不会跟着她干。所谓"太子平安了，皇后家族才能平安"，更是隐晦地说，太子终究要长大亲政，皇后只有善待太子，其家族才能长享荣华富贵，避免被反攻倒算！

钱惟演把话传给了刘皇后。

刘皇后听了王曾的话，大为触动。在内心深处，她不得不承认，自己和太子的利益其实是紧紧捆绑在一起的，踢开太子只能让自己陷入孤立，不利于自己的长远利益。

王曾寥寥数语，说动了刘皇后，大大缓和了皇后党和太子党的关系，也巧妙地使自己转危为安。但是，他的使命还远远没有完成，他必须积蓄力量，迎接更加波谲云诡的朝廷争斗。

## 角色互换

从大中祥符九年（1016）起，赵恒就开始出现"不豫"（皇帝生病的隐晦说法）情况，越往后，他"不豫"的次数就越频繁。"不豫"了五年以后，赵恒的生命终于走到尽头。

对这位胆小怯弱、优柔寡断、一生迷信天书封禅和道士神仙的平庸帝王，我真的无话可说。

其实，他不像个帝王，更像个永远不想长大的孩子，害怕承担肩上的责任，始终沉沦在自己构建的虚幻世界里，自得其乐，不愿醒来。

修建无数宫观、祭拜无数神仙、无数次祈求上苍降下福祉的赵恒，终究没有逃脱生老病死的自然规律。

乾兴元年（1022）二月戊午，大宋膺符稽古神功让德文明武定章圣元孝皇帝——宋真宗赵恒，驾崩于延庆殿。

还是只活了五十五岁。

赵恒真的"成仙"了，但活着的人还要继续生活。

刘皇后在第一时间把宰执大臣都叫了进来。丁谓、王曾等人悉数赶到宫内，一听到赵恒的死讯，立刻都趴在地上哭得如丧考妣，死去活来。

不管是真哭还是假哭，反正都是必经程序。眼见这群大臣哭得如此深情，谁都没有先收摊的苗头，刘皇后不耐烦了，说了一句：

"有你们哭的时候。现在还是听我安排吧。"

好嘞，就等你这句话呢。宰执大臣们充分表现出了职业官僚的专业素养，立刻止住哭声，转换表情，瞬间进入了工作状态。

说吧，要干什么？

其实不用问，大家都明白，皇帝刚死，最重要的事情当然是发布遗诏。

刘皇后告诉他们，遗诏内容主要有三条：

一、皇太子赵祯柩前即位；

二、皇后刘氏升级为皇太后，淑妃杨氏（与刘氏关系极好）升级为皇太妃；

三、军国之事皇太后说了算，也就是我说了算。

听清楚了没？听清楚了就赶紧回去起草吧。


当着刘皇后的面，哦，不，现在应该称她为刘太后，丁谓、王曾等人谁都没提意见，一声不吭，转身就走。

一群人回到殿庐后，开始忙着起草遗诏，内容很明确，写起来应该很简单。

但是，争议还是出现了。

为明确刘太后的最高决策权，遗诏初稿里有这么一句——"军国事兼取皇太后处分"。

有人提出，这样不行，表述不准确，应改为——"军国事兼权取皇太后处分"。

加了个"权"字。

权，就是"暂时代理"的意思。

言下之意，咱得说清楚，刘太后是暂时替年幼的皇上打理朝政。

显然，提议的人是要限制刘太后的权力！

此人是谁？

相信，很多人肯定都会给出一个答案——王曾。

可惜，历史在这里又调皮了一下，提议者不是太子党人王曾，也不是中立派冯拯。

而是，丁谓。

没错，就是他。

作为皇后党的旗帜性人物，丁谓这么做似乎有点不可思议。要说他突然良心发现，或精神失常，可能性也不大。

事实上，丁谓确实另有目的。很快，他的用心就暴露了出来。

刘太后掌控朝政的大方向定了，具体的细节还得研究一下。关于刘太后如何听政，宰执大臣里又出现了不同的声音。

王曾的意见是参照东汉的做法，太后和小皇帝每五天一同上朝一次，皇帝在左，太后在右，太后垂帘听政。

丁谓主张，太后和小皇帝每月上朝两次就够了。遇到大事，就由太后召集宰执大臣共同商量决策；如果没什么大事的话，就让宦官雷允恭传奏一下，直接由中书办理，中书办理后再送到宫内请太后和皇帝审批。

从两种方案的设计来看，丁谓又坑了太后一把。

按照丁谓的提议，一般事务都由中书代理完成，只是送到宫内办一下审批手续，太后手里就没多少实权了。而且，太后和朝臣的主要联系渠道就是雷允恭，他可是丁谓的"铁杆队友"。两人如果勾搭在一起玩点儿小手段，恐怕谁都奈何不了。

如此一来，太后岂不是提早过上了退休生活？

说到这里，大家可能已经一头雾水，究竟谁是皇后党，谁是太子党？如果按照前面的逻辑，丁谓和王曾的建议互换一下还差不多。

别急，我多次说过，历史是非常复杂的。上面发生的一切，看上去很矛盾，其实一点儿也不矛盾。王曾是希望通过调和太后和皇帝的关系来维护皇权，只要有人能够替小皇帝把朝政打理好，他就支持到底。至于听政的是男是女，是神是魔，他都不在乎。

对于丁谓来说，现在他的境况已经大不相同了。

他最大的敌人寇准已经被赶走了，其他反对者已经被一竿子打翻了。放眼一看，朝堂之上，他是头号宰相；皇宫之内，有雷允恭作为内应：一切尽在他的掌控之中。而那个高高在上的老妇人，反而成了唯一可以和他分享权力的人。

为了权力和利益，敌人可以变成盟友，盟友也可以变成敌人。

丁谓不想和人分享权力，他希望自己成为这场权力竞技中唯一的获胜者，从而开创一个属于自己的权臣时代。

出乎意料的是，两种方案提出来后，刘太后还是采纳了丁谓的建议。丁谓在权力的擂台上又胜了一局。

乾兴元年（1022）二月是丁谓政治生涯中最风光的一个月。

就在刘太后采纳听政方案后的第三天，丁谓又加官司徒，获封晋国公，朝野内外，风头无两。

尽管丁谓已经权倾朝野，可他心里还始终惦记着一个人。只要这个人还在，他就吃不香，睡不好，一日不得安生。

丁谓得志后办的第一件事，就是算计"老朋友"寇准。

赵恒的死讯传来的时候，寇准已经在道州待了一年多，他默默地换上了素服，向北而拜。

对于赵恒，寇准问心无愧。

赵恒弥留之际，思维已经严重混乱，曾好几次问身边的人："我怎么这么久没见寇准了？他到哪里去了？"

自然，谁都不敢回答他的问题。

赵恒当然不知道，彼时，寇准正风餐露宿，在路上奔波，一刻不得停歇，而那一道道贬谪寇准的诏令，正是以他的名义发出的。

寇准在道州落脚后，盖了一座小楼，把自己带来的大量书籍摆满书架，从此过上了读书、会友、喝酒的悠闲生活。远离了朝廷的喧嚣，没有了无休止的权力纷争，寇准终于又可以静下心来享受生活。寇准性格豪放豁达，喜欢结交朋友，很快，他又结识了许多当地的文人雅客，大家聚在小楼里，谈天说地、论古道今，将一切得失荣辱都消弭在了笑谈之中。

"调素琴，阅金经，无丝竹之乱耳，无案牍之劳形"，小楼仿佛成了喧闹世界里的一方文化净地，成了最理想的栖息之地。寇准走后，这幢小楼被当地人改名为寇公楼，传承千载，至今仍在。

寇准的生活状态，令丁谓无法容忍。

丁谓是一个睚眦必报的人，他视寇准为眼中钉、肉中刺，必欲除之而后快。更为险恶的是，他甚至对寇准动了杀心！

但是，丁谓想杀寇准，看上去是个不可能完成的任务。因为宋朝有不杀士大夫的传统，文官犯再大的错，也只是被贬到边远地区，不会搭上性命。

丁谓不敢公然破坏这条规则，却又希望置寇准于死地。于是，他又一次把自己的聪明才智用在了不该用的地方。

一日，寇准正在和当地官员饮酒作乐。突然，官吏驿站的小吏火急火燎地跑了进来，声称大事不妙，有个朝廷派来的宦官已经到了驿舍，像是来向寇公传达诏令的。宦官手里捧着一个锦囊，从外形看，锦囊里分明藏着一把剑。这岂不是来杀寇公的吗？

在场的官员听了，都大惊失色，只有寇准依然很镇静，依然按礼数派人去驿舍迎接宦官。奇怪的是，那名宦官赖在驿舍里就是避而不见。邀请他出来说话，他也不肯出来。问他为什么到这里来，他则沉默无语。

这宦官越不说话，在场的人心里越是没底，每个人的心里都有了一个不祥的预感：难道那把宝剑是来赐死寇准的？

从眼前的情况来看，这种猜测很可能是正确的。

似乎，寇准的生命已经走到尽头。

士可杀，不可辱，与其屈辱地死去，不如自己体面地结束生命，换取最后的一丝尊严。

是引颈待戮，还是自行了断？

若是普通人，相信都会选择后者。

然而，寇准不是普通人，普通人也成不了寇准。

十九岁，考生寇准不肯在殿试中谎报年龄；

二十八岁，枢密直学士寇准当面劾奏副相王沔；

三十四岁，参知政事寇准直言劝谏太宗早日立储；

四十三岁，宰相寇准力排众议促成真宗亲征，终有澶渊之盟；

五十九岁，寇准第五次回朝，直斥刘后护私、丁谓奸佞；

……

我，寇准，一生坦荡。

我，寇准，于君于国，自问无愧于心。

我，寇准，纵然身死，也要明明白白。

还有什么，不可以开诚布公呢？

寇准想到这里，心中无比坦然。他再次派人去向宦官传话："朝廷若想赐寇准死，不妨把敕书（正式文书）拿出来给我看看！"

宦官不得已，扭扭捏捏地拿出了敕书，寇准打开一看，才恍然大悟。

敕书的内容不是赐死，而是贬官。

寇准再次被贬官，由六品道州司马直线下降成了八品的雷州司户参军。

雷州，位于现在的广东省雷州半岛，与海南岛隔海相望。当时，雷州的开发程度还不高，属于最边缘的地区。只有犯下大错的官员，才会被远贬到那里。

不用想，寇准也知道，这是谁在从中搞鬼。

丁谓命人拿着剑去吓唬寇准，是希望寇准经不住压力，自行了断。这么一来，既达到了目的，自己又不需要承担任何责任，此计不可谓不毒。

然而，阴霾终究无法抵挡阳光，丁谓的阴谋被寇准轻松化解，靠的不是心计，而是坦荡。

今朝有酒今朝醉，明日愁来明日愁。

寇准接下敕书，回到宴席，畅饮如故。第二天，他坦然踏上前往雷州的漫漫征途。

一路上，寇准走得无比艰辛，穿山越岭，跋山涉水，无法骑马的地方，只能步行，荒无人烟的地带，只能冒险前行。崎岖的道路、湿热的环境都考验着年迈的寇准。

遭受如此委屈，身边的随从不断口出怨言，寇准却依然谈笑自若。

终于，寇准来到了雷州。

那是一个人烟稀少的地方。刚安顿好，就有人告诉他：这里极其荒凉，再走十里路程，就已到达尽头，眼前只能看见一片汪洋大海。

寇准一听，没有暗自悲伤，反而抚掌大笑，他对旁人自嘲道："我年轻时写过一首诗，其中一句是'到海只十里，过山应万重'。"

你看，还真让我说中了。

## 猪队友

"子系中山狼，得志便猖狂"，这句话送给乾兴初年的丁谓最合适不过。丁谓独掌大权后，不仅疯狂迫害寇准，还捎带着把与他有过节的人都修理了一遍。

这一切，王曾都看在眼里，但他保持了沉默。寇准被赶到雷州，他没吭声；李迪被赶到衡州（今湖南衡阳），他没吭声；曹玮、王曙、盛度（均为原太子党成员）等人纷纷被贬官外放的时候，他也没吭声。

王曾非但没有反抗，对丁谓的态度反而愈发恭敬。他小心翼翼地侍奉丁谓，从不和丁谓唱反调，哪怕一些细枝末节的事情也要向丁谓汇报。在丁谓面前，副相王曾更像是一个刚入职的小年轻，甚至还带着一丝胆小和腼腆。

丁谓很满意王曾的态度。在他看来，王曾终究只是个读书人，寇准、李迪等人的下场已经把这个书呆子吓得魂飞魄散，他已经把王曾收拾得服服帖帖。

但是，恭顺只是表象，王曾对丁谓的阴险狠毒早就恨之入骨。他正秘密搜集丁谓擅权乱政的各种证据，诸如串通雷允恭歪曲太后旨意，为亲信请托邀官等事情，他都一一记下，只等时机成熟，拉清单算总账。

而且，王曾心里很清楚，这个时机不会等太久。

因为，丁谓的嚣张跋扈已经为自己树立了一个最大的敌人。

前面说过，在起草遗诏和确定听政方式上，丁谓想方设法蚕食刘太后的权力，而把权力集中到了自己把持的宰相府。

权欲熏心的刘太后当然不可能瞬间变成无欲无求的刘大妈，在这两件事情上，她表面没说什么，内心其实很不满。而在此后共事中，丁谓愈加嚣张跋扈，和太后之间的裂缝越来越大。

一次，刘太后把几位宰执大臣叫过来，提了一项要求：在上朝的时候，允许自己单独接受群臣朝拜。

这个要求初听起来有点儿不讲道理，上回刚商量好的，刘太后得垂帘听政，和小皇帝赵祯一起接受群臣朝拜。怎么说变卦就变卦了呢？

刘太后的理由也很充分，皇帝年纪还太小，早上起不来（应该是实情）。

保障学龄儿童的睡眠时间，那是再正确不过的事情！

可当时并没那么人性化。刘太后撇开皇帝接受群臣朝拜，那往小了说是有违礼制，往大了说是僭越皇权。在强调君君臣臣的社会，就算你是皇帝亲妈也不能这么干。

刘太后提出要求的时候，恰好丁谓请假不在，王曾等人也不敢做主，就把事情拖到丁谓回来了之后再商量。

丁谓回来后，明确告诉刘太后：没门儿。

如果说丁谓的上述行为刘太后还能忍耐的话，那么，接下来的一件事，彻底把刘太后激怒了。

也不知道丁谓脑子里怎么想的，居然琢磨起了刘太后的小金库，开始研究如何压缩后宫的费用开支（又尝议月进钱充宫掖之用）。

从这件事上，我们可以发现，再牛的人都会有知识缺陷。

精通诗词歌赋、财务会计、工程建造、外交政法的全科式人才丁谓肯定没研究过女性心理学。

刘太后再强悍，她也是个女人啊。虽然人家不需要每天逛某宝、某东，但购物欲望始终是存在的。你怎么可以限制一个女人的消费欲望呢？

后果非常严重，史载：太后滋不悦。

好了，到此为止，刘太后和丁谓的合作关系即将走到尽头。

从法律视角看，刘太后和丁谓之间的关系类似于委托代理关系，丁谓则是刘太后在朝廷的代理人。但是委托人刘太后惊恐地发现，这个代理人要把她一脚踢开，自己单干。

一般来说，这种过河拆桥、上墙抽梯的行为最招人讨厌。刘太后的反应和绝大多数委托人一样——炒你鱿鱼！

很快，刘太后抓住了丁谓的一个破绽。

丁谓犯错全拜宦官雷允恭所赐。

三月，赵恒咽气后，丁谓和雷允恭均得到了一份临时兼职，丁谓头上那顶帽子叫"山陵使"，雷允恭头上那顶帽子叫"山陵都监"，从名字上，大家可能已经猜出来了。

没错，就是负责给赵恒修陵墓。

修皇陵是项很光荣的工作，雷允恭的这份差事，还是他主动向刘太后申请来的。对于一个宦官来说，能跑到宫外透透气是非常惬意的一件事。雷允恭接到任务后，立刻赶到工地去考察了。当时，赵恒的皇陵才刚刚完成选址工作。

雷允恭前脚刚到，司天监就有人把他拉到了一边，神神秘秘地告诉他："从现在的陵址往上走大约一百步，有个更好的地段，类似于汝州秦王墓的风水。如果把墓穴建在那里，会使后代多子多孙。"

汝州秦王墓，就是秦王赵廷美的陵墓。赵廷美自己死得委屈，但他留下了十个儿子，子孙后代枝叶繁茂。

古代人最讲究多子多福，何况是帝王之家。雷允恭听司天监的人这么一说，马上来了兴趣："有这么好的地方，为什么不用呢?"

司天监人员回答："修皇陵是大事，如果按规矩重新勘验选址，要花费很多时间，恐怕就超过了七个月的期限。"

雷允恭一听，反而更来劲了，当场拍板："马上移到上面那个位置。我入宫后和太后说一声，太后肯定听我的。"

雷允恭在宫里蛮横惯了，大家都听他的，马上改用了上面的墓穴。

入宫后，雷允恭立刻把这事告诉刘太后。

刘太后听了，立马不高兴了："这么大的事情，你怎么就轻易决定了？"

雷允恭根本没在意刘太后的态度，满不在乎地说道："这是为先帝的子孙积福，有什么不可以的？"

刘太后自从和丁谓产生过节后，看雷允恭很不顺眼：一个不男不女的家伙，天天在身边监视自己，现在还如此嚣张，是可忍孰不可忍。

雷允恭说完，刘太后沉默下来，既没有表示同意，也没有表示否定，安静了好一会儿，才来了一句："你去问问山陵使（丁谓）可以吗？"

说起来雷允恭先生的心确实太大了。女人阴着脸不表态，那就等于不同意呀！

连这点儿敏感性都没有，活该倒霉。

雷允恭扭头就去找了丁谓。丁谓听雷允恭前前后后一说，立刻明白了太后的心思。这回倒也让他犯难了：否定雷允恭的意见，那就伤了盟友的情意；支持雷允恭的意见，那就是和太后对着干。丁谓再独裁，也不想和太后撕破脸。

　　雷允恭眼巴巴地看着丁谓，希望他能点头同意。而丁谓支支吾吾了半天，一直不置可否。雷允恭等了半天，也没等到丁谓的肯定答复，只能无趣地回宫见太后。

　　现在，可怜的雷允恭已经骑虎难下，只能硬着头皮一条道走到黑。反正你也没说不同意，就等于默认了，就这么着吧。

　　雷允恭一溜烟又跑到刘太后跟前，撒了个谎："丁谓也没什么意见。"

　　至此，在雷允恭的一番倒腾下，赵恒的墓穴被挪了位置。


　　从史料上看，改变墓穴位置这事，确实发生得莫名其妙，雷允恭没拿开发商什么好处，也没人故意给他下套。就凭司天监的一句话，他就把自己给搭进去了。

　　分析雷允恭的心理，他也就是想在别人面前显摆一下自己的地位。

　　事实证明，随便显摆是要出问题的。


　　五月，真出大事了。

　　墓地开工后先是挖到了石头，好不容易凿掉石头后，又发现了地下水，根本就没法施工。

　　没办法，工程只能停工待命。

　　消息报到丁谓那里，丁谓叫苦不迭，他知道这全是雷允恭惹出来的祸，但事已至此，把这个猪一般的队友叫过来揍一顿也没用。这边赵恒的灵柩还等着入土为安呢。

　　骂完之后，烂摊子还得有人收拾。丁谓还想努力保一下雷允恭，就把事情压下来未报知刘太后，并强令施工的军民继续在原来的位置施工，企图蒙混过关。至于墓穴最终修成什么样，现在也顾不上了。

但纸终究包不住火，消息还是走漏了出去，有人向刘太后报告了实情。刘太后赶紧把丁谓叫过来问话。

刘太后一问，丁谓立刻装起了糊涂：

什么，挖出了石头和地下水？有这事？我马上派人去弄清楚。

丁谓装模作样地派了两个人去实地勘查。刘太后早就看出了端倪，立刻也派了两个亲信前去查看。

勘查组一回来，雷允恭闯出来的滔天大祸再也无法隐瞒。刘太后听后勃然大怒，立刻命多个高级官员再次勘查墓穴位置。

一群人回来后的意见还是很一致：那个地方根本就没法建墓穴，建议还是按照原来的方案施工。如此一来，延误工期的责任肯定得有人来承担。

修建皇陵这种事，一旦犯错，定性可大可小。

如果按重了说，那是对先帝的不敬，砍你多少次头都不过分。

如果要故意开脱，也不是不可以。小雷同志出发点还是好的嘛，只是考虑不够周全，工作方式有待改进，下次吸取教训就是了。

不管怎样，反正死人赵恒是不会发表意见的。

可问题是刘太后早就瞧这个狐假虎威的宦官不顺眼了，怎会放过如此好机会？

新仇旧恨一起算，雷允恭算是活到了头。


六月，雷允恭被拿下，罪名正是擅移皇堂（擅自改变皇陵位置）。

本着"破鼓乱人捶、墙倒众人推"的精神，雷允恭贪污公款、窃取宫内财物等腌臜事也被翻了出来。真是不查不知道，一查吓一跳，咱们顺便一起去清点一下：

共贪污侵占府库财物黄金三千一百一十两、银四千六百三十两、锦帛一千八百匹、宝珠四万三千六百颗、美玉五十六两——数量还真不少。

此外还发现，他把本应埋进陵墓的一条犀带、七十两药金（铜锌合金，外观与黄金相似），以及本应赏赐辅臣的三条玉带，统统放入了私人腰包——什么都敢拿。

事已至此，还说什么呢？处理结果简单明了：死刑，没收全部财产（杖死于巩县，籍其家）。

雷允恭到地底下去侍奉赵恒了，死不足惜。丁谓却被这事搞得狼狈不堪。

失去雷允恭，他丧失了宫内的重要支点。经过此事，他和刘太后之间的嫌隙已然半公开化，他的地位和权势大大动摇。

丁谓的心里顿时升起一种不祥的预感。

## 天涯海角

王曾见刘太后已经非常反感丁谓，就下定决心出手了。他搜集了丁谓的所有罪证，准备向刘太后专门禀报，以期一举扳倒丁谓。

然而，王曾发现，自己万事俱备，却始终缺少一个单独面见刘太后的机会。

因为自从雷允恭事发后，丁谓十分心虚，行事变得特别小心谨慎，每次率领宰执大臣向刘太后报告完事情，他都最后退场，就是为了防止别人告他的黑状。

为此，王曾绞尽脑汁，演了一出苦情戏。

从那时起，王曾每天上班都换成了一张苦瓜脸，平时和丁谓一起闲聊的时候，总是一副可怜兮兮的样子，有时还会挤出几滴眼泪来。

丁谓觉得很奇怪，就问王曾到底发生了什么事。丁谓每次问，王曾也不回答，只是摇头叹气。王曾越是这样，丁谓越发觉得奇怪。

丁谓一连问了好几次，王曾才吞吞吐吐地说："说来惭愧，家里有一件不幸的事，不好意思和别人说。我小的时候，是个孤儿，全靠姐姐养活。现在姐姐有个儿子不争气，入伍当了兵卒，经常在军队里受到责罚，日子过得很苦。每次回老家，姐姐都要和我提这件事……"

王曾说完，又抹起了眼泪（言讫，又涕下）。

丁谓听后，暗自发笑：我当多大个事呢，要说书呆子就是书呆子，你都当副相了，还搞不定这么件小事？

丁谓又对王曾说："那还等什么，写份申请，向太后报告下，除掉外甥的军籍，不就成了吗？"

王曾期期艾艾地回答："我已经位列辅臣，外甥这个样子，要我在朝堂上当着众人的面说出来，实在不好意思啊。"说完王曾又哭上了。

王曾的表演确实到位，眼泪一抹，竟引得丁谓同情心泛滥，忙安慰道："没事，这也算人之常情，也不用害羞。早点儿向太后说一声，也好早日俩外甥脱离苦海。"

听了丁谓的劝说，王曾还是不吭声。

终于，丁谓都看不下去了，给王曾出了个主意：下回奏事完毕，你单独留下来向太后禀奏吧（留身上前奏知）。

得了，要的就是你这句话！

王曾听到丁谓的劝说，心中一阵狂喜，不过为了不引起丁谓的怀疑，他抑制住了内心的激动，没有马上应承下来。

接下来的几天，王曾依然一副心事重重的样子，丁谓又开始劝他赶紧找个机会单独面见刘太后。

王曾皱着眉头，重重叹了口气："我难道不知道外甥当军卒是过一天苦一天吗？可我还是羞愧得说不出口啊。"

丁谓看着王曾那副忸怩的样子，简直比他还心急，催了好几次，王曾总是一副犹豫不决的样子。

折腾了一段时间后，丁谓都被这个磨磨唧唧的王曾惹烦了。某天上朝完毕后，他叮嘱王曾说："家里的事怎么可以一拖再拖呢，我在阁门外等你。"

王曾迟疑了一会儿，又看了看丁谓，意味深长地点了点头。

看着丁谓远去的身影，王曾长舒一口气。一年来的韬光养晦、隐忍不发，终于换来了反戈一击的时刻。

好的，就在今日吧！

我要为寇公讨回一个公道！

丁谓一走远，王曾连忙赶到刘太后跟前，揭发丁谓擅权乱政的种种恶行。刘太后其实已经非常反感丁谓了，这回有人站出来控诉他的斑斑劣迹，她正求之不得。

王曾在太后面前说了半天，把丁谓的新账旧账都捣鼓了出来。最后还不忘总结陈词："丁谓诡计多端，太后、陛下若不采取果断措施，可能会马上发生变乱，到时候不但我有性命之忧，恐怕江山社稷也是危在旦夕（不惟臣身齑粉，恐社稷危矣）。"

刘太后听后，频频点头称是。

王曾在里面告状，丁谓一直在阁门外等，可一直等到了中午吃饭，也没发现王曾出来。此时，丁谓才恍然大悟，猛拍大腿。

该死的书呆子！老子中计了。

回过神的丁谓赶紧向殿内跑去，正好碰上出来的王曾。此时的王曾早就没有了昔日的谦恭，看到丁谓连招呼都不打，只是狠狠地瞪了他一眼。

丁谓看到王曾的表情，已然明白了一切，不过他现在没工夫找王曾算账，他必须跑进去向刘太后解释。

慌慌张张的丁谓一路闯进殿内，一头跪在太后的听政帘前，极力为自己辩解起来……

奇怪的是，丁谓叽哩呱啦地解释了一通，帘内的太后却一声不吭。过了好久，才从帘后传来一个宦官的声音："相公在和谁说话呢？太后和陛下早就走了。"

啊?! 丁谓抬起头，仔细一看，才发现，帘后确实已经空无一人。完了，这回真完了。丁谓身子一软，瘫坐下来。

过了许久，丁谓才慢悠悠地站起来，在空旷的大殿内伫立良久，最终失魂落魄地走出大殿……

一生算计别人，到头来还是被人算计。

丁谓从不相信因果轮回，他自负才华，相信凭着自己的智慧，可以将所有人玩弄于股掌之间。然而，这回他才发现，他错了。

他将为自己的自负付出代价。

就在王曾告状的当日，太后下令免去丁谓的宰相之职，降为太子太保，外放洛阳。

丁谓灰溜溜地走了，从京城开封到了西京洛阳。

两年前，寇准被罢相时，也走了这条道路。然而，当时的丁谓并不甘心就这样放寇准悠闲养老，而是一手导演了寇准的颠沛流离，直至将寇准赶到人迹罕至的雷州。

天道好还，丁谓，你同样也不可能就此善终。

寇准已在雷州住了近半年。

读书、喝酒、高谈阔论，寇准的生活一如在道州的那个小楼里那般悠闲。虽然条件鄙陋，但寇准却豁达地享受着自己的平静岁月，他的生活似乎不会再起一丝涟漪。

八月的一天，仆人兴冲冲地跑进来，告诉了寇准一个惊人的消息。

寇准听完，心里咯噔一下，但他马上又恢复了往日的平静。

当天，寇准宣布，让所有的仆从都集中起来，关闭大门，摆开大桌，今天大家只干一件事——赌博玩乐。

想怎么玩就怎么玩，想怎么乐就怎么乐，但是有一条规矩——谁都不准离开家门半步！

寇准怎么会有这么反常的举动？只因他得到了一个消息。

丁谓将要路过雷州。

丁谓的日子十分不好过，外放洛阳不到一个月，他又被安上了一个勾结女道士、行为不轨的罪名。客观地说，赵恒在位的时候，引荐一些道士、术士之类的事情并不稀奇，丁谓以此获罪倒还真有点儿冤枉。

然而，政治斗争从来都是"欲加之罪，何患无辞"。而今，丁谓以往那些对付人的手段现在被如数用到了他自己身上。

丁谓最终得到的处置结果极具讽刺意味——崖州司户参军。

崖州，位于现在的海南三亚。

和寇准同样的职位，贬谪的地方却比寇准更远。寇准到了离海最近的雷州半岛，而丁谓还要漂洋过海。

要去崖州，必须路过雷州。

当寇准的仆从得到这个消息时，人人摩拳擦掌，誓要修理修理丁谓，替寇准出口恶气。

然而，寇准没有答应仆从的请求。他笑盈盈地坐在座椅上，温和地挥了挥手，示意仆从们去纵情玩乐。

在这里，我已经对一切释然。

山川河岳，起起伏伏，这就是人生吧。

秋风萧瑟，洪波涌起，潮起潮落，浪峰波谷。

这不正如我寇准的一生吗？

过去的是非、恩怨、争斗、爱恨，我不想再记起。

也罢，我不想再打破这份安宁。

也罢，就让他平静地走开吧。


寇准不想见丁谓，丁谓却想见一见寇准。寇准没有答应，只是派人给丁谓送去了一只蒸羊，供他路上食用。

丁谓得到寇准的答复，心中五味杂陈。此时，他才真切地感受到，此前那些卖弄心机、玩弄权术的行径是何等令人不齿，小人得志的丑态又是何等粗鄙，而自己又是何等渺小。

光明、磊落、大度、宽容，这些可贵的品质永远拥有震慑人心的力量，它能驱散灵魂深处的阴霾，让人走向善良。


寇准送走了丁谓，以一种特殊的方式。

他似乎已经完成了人生最后的使命。


大宋天圣元年（1023），即新皇登基后的第二年。

寇准的传奇人生开始走向尾声。

丁谓被贬后，刘太后对于寇准的处置态度开始松动，寇准迁回内地已经指日可待。

然而，寇准却没等到那一天。

就在那一年，寇准突然派人回洛阳老家去取一样东西。

一条腰带。

这根腰带是用一个罕见的犀牛角制成，一共只有两根，太宗赵光义把其中一根赐给了寇准。

腰带取来后，寇准穿上朝服，将这个心爱之物系在身上。

系上腰带的寇准仿佛又回到了朝堂，回到了宰相府，回到了烽烟四起的澶州……

春风得意的簪花少年郎，面折廷争的青年官吏，临危受命、力挽狂澜的宰相，饱经风霜、含冤忍辱的老人，终究定格在了天涯海角。

天圣元年（1023）闰九月七日，一代名相寇准去世，享年六十二岁。

就在寇准死后不久，朝廷诏令传来，允许寇准迁到内地。

只可惜，诏令晚了几个月。

寇准终究没有实现返回故土的愿望。

他只能把对故土的思念，化在酒里，融进诗词里。

### 江南春

波渺渺，柳依依。孤村芳草远，斜日杏花飞。江南春尽离肠断，蘋满汀洲人未归。

芳草远，杏花飞。离肠断，人未归。

离肠断，人未归。

人未归。

# 第八章 二人圣

## 太后当家

赵恒是在乾兴元年驾崩的，所以这个年号的有效期只有一年。

新朝新气象，第二年，宋朝必须按例改元。负责取年号的书呆子们纷纷开始咬笔杆、翻书本，要取个满意的年号确实不是件容易的事。

宋朝的年号越往后面越讲究，不但听起来要吉祥、典雅，而且字面意思还经常要和朝廷正在办的事情挂钩，比如"大中祥符"，那就是天书祥瑞之类的东西最流行的时候。

而这回，取年号的难度要远远大于过往。因为现在是太后和小皇帝一起坐朝，你得把两方面的意愿都照顾到才行。可是，年号一般也就两个字，撑死四个字，同时满足上述要求，谈何容易。

书呆子们很痛苦，抓耳挠腮了好一阵子，才把新年号搬出来——"天圣"。

"天圣"两个字有什么玄机呢？不忙，大家可以和我一起来做一个拆字游戏。"天"字可以拆成一个"二"字和一个"人"字，所谓"天圣"，就是"二人圣"。

言下之意，两个圣人共主天下。

要说有文化就是不一样，两个字，妇女儿童都照顾到了，马屁也拍到了，听起来还高端上档次。难怪，刘太后马上首肯了这个年号。

"天圣"这个年号，整整用了十年，和年号的政治隐喻一样，这十年也刻上了刘太后的鲜明印记，开启了宋朝太后垂帘的先河。

受传统观念的限制，刘太后刚刚当政的时候并不为人看好，可历史再次教育我们，性别歧视的观点真要不得。随着时间的推移，人们愈发意识到，眼前的刘太后绝不是一个简单的女人，她的手腕和能力丝毫不逊于一个成熟的政治家。

刘太后当政后处理的第一件事就是替丈夫收摊。赵恒生前搜集的那些天书祥瑞还在，现在人走了，这些无聊的玩意必须有个了断。当然，你不能实诚地说，这堆东西就是垃圾，建议按照废品处理。你得照顾先帝的形象和朝廷的颜面。

很快，关于此类收藏品的处理意见来了：

"专属先帝，不可留于人间，当从葬永定陵，以符先旨。"

刘太后的意思很明白，这些"好东西"都是先帝的私人藏品，统统按照陪葬品处理，一件不留。

如此一来，朝廷的面子保住了。而大小官僚只要智商正常，也该明白，那些装神弄鬼的把戏以后再也不流行了。

刘太后以一种体面的方式，宣布了那段荒诞岁月的结束，让朝廷重回正常轨道。

赵恒刚下葬，刘太后就把一些朝廷重臣叫了过来，当着众人的面，流着眼泪说："国家多难，如果不是大家同心协力，怎会有今天的太平日子？现在先帝的丧事办好了，你们可以把自己的子孙或者内外亲族的姓名报上来，我也好尽数例外推恩。"

在场的大臣听后，表面上陪着太后抹眼泪，心里却都乐开了花。宋朝的恩荫制度向来发达，高官子弟可以靠着关系获得一个小官职。但是，这种免费发放官帽的机会可遇不可求，主要看运气。如今，太后刚掌权就推恩，看来是要借机笼络人心。

在场官员谁都不希望错过这个好机会，对于太后的慷慨大方无不感激涕零。回到家里，他们纷纷拿出了"双十一"塞购物车的劲头，翻开家谱，狂抄名字，凡是沾亲带故的能写的统统写上，生怕错过了这次绝佳的官帽派发期。

名单报上去以后，所有的官员都在翘首等待太后替他们清空"购物车"。然而，各位左等右等，一直没等到什么好消息。后来一打听才知道，人家根本就没打算免费送官帽。

刘太后拿到名单后，让人工工整整抄了一份贴在墙壁上，每次收到官员任免的奏折，就拿着奏折和墙上的名单比对一下。

凡是墙上留名的，一律不用！

靠着关系做官，还要不要脸？都做梦去吧。

随着刘太后的权力日益巩固，宰执大臣也经历了一场大换血。在此，我们顺便来看一下真宗一朝群臣的各自归宿。

丁谓被赶到崖州之后，在政治上再也没有翻身，但他的运气还算可以，赶上了几次朝廷大赦的机会，不断内迁，于景祐四年（1037）病死于光州（今河南潢川），共活了七十二岁，当时已属高寿。

丁谓被远贬的时候，为了保证朝局稳定，刘太后宣布与"余者皆不问"，没有株连太广。只有任中正因为替丁谓说了几句话，受到薄惩，被贬官外放。钱惟演和太后攀上了亲，一心想当宰相，但因为此前依附丁谓，名声太差，所以终究未能如愿，最后领了个节度使的虚衔，同样被外放了。

至此，一度势焰熏天的原皇后党成员，在太后掌权后反而很快被一扫而空，颇具讽刺意味。

冯拯在丁谓走后，成了头号宰相，但只干了一年，就因为生病离职了。我们的老朋友王钦若居然枯木逢春，被拉过来当宰相，可是他的名声比钱惟演还臭，经常成为御史的炮轰对象，只干了两年，气病交加，去世了。

老臣中，撑得时间最长的要属曹利用，只可惜，他却成了结局最惨的一个。

曹利用为人很高调，经常摆老资格，得罪了刘太后身边的一些宦官。再加上他有个不成器的侄子，一次喝醉酒后穿上了黄色衣服，还让人们对他高呼万岁。那可是犯上作乱的大事，侄子自己没了小命不说，还牵连了曹利用。

天圣七年（1029），曹利用被连续贬官，最终落了个崇信军节度副使，房州安置。外放的路上，刘太后派了个宦官陪他，那个宦官正好和曹利用有过节，于是不断用言语刺激他。曹利用性格刚烈，受不了这份羞辱，一气之下，竟然在驿站上吊自杀了。

王曾可以算众人中最幸运的一个，从天圣三年（1025）起，他开始出任头号宰相，在位期间整顿吏治、举荐人才，办了不少实事，太后对他十分倚重。

可等到了天圣七年（1029），王曾也被免去了相位，理由竟然是因为一场安全事故。

那一年，玉清昭应宫发生了一场火灾，这个耗费巨大财力精力修建的宫殿，连同里面的园林、壁画、神像通通在一夜之间化为灰烬。

火灾究竟是怎么来的，当时也查不清，可古人把火灾看成老天的警示，认为是施政不当。作为百官之首，宰相得对此负责。于是，王曾就成了安全事故的责任人，被免除宰相之职，任吏部尚书、知兖州。

事实上，火灾只是一个借口。王曾被免，主要还是因为他和刘太后起了冲突。

在治国理政上，王曾其实和刘太后的理念差别不大，两人也一直相安无事。使他们之间产生矛盾的，是礼仪问题。

刘太后刚上位，就把自己的生日定为国家法定节假日——长宁节，庆贺的仪式和皇帝的生日乾元节一模一样。此外，太后还为自己安排了专用交通工具——大安辇，同时制定了新的仪卫规格，包含各类侍卫近千人，又享受了与皇帝同等的待遇。

按照现在的眼光看，生日派对搞得隆重点儿，交通工具风光点儿，属于女人正常的追求，也多花不了几个钱，没什么好较真的。而以王曾为首的大臣偏偏对这方面的事情特别在乎。因为，礼仪问题在古代是区分阶层地位的标志，天子从来独一无二，任何人吃的、用的、住的都不能向天子看齐，否则就会被视为有僭越的心思，属于严重的政治问题。

王曾支持太后掌握大权，但前提是太后能够尊重皇帝的权威。在内心深处，他从未放下警惕。一旦太后有成为第二个武则天的倾向，他势必挺身而出。

天圣二年（1024），王曾和太后发生了第一次正面冲突。当年，群臣为太后上尊号，尊刘太后为"应元崇德仁寿慈圣太后"。

一个虚名本身没什么，但在接受尊号的地点选择上，刘太后坚持要在天安殿进行，而王曾则提出反对意见，要求在文德殿进行。因为天安殿是皇帝受朝的地方，即使太后也没资格使用。

争了半天，最后决定，改为在天安殿发册，在文德殿受册。这一回合，基本采纳了王曾的意见。

天圣四年（1026）十二月，小皇帝赵祯对宰执大臣说："我打算在新年元日朝会时，先率领百官为太后祝寿，然后再接受朝贺。"

元日朝会，就是皇帝新年第一次接受群臣朝贺，如此重要的大朝会，怎么可以让位给一个生日派对呢？此话一出，几位辅臣一片沉默，心中暗暗叫苦。他们清楚，皇帝的表态其实就是太后自己的意思。

幸好，皇帝说完，刘太后自己客气了一句："怎么可以因为我的缘故推迟大朝会的举行呢?"

太后的这句话，属于典型的客套话，俗称废话，类似于拿了别人的礼物后，娇滴滴地来了一句，"您太客气了，那怎么好意思呢!"

然而，王曾的反应奇快，连忙跟了一句:

"陛下用孝道来敬奉母亲，太后以谦虚来成全国家体制，还是听太后的吧（陛下以孝奉母仪，太后以谦全国体，请如太后令）。"

此话一出，刘太后顿时傻眼了。

好你个王曾，你是不按套路出牌啊!

刘太后差点鼻子都气歪，一脸不高兴地回了宫，后来也不知道在皇帝那里嘀咕了什么，诏书一出来，仍然是先为太后上寿，然后举行朝会。

这个回合的较量中，太后通过耍横扳回了一局。


此后，王曾经常和太后发生龃龉，经常为了这个礼、那个礼的事情暗暗较劲，两人的关系是越来越差。

于是乎，到了天圣七年（1029），刘太后终于找了一个火灾的借口，把王曾给开了。

顶替王曾出任宰相的人，叫吕夷简。


## 母　亲


大中祥符四年（1011），宋真宗赵恒在汾阴祭祀地神，返回时经过洛阳，看望了在家休养的老臣吕蒙正（太宗、真宗朝共三次出任宰相）。

吕蒙正当时重病在身，将不久于人世。赵恒起了恻隐之心，想破格照顾一下他的后代，就问道："你的几个儿子谁可以重用？"

然而，吕蒙正的回答令赵恒颇感意外："我的几个儿子都不足任用。我有个侄儿叫吕夷简，倒是可堪一用。"

吕夷简，字坦夫，寿州（治今安徽凤台）人，太平兴国四年（979）生，咸平三年（1000）进士。

在受到推荐之前，吕夷简已经在地方上干了十年，但一直是七品左右的小官。自从他的名声传到皇帝耳朵里后（夷简由是见知于上），他的官职加速提升。

乾兴元年（1022），在王曾等人的力荐下，吕夷简出任副相，一干就是六年多。天圣六年（1028），他成为宰相。

通常情况下，一提到宰相，人们脑袋里都会蹦出"权倾朝野，位高权重"之类的字眼，反正是非常霸气。正因为如此，拜相是无数古代官员的终极梦想和奋斗目标。

然而，正所谓"城里的人想出来，城外的人想进去"。如果仔细品味历史，你会发现，宰相也不是好干的差事。

至少宋朝天圣年间的宰相是非常不好当的，他最主要的工作就是调和皇帝与太后的关系，既要把现任最高统治者（太后）伺候舒服，又要注意未来主子（皇帝）的感受，还要把各持己见的官员揉成一团，以保证朝局和国家的稳定。

好在老天爷还算照顾吕夷简，没什么大灾大患，日子还算过得去。可是，到了天圣十年（1032），吕夷简迎来了仕途上的一次终极大考。

皇上的生母李氏去世了！

我们说过，关于皇上的身世，其实是一个公开的秘密，皇宫内外，几乎无人不知，只有一个人却一直蒙在鼓里。

赵祯。

整整二十二年，皇子、太子、皇帝，无论赵祯的身份如何变化，始终没有一个人敢对他说出真相，没有一个人敢公开讨论他的身世，所有人都对此事噤若寒蝉，讳莫如深。

这是一个活生生的悲剧。

事实上，整个事件里，最可悲的并不是赵祯，而是她的生母李氏，那个躲在角落里、一直默默无闻的女人。

她卑微、老实、怯弱、与世无争，一如宫殿里的一粒尘埃，但并不代表她没有感情。

没有一个母亲不思念自己的孩子，她也一样。她想要看到孩子的笑容，她渴望能陪伴孩子的成长，但这些都只能是压在心底的愿望。无数个夜晚，她只能透过高高的宫墙，对着天上的明月自问：今生今世，是否还有母子相认的那一刻？

也罢，只要你能长大成人，只要你能成为有道明君，哪怕终生不认，又有何妨？

她无数次拭干眼泪，自我安慰。

只可惜，她终究没有等到那一天。

天圣十年（1032）二月，李氏因病去世。临死前一天，李氏进封宸妃，世称李宸妃。

围绕着李氏的死，吕夷简和刘太后展开了一场殊死角力。可以说，那是吕夷简自当上宰相以来，第一次如此激烈地对抗刘太后。

尽管李氏一直悄无声息地生存着，但刘太后将她视为一种威胁，始终心存忌惮。即便是李氏死后，刘太后也没有将李氏的真实身份公之于众。为了不引起过多人的注意，刘太后决定从简操办李氏的葬礼，只按照普通宫人对待。

吕夷简得到消息后，立刻觉察到了此事的严重性。在一日早朝过后，他故意留了下来，见旁人走得一个不剩后，他才压低声音，对太后说道："我听说宫里有个妃嫔死了，应当予以厚葬。"

刘太后一听吕夷简的话，立刻明白了他的意图，顿时面红耳赤，愤怒地站了起来，厉声斥责："宰相难道还管宫里的事情吗？"

当时，刘太后和赵祯仍是一起坐朝。她一说完，连忙拉着赵祯一起离开了，过了好一会儿，才独自走回来，恶狠狠地对吕夷简说道："死了一个宫里人，你一个宰相有什么好说三道四的？"

吕夷简答道："我是个待罪宰相，事情不分宫里宫外，都要管一管。"言下之意，这次就算因此获罪，他也要管一管。

刘太后见吕夷简如此强硬，更加生气："你为什么要离间我们母子呢？"

吕夷简一反常态，没有丝毫退让。他前趋一步，缓缓地说出一句："太后将来不想保全刘氏家族了吗？"

吕夷简的话看似委婉，其实犀利无比，他的每一个字都戳到太后的内心痛处。太后现在意气用事，难道就不为刘氏家族的将来考虑吗？太后百年之后，皇上身世之谜揭开，他一旦得知生母被如此敷衍对待，能不记恨于你吗？能不转恨刘氏家族吗？

刘太后读懂了吕夷简内心的质问，从羞愤中醒悟过来。她沉默了很久，答应吕夷简用一品礼安葬李氏。完事后，吕夷简还特地把管事的宦官叫过来，嘱咐让李氏穿上皇后的服装入殓，用水银来填充棺材。总之，一切都要按最高规格来做。

三月一日，李氏发丧的日子，吕夷简又和刘太后杠上了。

刘太后答应吕夷简高规格安葬李氏，属于违心之举，她心里还是不希望太多的人关注此事。于是在灵车出宫的事情上，太后又耍了点小心眼，下诏不准灵车走城门，而是找个隐蔽的地方，凿开一段城墙出城。

吕夷简时刻盯着这事，发现情况后立即制止了管事宦官，坚持要求灵车走西华门出城。宦官做不了主，连忙跑回去请示太后，太后也很强硬，坚决不答应！

管事宦官一摸头皮，连忙又跑到吕夷简那里回复。吕夷简比太后更硬，告诉他：灵车必须走西华门，赶紧再回去报告太后。

宦官一听，有你的，赶紧调头继续跑腿……

要说那天最倒霉的就数这位跑腿的宦官了，夹在刘太后和吕夷简之间，成了他们的人肉电话机，一连跑了三个来回。

当宦官第三次跑回来时，吕夷简得到的答复仍然是不允许。这回，他再也没兴趣和太后隔空扯皮，对宦官正色说道："宸妃是皇上的生母。如果治丧不符合礼仪规格，今后肯定会有人因此获罪，到时候别说我吕夷简没提醒你们（莫谓夷简今日不言也）！"

太后终究没有拗过吕夷简，只得答应让灵车从西华门通过。

经历了李氏入葬事件后，刘太后意识到，自己对朝局的掌控越来越力不从心。她能清晰地感觉到，在文武官员恭敬顺从的表象背后，人心所属正在悄悄发生变化。

是的，她已经步入暮年。有一个问题，她不想面对，但又不得不面对——皇帝亲政。

## 洗　牌

乾兴元年（1022），赵祯刚当上皇帝时是十三岁，到了天圣十年（1032），他已经二十三岁。

二十三岁，赵祯无论是身体上还是心智上都已趋于成熟，完全可以亲自处理朝政了。刘太后在刚刚垂帘的时候，也曾信誓旦旦地表示，只要等皇帝年纪大了，她就会主动让位，把权力交出来。

可是，权力是个比毒品还容易上瘾的东西。刘太后从真宗天禧年间开始掌控朝政，已经手握大权十多年，早就属于重度权力上瘾患者。想等她主动还权给皇帝，不等出个地老天荒、海枯石烂才怪。

太后一日不还政，人们的心里就一日不踏实，原本就不大和谐的两宫关系，愈发紧张起来。

尽管赵祯一直把刘太后当作亲妈，可两人的关系一点儿都不亲近。

说起来，这又是一个家庭教育的失败案例。

刘太后是个醉心于权力的女人，平时打理朝政还忙不过来，当然没精力抚养孩子。所以，从收养赵祯那天起，她就把具体的抚养事务交给了和她关系很好的杨太妃。赵祯平时叫刘太后为大娘娘，叫杨太妃为小娘娘。

从教育方式上看，刘太后是个不折不扣的虎妈。她性情严厉，对赵祯从小就管束得极为严格。

你想去玩，她给你安排了繁重的学业。

你想自由自在，她让人用礼法约束你。

你想谈场恋爱，她给你安排了一桩包办婚姻。

什么个性，什么爱好，什么特长，统统一边凉快去。

唯一值得庆幸的是，赵祯毕竟出生得早，还没有赶上奥数、英语之类五花八门的培训班，否则太后肯定会给他安排十个八个，那就更惨了。


在赵祯的记忆中，他的童年毫无快乐可言。虽然在物质上应有尽有，但他整日被困在深宫高院之中，耳边尽是之乎者也、仁义道德，一举一动还必须遵守繁苛的礼仪规范。围绕在身边的，除了严肃古板的老师，就是恭恭敬敬的侍从，了无生趣。自己的一切言行都尽在那个严厉母亲的掌控之下，犯点小错就要受到训斥，平时连母亲的好脸色都很难看到（未尝假以颜色）。

更过分的是，刘太后甚至还曾将一个宗室子弟收养在宫中，形同赵祯的备胎，似乎他一旦得罪母后，就连皇位也要被人取而代之。幸亏吕夷简巧舌如簧，说服刘太后把那个宗室子弟又送了回去。

因此，在赵祯的印象里，母亲没有慈爱，没有关怀，也没有温柔，只能使人畏惧和胆怯，让他始终战战兢兢地生活。反而是小娘娘杨太妃，宽容体贴，能够给他带来一丝久违的温暖。

富有天下的天子，其童年却唯独缺少母爱。

这是赵祯的悲剧，也是权力的悲剧。

皇帝渐渐长大，太后慢慢变老，这是不可抗拒的自然规律。天圣十年（1032），赵祯二十三岁，太后六十四岁，一个青春正茂，一个衰朽残年。种种迹象表明，皇帝亲政，已经只是时间问题。

八月二十三日深夜，一场突如其来的大火降临皇宫，一夜之间吞噬了八座宫殿，火势殃及皇帝和太后的寝宫，幸亏侍从通报及时，皇帝和太后才躲过一劫。

这场大火震惊朝野，一些胆子较大的官员开始借题发挥，大胆提出了太后还政皇帝的要求。其实，同样的要求此前也不是没人说过，只是当时太后尚精力旺盛，三下五除二，就把那些喜欢多嘴的官员统统贬到了外地。

而这回，太后明显感到，朝廷上支持皇帝亲政的呼声比以往任何一次都强烈，提出的理由也十分刺耳。按照五行循环相生相克的学说，我国各朝代喜欢以"水火木金土"为顺序来确定本朝的运势，宋朝自认是火德。一个以火德为运势的王朝，却发生了烧毁宫殿的大火灾，这些擅长借题发挥的官员于是借此大做文章。

"国家以火德王天下，火失其性，由政失其本。"

言下之意，太后再不把大权还给皇帝，就伤害了国家的根本。

一把大火，烧旺了要求皇帝亲政的呼声，也烧垮了刘太后的精气神。在一片反对声中，她的身体状况也出了大问题，短短几月内，竟然卧床不起。

尽管刘太后仍对自己的身体好转抱有幻想，依旧没有宣布还政皇帝，但事实上，她已经力不从心。就从她病倒的那一刻起，皇帝赵祯已经开始行使部分权力。

十一月初六，朝廷宣布改元，改"天圣十年"为"明道元年"。我们说过，使用新年号一般是从第二年开始，这种不逾年而改元的做法并不符合常规。显然，赵祯已经被压制得太久，他正迫不及待地迎来属于自己的时代。

明道二年（1033）二月，刘太后挣扎着从床上起来，最后一次赴太庙祭祖。这一回，她穿上了特制的衮服，头戴仪天冠，并亲自献上贡品。她已经意识到，自己即将走到生命的尽头。不久，她也将变成庙宇中一块冰冷的牌位，眼前的荣华富贵、显赫威风，连同自己富有传奇色彩的一生都将烟消云散。

三月二十六日，刘太后病危。

三月二十九日，垂帘十年的刘太后撒手西去。

诡异的是，刘太后对赵祯似乎特别不放心，居然立下遗诰："尊太妃为皇太后，皇帝听政如祖宗旧规，军国大事与太后内中裁处。"

照此执行的话，皇帝还是不能独揽大权，后面又多了个小娘娘杨太妃。好在此时皇帝亲政已经是满朝上下众望所归之事，杨太妃又是个对政治毫无兴趣的女人。很快，遗诰中的最后一句被彻底删除。

自此，二十四岁的赵祯终于走到了历史前台，成为真正的一国之主，君临天下，乾纲独断。

赵祯亲政后不久，他立刻得到了一个惊人的消息——李宸妃才是你真正的生母。

具体是谁把这个秘密告诉了赵祯，有两种说法，一种说法是杨太妃，一种说法是他的皇叔赵元俨（赵光义第八子）。究竟是谁说出来的，已经不再重要。其实大家心里都清楚，刘太后殡天之日，就是真相揭开之时。

唯一令人惋惜的是，可怜的李宸妃没有等到那一天。

赵祯得知真相后，感到无比震惊、愤怒。堂堂天子，居然被整整欺瞒了二十多年！尽人皆知，唯独自己不知！

他更为自己的母亲遭受了二十多年的委屈而悲痛自责，乃至连续几天痛哭流涕（号恸累日不绝）。

羞愤过后，赵祯的第一件事就是赶往安放母亲灵柩的洪福院，看望自己的生身之母。棺木徐徐打开，李宸妃的尸体因为有水银的浸泡而未腐烂，仍能看清她的容貌（容貌如生）。赵祯第一次如此近距离地端详自己的母亲，思念、悔恨、无助，种种复杂的心情涌上心头。他再也无法抑制内心的悲伤，扶棺痛哭不止。

母亲，您才是我的母亲啊，我来看您了……

四月初七，赵祯下诏，追尊自己的生母李氏为皇太后，改葬永定陵。在安葬前，他又三次到洪福院哀悼生母，每次悼念，都泣不成声，难以自制。

紧接着，赵祯又下了一道诏令，要将生母李氏的牌位放入太庙。他想让自己的母亲在死后享受生前从未有过的尊荣，最大限度地弥补自己心中的遗憾。

然而，这道诏令一出，却让太常礼院的官员犯难了。因为太庙是皇帝供奉祖先的家庙，按照礼仪规范，每个皇帝身边只能有一个皇后一起接受祭祀。真宗赵恒旁边，当然放着刘太后的牌位。你现在要把自己亲妈放进去，势必要把刘太后赶出来，名额有限，给谁都不太好。

就为这么一个问题，一堆大臣讨论来、讨论去，最终总算憋出了一个方案：刘氏、李氏的牌位都不要放进太庙，太庙的位置还是让给赵恒的第一位皇后郭皇后。另外再建一个奉慈庙，专门供奉刘、李两位太后。

太常礼院的官员结结实实地和了一把高难度稀泥，也幸亏真宗赵恒还有过一个郭皇后，否则这个难题还真解不开了。

真相大白后，在赵祯眼里，刘太后成了隔离其母子亲情、侵夺皇权的罪魁祸首，他对她充满厌恶。此时，吕夷简又义务充当了一次灭火器，力劝赵祯要顾及朝廷体面，别干什么出格的事情。毕竟，刘太后对其有养育之恩（名义上）；毕竟，刘太后帮助他打理了十年江山，没有功劳也有苦劳；毕竟，生母李宸妃也得到了高规格的礼葬。

在吕夷简的调和下，一场对刘太后的政治清算最终得以避免。然而，死人刘太后动不得，活人总是逃不掉的。

于是乎，一场大规模的人事洗牌迅速席卷朝廷上下。

那些因为冒犯太后而受到贬谪的人纷纷得到平反昭雪，被贬者官复原职，外放者召回朝廷，哪怕已经故去的，也被恢复名位。那些曾经谄媚太后的人则被一一清算，大多数都准时领到了贬官加外放的组合套餐。

赵祯，这位年轻的皇帝，正迫不及待地扫清太后执政时期的影响。

四月二十四日，赵祯再次祭出大手笔，当朝宰执班子一共九个人，他一口气罢免了七个，来了一次彻底大换血。

让所有人不解的是，留下来的两人中居然没有吕夷简。

作为首席宰相，吕夷简自认为当政期间很好地平衡了太后和皇帝之间的关系，从未依附太后，也没干过对不起皇帝的事情。而且，皇帝确实对他也十分信任，就在几天前，还为调整宰执班子的事情征求过他的意见。

制令宣布的时候，吕夷简还在朝会上领班。当他听到自己的名字时，大吃一惊。

这回，怎么自己也成了被罢免者中的一员呢？

## 废后事件

要说吕夷简被免，确实很冤，仅仅是因为遇到了一场大风而已——枕边风。

赵祯的皇后姓郭，不知什么原因，郭皇后似乎对吕夷简印象不太好。当赵祯开展大清洗的时候，她在赵祯耳边来了一句："吕夷简难道就没依附太后吗？只不过他心眼比较多，善于随机应变罢了。"

赵祯刚从被蒙骗的感觉中醒来，觉得身边人人可疑，一听郭皇后的话，觉得也有道理。于是，一声令下，将吕夷简也加入了换岗名单。

好在吕夷简在朝内很有人缘，政绩也是有目共睹，仅仅过了半年，他又官复原职，重新担任宰相。

吕夷简复相后，对那阵莫名其妙的枕边风耿耿于怀，从此和郭皇后结下了梁子。

没想到，仅过了两个月，吕夷简就等到了一个报仇的好机会。

明道二年（1033）十二月，宫里传出了一个惊人的消息，赵祯要把结发十年的郭皇后废黜了！

清洗官员可以理解，怎么连老婆也不要了呢？此事说来话长，我们还得从赵祯辛酸的婚姻经历说起。

赵祯早年结识了一个王姓女子，十分钟情。很可惜，那个时候并不流行自由恋爱，皇帝也不例外。赵祯的结婚申请没有通过刘太后的审批，初恋转眼变成了前任。更让赵祯沮丧的还在后面，事后，刘太后竟然把那个王姓女子许配给了刘从德。这刘从德也不是外人，正是刘太后前夫刘美的儿子。

棒打鸳鸯也就算了，还把人家的心上人转手送给了前夫的儿子，这算哪门子事啊？刘太后这波操作，换谁谁都生气。

到了天圣二年（1024）九月，刘太后打算给十五岁的赵祯安排一个皇后，初定候选人有两个，一个郭氏，一个张氏。经过一番比较，赵祯更中意张氏。可是，赵祯说了依然不算，刘太后自作主张，立郭氏为皇后，也就是现在的郭皇后。说起来刘太后这次做得真是莫名其妙，早知如此，你干吗让赵祯做选择题呢？

两次被干涉婚姻自由的赵祯无奈地接受了郭氏。偏偏郭氏又不是一盏省油的灯，平时总是盛气凌人，还仗着有太后撑腰，干涉赵祯去找其他后宫佳丽。自己讨人嫌也就罢了，还想剥夺皇帝最看重的这项"福利待遇"。如此一来，两人的关系当然好不到哪里去。

刘太后一死，赵祯终于迎来了好日子，乘着大好形势，自然是广洒雨露，后宫里的女人开始纷纷得到宠幸，其中有一个姓尚的美人最为得宠。

要说郭皇后确实缺心眼，明明形势发生了重大变化，她偏偏毫无敏感性，依然在后宫里欺行霸市，搞垄断生意。为了争宠，郭皇后和尚美人相互忌恨，经常斗嘴。

有一天，两个女人又打翻了醋坛子，吵得不可开交，吵着吵着，文斗变成了武斗，两人居然打了起来。赵祯当时也在场，想要起身阻拦，不巧郭皇后一巴掌扇过去，落到了赵祯的脖子上，还留下了手指甲的抓痕。

打到了皇帝，那还了得？赵祯本来就偏心尚美人，这回新仇旧恨一起算，一怒之下要废了郭皇后。

废除皇后是件大事。在传统观念里，皇后和太子一样，关乎朝廷的稳定，不到万不得已，是不能随便更换的。赵祯不敢独自决定，就把宰执大臣招来商量。为了增强说服力，赵祯还特意把脖子上的伤痕亮了出来，供各位宰执大臣观赏，让几位大臣客串了一回刑事案件的陪审团。

吕夷简正愁没机会报复郭皇后，当即进言："光武帝，是汉朝的明君，他的郭皇后仅仅是因为抱怨几句就被废了，何况您的郭皇后打伤了您的脖子呢？"

吕夷简口中的"光武郭皇后"，是指汉光武帝刘秀的第一任皇后郭圣通。刘秀称帝后，本想立自己更中意的阴丽华为皇后，只因阴丽华的谦让，才立了郭圣通。郭圣通当了十七年皇后，又被刘秀找了个借口废掉，他最后还是把阴丽华立为皇后。

关于刘秀坚持真爱的故事就不多讲了。啰嗦了那么多，就为告诉大家一点：此郭和彼郭的情况完全不相同，根本没什么可比性。

吕夷简纯属偷换概念，却正合赵祯的心思，两边一合计，于是最终商定废后。当然，理由必须得重新找一个，夫妻吵架、家庭暴力之类的毕竟摆不上台面。

十二月十六日，废后诏书正式下发，主要内容为：郭皇后因为九年来没生出儿子，自愿加入道门（以无子愿入道），特封净妃、玉京冲妙仙师，赐名清悟，别居长宁宫。

吕夷简料到自己这么做肯定会引起大批官员的反对，就提前下令让人拒收相关奏议（先敕有司无得受台谏章疏）。

宋朝的台谏官员从来是特别较真的群体，怎么可能你说拒收就拒收？不过，你拒收也没关系，我们送货上门！

于是，一批台谏官员联合起来，气势汹汹地往宫里闯，管门的宦官见势不妙，连忙紧闭大门。台谏官也不管你关门歇业，猛叩大门的铜环，大声喊道："皇后被废，为什么不听台谏的意见？"

赵祯本来就心虚，一看来者不善，就又把皮球踢给了吕夷简，下旨让台谏官到中书去找宰相说事。

台谏官们调转枪头，一起杀到了吕夷简跟前，指着他的鼻子骂道："你不就是拿汉光武帝说事吗？这事光武帝本来就干得不地道（光武失德），有什么好仿效的？随意废除皇后，从来都是昏君才会干的事，你怎么可以教唆皇上学习昏君呢？"

吕夷简知道，论吵架，自己一个人绝对不是这些职业选手的对手，于是赶紧客客气气地作揖，耍起了滑头："嗯，这事我也不太清楚，要不你们还是明天自己上殿跟皇上去说吧。"

好呀，搞了半天，吕夷简又隔空把球踢给了赵祯。

典型的推诿扯皮、衙门作风！

台谏官都是一根筋的老实人，也没多想，反正明天上殿了，你们两个人都在，看你们还怎么推？！

先回家，积蓄口水，明天再战！


吕夷简看着台谏官们远去的背影，脸上露出了一丝狡黠的微笑：哼哼，明日上奏？那也得看你们有没有机会。

第二天清晨，憋了一夜的台谏官还在待漏院（官员早上集中起来准备朝拜的场所）做热身运动，最终却没等来上朝的号令，而是等来了一道圣旨。

旨意很简单：带头闹事者，贬官外放；其余参加者，通通处以罚款（各罚铜二十斤）。

圣旨刚下来，拿着敕令的官员已经准备好了，当日就得执行。

在外放的言官中，有一个人被安排到睦州（今浙江建德、桐庐、淳安等市县地）担任知州。他接到贬谪的敕令后，既没有义愤填膺，也没有怨天尤人，而是心境平和地离开了京城。到达睦州任所后，他立刻按例给皇帝写了一份《睦州谢上表》。

在这封谢表里，他并没有为自己冒犯皇帝而检讨，反而倔强地宣称："我不是不知道，触犯天子的人可能招来最严酷的诛罚。但是向上谏言是臣子的职责，即使有死亡的危险，也不敢回避（理或当言，死无所避）！"

理或当言，死无所避！

看到如此披肝沥胆的回复，赵祯也不免为之动容。他默默地合上了谢表，又认真地记了一遍上奏者的名字：

范仲淹。

# 第九章 天下、己任

## 求学少年

明代开国皇帝朱元璋以残忍嗜杀闻名，许多臣子因触怒龙颜而丢掉性命。然而，明代史料《皇明朝野纪略》中却记载了这样一则故事：苏州有个叫范文从的人，官至御史，因为违背了朱元璋的旨意而被下狱论死。当朱元璋复核死刑档案时，注意到了范文从的姓名和籍贯。他连忙把范文从传到跟前，问道："你不会是范文正公的后人吧?"范文从回答："我正是范仲淹的第十二世孙。"朱元璋听后沉默了一会儿，他命人取来锦帛，亲自在上面写下"先天下之忧而忧，后天下之乐而乐"十四个大字。写完后，朱元璋把字赐给了范文从，并下谕："免除你五次死罪（免汝五次死)!"

范仲淹，字希文，苏州吴县（今江苏苏州）人，北宋杰出的思想家、政治家、文学家。尽管宋朝是个名臣辈出的时代，但能够同时获得以上三个光环的，也就两人而已。

太宗端拱二年（989），范仲淹出生在一个底层官员家庭。父亲范墉本是吴越国的一个小官，吴越归降后，他继续在宋朝当差，终其一生，只做了个从八品的节度掌书记。范墉有五个儿子，范仲淹是最小的一个。

历史上很多干出一番大事业的人，都曾经受过一段艰苦的磨砺岁月，而范仲淹的早年经历，堪称苦学成才的典范。

就在范仲淹出生的第二年，父亲范墉就去世了，家里失去了经济支柱，生活条件顿时大不如前。范仲淹的母亲谢氏本是范家的小妾，在家中没有什么地位。范墉去世后，把持范家的是范墉的正室陈氏及其子女，范仲淹母子二人在家中的处境更加艰难。

淳化四年（993），谢氏再也无法在范家立足（贫苦无依）。她带着五岁的范仲淹改嫁到了一户朱姓人家，从此范仲淹改姓为朱，名说（yuè）。

来到朱家以后，范仲淹母子二人的生活状况并没有得到太大的改观。继父朱文翰只是一个小小知县，却要养活一大家子人，经济也不宽裕。

小范仲淹并不知道自己的身世。他只知道，自从他记事开始，母亲就很少说话，只顾埋头操持家务，教育自己好好读书。他印象最深的是，母亲做任何事情都小心翼翼，她总是不厌其烦地告诫自己，在家里必须时刻注意自己的言行，凡事必须学会宽容忍让。

八岁那年，范仲淹开始在一个道观里接受开蒙教育。他的读书故事不像寇准、张咏那般曲折，更没有发生因为贪玩而被母亲扔秤砣的经历。范仲淹从小乖巧懂事，学习非常自觉刻苦。用现在的眼光看，他绝对属于那种不需要父母老师操心的学生。所以说，因为辅导家庭作业而母子反目的桥段是不会发生在范仲淹身上的。

景德元年（1004），继父朱文翰任淄州长山（今山东邹平县）知县，范仲淹和母亲也跟着来到了长山。此时，范仲淹已经十六岁。在那段时间里，他在附近的醴泉寺中勤学苦读。

有朋友可能会有疑问，范仲淹为什么跑到寺庙里去学习呢？科举考试也不会考佛经嘛。其实，这种现象在当时一点儿都不奇怪。

从唐代开始，文士到寺庙中读书生活就很普遍，一来因为寺庙往往建在清净优雅之处，学习环境很不错；二来寺庙里的僧人也比较乐意接纳一些文人雅士。宋朝建立后，赵匡胤对佛教的态度要比周世宗柴荣宽容得多，僧人和寺庙又逐渐繁盛起来。当时很多寺庙拥有自己的田产，经济来源稳定，甚至会给前来读书的学子提供一些简单的饭菜。有些学子后来出息了，还会拿出些田产回馈曾经住读过的寺庙，颇有点儿向母校捐款的意思。

如此一来，寺庙成了许多学子，尤其是贫家子弟的首选学习场所。在醴泉寺苦读期间，范仲淹留下了著名的"划粥断齑（ji）"的故事。这个故事说的是范仲淹的生活条件异常清苦，每天晚上他都会煮上两升米粥，等到第二天清早，米粥在锅里凉透凝固了，再拿出小刀把粥分成四块，早晨、傍晚各吃两块，一日两餐，即所谓的"划粥"。下饭的菜就更简单了，就是弄点腌菜，捣成碎末，拌上一点盐和醋，此所谓"断齑"。

到了大中祥符三年（1010），范仲淹已经二十二岁了。那一年，他做出了一个重要决定——前往应天书院求学。

在这里，我们不得不停下脚步，来了解下书院的情况。

书院是古代的一种教育机构，唐朝时就已经兴起，功能类似于现在的学校。书院也有官办和私立之分，甚至还有公私合营的。宋朝初年，官办书院很少，私人创设的书院却很繁荣。

当时的一些大书院非常讲究格调，它们一般由著名学者主持教学，一边辅导学生，一边还要研究发扬自己的学说，堪称教学科研两不误。书院的选址也不简单，往往依傍名山胜水，教学环境十分优雅。比如，著名的江西庐山的白鹿洞书院，湖南长沙岳麓山下的岳麓书院、河南嵩山的嵩阳书院，等等。书院的执掌者也不称院长、校长，你得管他叫"山长""洞主""山主"，听起来非常玄乎。

当然，回到现实中，我们也得承认，大多数书院还是以应付科举考试为中心的。甭管你培养出了多少个大儒，人家只跟你谈科举成绩。嗯，今年三甲上线率多少？同比增长多少？考上一甲的有几人？比不过，你还是安心回你的"洞里"反省去吧。

范仲淹要去的应天府书院当时也很出名，它和前面提到的三个书院一起，被后人称为"北宋四大书院"。

范仲淹决意外出求学，除了想提高学识外，更因为受到了一次极大的精神刺激。

一直以来，范仲淹都近乎严苛地要求自己，恭敬待人，生活俭朴，勤奋好学。他十分自律地执行着儒家的道德标准，一刻都未曾放松。

然而，在一个大家庭里，毕竟不是所有人都能像范仲淹一样。继父朱文翰还有几个亲生儿子，他们就经常会干出点儿奢侈浪费的事（浪费不节）。范仲淹看见了，总要忍不住去劝阻一下（数劝止之）。

有一次，范仲淹又去劝阻朱家兄弟。这回，朱氏子弟们不乐意了，他们不屑地看了范仲淹一眼，带着嘲弄的口气回怼道："我们用的是朱家自己的钱，关你什么事？"

听到这句话，范仲淹顿时愣住了。其中的弦外之音他自然能感受到。就在那一瞬间，他明白了一切！

为什么母亲总是隐忍，地位这么卑微？

为什么她总是心事重重、若有所思？

为什么她经常对我欲言又止？

为什么朱氏子弟总是用一种异样的眼神看待我？

······

如今，这些都有了答案。

范仲淹从母亲口中知道了自己的身世。他终于明白自己并不是朱家子孙。原来，母子二人一直过着寄人篱下的生活。

但是，这种自卑的感觉并未在范仲淹心头停留太久，它立刻转化成了范仲淹心中不可遏止的责任感（感愤自立）。

人的一生，总会遇到几次重大的变故，它让你在瞬间得到成长；它会唤醒你沉睡在心里的自尊，隐藏在胸中的梦想；它会让你醍醐灌顶，刹那间看清世间的纷繁复杂。

在遇到变故前，你可能懵懂无知，可能怯弱不自信，而此刻它会让你抛去一切杂念，勇敢地去追求自己的梦想。

范仲淹是一个低调的人，但自尊心极强。知晓身世，是他遇到的第一次人生变故。

从此，自强的雄心像烈火一样在他胸中燃起，光焰万丈，经久不息。

范仲淹决定通过科举之路来出人头地，为自己也为母亲赢得更好的生活。

出发前往应天府时，母亲谢氏心中不忍，几次想要挽留，范仲淹的决心却无比坚定，面对不舍的母亲，他只说了一句话：

"十年之后，待我进士及第，再来迎接母亲！"

来到应天府书院后，范仲淹读起书来更加废寝忘食，每当倦意袭来时，他就用冷水洗面，擦干后继续读。读书，已然成了他生活中的唯一内容。在书院的五年里，范仲淹的学问突飞猛进，他变得学识广博，还练就了一手出色的文笔。

大中祥符七年（1014），也是范仲淹在书院中学习的最后一年。当时的皇帝赵恒还迷恋着装神弄鬼之类的把戏，这一年，他正巧来到应天府朝拜圣祖殿。

皇帝驾到，对地方上的平头百姓来说，那是天大的新闻。在没有电视、电脑的古代，大多数人终其一生都无法知道皇帝长什么样，更不可能看到威风无比的皇家仪仗。

赵恒的到来，引得应天府万人空巷，满城的百姓都围在了銮驾经过的地方，争着一睹龙颜。就连应天府书院里的学生也不例外，纷纷丢下书本前去凑热闹。

热闹过后，意犹未尽的学生都回到学舍，他们这才发现，那个范仲淹竟然从未起身过，一直在专心致志地看书，仿佛外面的喧嚣和他没有任何关系。人们很奇怪地问道："你为什么没出去看一眼呢？"

范仲淹的回答，依然只有一句话：

"皇帝总是要见到的，将来再见也不晚。"

当范仲淹说出这句话的时候，他的目光已经不仅仅局限于"科举做官"。在艰苦的求学经历中，他不仅从书本中汲取了智慧，更在心底里埋下了一生的理想。

他日，我必成天子辅弼，致力于天下太平，惠泽百姓苍生！

范仲淹所不知道的是，他的信念和理想，正不自觉地把宋朝的文治精神推向一个新的高峰。

## 共治天下

范仲淹在书院读书的时候，宋朝已经立国五十余年，历经三代君主的积淀，文治的风尚早已深入人心，文人的地位空前提高，崇文的氛围空前高涨。

如果说宋朝初年，赵普等没有科举功名的官吏还能在朝廷占据一席之地的话，那么，到了宋仁宗时期，科举出身已经成为当上朝廷高官的必要条件。

对这些通过苦读诗书而步入仕途的人，我们有一个更标准的称呼——士大夫。无论他们的政治观点如何尖锐对立，无论他们之间有如何不共戴天的公私恩怨，这份共同的身份意识是不变的。

在前面的故事里我们也看到了，不管是口碑不错的寇准、王旦，还是臭名傍身的丁谓、王钦若，他们有一点都是一致的——科举出身。即便是丁、王二人，尽管他们的人品如何为人不齿，但谁都无法否定他们二人的才华。丁谓的多才有目共睹，而王钦若则是《册府元龟》的主编。

换句话说，如果你不学无术，只知道溜须拍马，别说忠臣贤臣远离你，就连奸臣贼子也看不上你，你想找个地方出卖灵魂，都没人肯收。《宋史》的"宰辅表"里列出了两宋133名宰相，其中科举出身的高达123名，占比92%。你说，你不好好读书，怎么混进这个高端圈子？

其实，不仅做宰相要靠科举出身，其他稍微显要一点儿的官位，都是如此。士大夫已然成了维系帝国机器运转的最核心部件。所以，有宋朝人发出感叹："今世用人，大率以文词进。大臣，文士也；近侍之臣，文士也；钱谷之司，文士也；边防大帅，文士也；天下转运使，文士也；知州郡，文士也。"

此所谓"与士大夫共治天下！"

这条定律，业已成为宋朝统治者的治国之本，成为每个赵氏皇帝必须遵循的"祖宗家法"。

在祖宗家法的保障下，宋朝科举制度的公正性和开放性也是任何一个时代不可比拟的。无数寒门学子通过科举入仕，一跃成为天子辅臣。

"万般皆下品，惟有读书高""朝为田舍郎，暮登天子堂""满朝朱紫贵，尽是读书人"，这些不再是儿童口中的诗句，而是一个个活生生的现实。

经过几十年的积累，读书人群体的内心对赵宋王朝充满了认同，他们不仅仅把科举入仕当作改变个人命运的机会，更把它当作实现治国抱负、实践自身理想的路径。

士大夫中的最杰出者将"士为知己者死"的信条投射到对赵氏王朝的忠诚上，同时，他们的视野跳出了个人的荣辱得失，将造福天下苍生作为自己的最高追求。

此所谓"以天下为己任！"

这个信念，扎根在无数读书人的内心深处。他们决心倾尽一生所学，兑现自己的承诺。

范仲淹，是吹响号角者。


命运没有辜负范仲淹的付出。大中祥符八年（1015），二十七岁的范仲淹第一次参加科举，就进士及第。当年，他被任命为广德军（今安徽广德）司理参军，从此走上仕途。

上任后，范仲淹做的第一件事就是赶紧把母亲接到身边一起生活。此时，母亲谢氏已经年老体衰，双眼近乎失明。他边照顾年迈的母亲，边处理繁琐的政务。

　　三年后，范仲淹调任集庆军（今安徽亳州）节度推官，在那段时间，他奏请朝廷同意，恢复了自己的"范"姓。

　　在这里，我们有必要说明一下，范仲淹刚出生时的本名是什么，他是否有过正式的名字，已经无从知晓。我们现在口中的"范仲淹"是他在恢复"范"姓后，自己重新再取的。范仲淹非常推崇南朝的著名文士江淹，因为江淹幼时贫穷孤苦的经历让他感同身受，心有戚戚然。故而，他取名"仲淹"。

　　至此，"朱说"才变成了闻名遐迩的"范仲淹"。

　　天圣四年（1026），范仲淹的母亲谢氏去世了，按照规定，他需要为母亲丁忧守制三年。范仲淹丁忧的地方就在应天府（今河南商丘），这是他曾经求学苦读的地方。

　　正是在丁忧期间，范仲淹遇到了一个对他的仕途产生巨大影响的人——晏殊。

　　晏殊，字同叔，抚州临川（今江西抚州）人，淳化二年（991）出生。

　　喜欢诗词的朋友一定知道，他是北宋著名的文学家，婉约派词人的杰出代表。提到晏殊，恐怕很多人都会情不自禁地吟出"无可奈何花落去，似曾相识燕归来""昨夜西风凋碧树，独上高楼，望尽天涯路"等脍炙人口的名句。或许，我们还会想起，晏殊还有一个文学才华同样光彩照人的儿子——晏几道。

　　晏殊是宋朝有名的神童，从小聪慧过人，七岁就已经会写各种文章。十四岁的时候，晏殊经人推荐，参加了童子举。童子举是宋朝科举中比较特殊的一种,专门为十五岁以下的天才儿童而设,有点类似于现在的中科大少年班。

晏殊顺利通过重重考验,获赐同进士出身,年纪轻轻就得到了一顶官帽。晏殊的经历,放到宋朝,属于标配版的成功人生,他也成了很多人口里的"别人家的孩子",招来各种羡慕嫉妒恨。

走入仕途的人都知道,资历就是资本。因此,虽然从年龄上看,晏殊比范仲淹还小两岁,但因为参加工作时间早了整整十一年,当时他的官位要比范仲淹高得多。晏殊此前已经担任过枢密副使,天圣五年(1027),他因为一件礼仪上的小事,被罢去了职务,任知应天府。

晏殊到了应天府后,开始大力兴办教育。晏殊早就听说过范仲淹的名字,对他十分欣赏,就邀请他到应天书院担任主管。范仲淹对于这个自己曾经就读的书院充满了感情,欣然接受了晏殊的邀请。

天圣六年(1028)十二月,范仲淹丁忧期满,来到京城等待重新分配官职。在晏殊的推荐下,范仲淹得以留在京城,担任秘阁校理。

我们在介绍宋朝官制的时候说过,秘阁校理属于馆职序列。若非科举名次靠前,或者文才名声卓著,一般人是无法谋得的。一个官员被授予馆职,就相当于坐上了升官的快车道。只要你安安稳稳工作,高官厚禄迟早是你的。

然而,范仲淹却和常人大不相同。自从得到馆职后,他的仕途反而风浪陡起,也把表面平静的宋朝政坛搅得天翻地覆。

## 此行尤光

范仲淹掀起的风浪，要从他的三次被贬说起。

天圣七年（1029）十一月，秘阁校理范仲淹听到了一个消息：皇上将率百官在会庆殿向皇太后祝寿。

听完以后，范仲淹觉得这事不太妥当，就上疏发表了意见：

"天子有事亲之道，无为臣之礼；有南面之位，无北面之仪。若奉亲于内，行家人礼可也；今顾与百官同列，亏君体，损主威，不可为后世法。"

话比较长，翻译一下：皇上可以侍奉长辈亲人，但不应该成为一个臣子；皇上应该南面称尊，而不应该像臣子一样向北叩拜。如果在内殿向太后行家人礼，那是可以的。现在让皇上和臣子一起向太后行礼，有损做君主的权威，不应该被后世效法。

简而言之：太后要摆谱，还请回家去摆。在这里，我们只知道皇上才是老大！

听了范仲淹的一席话，相信所有人都会发自内心地感慨：我墙都不扶了，就服你。

天圣七年（1029）呐，那可是刘太后和"保皇派"大臣对立最尖锐的时刻！曹利用被贬自杀，王曾被罢去相位……双方已经是撕破脸对着干。如此充满火药味的朝局，任谁说话都要字斟句酌，生怕擦枪走火。

而刚到京城一年的范仲淹，拿出了"初生牛犊不怕恐龙"的勇气，直接和刘太后怼了起来。

要知道，即便是宰相劝谏太后，也得用非常婉转的表达方式啊。如此顶撞一个怒气冲冲的老妇人，真是不想混了。

范仲淹的大胆把推荐他的晏殊吓得半死。他赶紧把范仲淹叫了过来，让他悠着点儿，别那么轻狂。范仲淹回答得有礼有节："我承蒙你的推荐，生怕自己干得不够称职，辜负了你对我的信任。真想不到，我今天还会因为做事忠诚正直而把你得罪了！"

晏殊被范仲淹说得哑口无言，但他并未被完全说服。晏殊甚至认为，范仲淹只不过是想通过这种出格的言论引起大家的注意，为自己捞点儿虚名。然而，很快晏殊就发现自己的判断是错误的。

不久，范仲淹再度上疏——请皇太后还政！

如果说范仲淹第一次上疏是在朝廷里引爆了一个炸雷的话，那么，这回范仲淹成功引爆了一个原子弹！范仲淹说出了很多人想说而不敢说的话，所有人都被他的勇气所折服。

人们这才意识到，眼前的身形瘦弱的小官，是一个内心无比坚定的人，一个无所畏惧的人，一个纯粹的人。在他的身上，有一股澎湃的正气，不可遏制！

毫无疑问，范仲淹的几次奏疏深深触怒了刘太后。幸亏宋朝政治氛围开明，掉脑袋的事情还不至于发生，但是什么馆职、什么前途之类的事情就别想了。

天圣八年（1030），范仲淹被外放任河中府（今山西永济）通判。离开京城时，一些敬佩他的朋友纷纷前来送行，又是喝酒又是作诗，搞得他好像是被光荣提拔了似的。临了，人们还对范仲淹的这次外放给出了个一致的评价——这次外放，十分光荣（此行极光）！

世事轮转，明道二年（1033），刘太后去世了，皇帝赵祯亲政。太后垂帘听政期间，因为忤逆太后而被贬官外放的人纷纷被召回。范仲淹也回到了京城，并被任命为右司谏。

所有人都以为，这回，属于范仲淹的好日子要来了！作为第一个站出来要求太后还政的人，皇上对你的印象肯定好得不得了，一旦回京，还不热得发烫、红得发紫？

此后发生的事情我们已经说过了：后宫争风吃醋、女人打架误伤皇帝、皇帝生气废皇后……

而范仲淹的表现又结结实实地惊掉了众人的下巴。又一次地犯颜直谏，把矛头指向了皇帝。

于是，他迎来了第二次外放。

这次外放，更多的人前来为范仲淹饯行，场面比上回还热闹。送完以后，他们又做了个点评——这次外放，更加光荣（此行愈光）！

事实上，在范仲淹触怒皇帝之前，他已经干过一件让众人惊诧莫名的事情。在皇帝亲政以后，很多人开始投皇帝所好，争着说刘太后的坏话。而被太后打压了三年的范仲淹却一反常态，上疏要求皇帝不要记恨太后当年的过错，杜绝臣子们议论太后垂帘时期的旧事，以让朝政平稳运行。

正因为如此，连皇帝赵祯也不得不叹服他宽广的政治胸襟。

是的，赵祯并没有忘记人品出众的范仲淹。仅仅过了两年，他又把范仲淹召回京城任职。景祐二年（1035），范仲淹出任判国子监，后转任权知开封府。

此时的范仲淹已经官居四品，属于朝廷高级官员，现在又掌管了首都开封府，假以时日，位列宰执也是迟早的事。但是，范仲淹要是想做太平官，他就不叫范仲淹了。

这回，范仲淹又和宰相吕夷简杠上了。

平心而论，吕夷简不能算个太坏的人，可他的风格和范仲淹大相径庭。吕夷简属于那种以"和稀泥"为专业的官员，这类官员不喜欢得罪人，凡事以"摆平"为工作宗旨，摆平之余顺便谋点私利也很正常。

这类人和是非分明、一心为公的范仲淹格格不入。范仲淹很快在人事问题上和吕夷简产生了激烈冲突。

赵祯亲政初期，吕夷简最得信任，在官员任免上，经常由他一人说了算。于是，很多人靠逢迎吕夷简而上位。

范仲淹看不惯吕夷简的做派，直接上疏批评。其实，关于官员任免的事情，最说不清楚。他说谁有才，谁就有才；他说谁适合这个岗位，谁就适合这个岗位；就算他把官帽发给一头猪，照样能找出理由来。说到底，这事主观性太强，不好判断。至于说他借机徇私谋利，你有证据吗？

可范仲淹就是范仲淹！为了把事情弄明白，他特地准备了一份《百官升迁次序图》，赵祯当时就愣住了。见过喜欢上奏折的，可没见过上奏折还带图片、有附件的。

在《百官升迁次序图》上，范仲淹详细标注了每个官员的升迁情况，然后告诉赵祯，哪些是正常升迁，哪些是非常规操作，哪些人和吕夷简勾勾搭搭。如此做法，有点类似于大数据分析，是要把吕夷简的老底连锅端起。

可惜，宋朝当时正处于国泰民安、风调雨顺的时期，赵祯非常享受这种表面的繁荣祥和，他对宰相吕夷简信任有加。在这次斗争中，赵祯还是站到了吕夷简一边。

景祐三年（1036），范仲淹第三次被贬官外放，出任饶州知州。

令人哭笑不得的是，临行前，范仲淹又迎来了几个送行的朋友，他们还不忘做个点评——这次外放，尤其光荣（此行尤光）！

范仲淹再次被贬的消息一传出，朝廷上掀起轩然大波。此时的范仲淹，早已名声在外，他的巨大影响力使得很多人站出来为他鸣冤叫屈。

在这些仗义执言的人中，有一个不起眼的小官因为言辞过于激烈，也被贬官外放，担任夷陵县令。

这位小官的名字叫作欧阳修。

太后、皇帝、宰相，三次直言进谏，三次光荣外放。

范仲淹仕途历程曲折回环，总是让人扼腕叹息。谁都知道，他只要缄默一次，仅仅一次，就可以换来无比璀璨的前程。然而，范仲淹从未做过妥协。

因为，他知道自己真正需要的是什么。

外放睦州的时候，范仲淹游览了桐江山水，参观了当地的严子陵钓台。对于这位看淡名利、多次拒绝做官的东汉名士，范仲淹推崇不已。仰慕之余，他重修了严子陵祠堂，并挥笔写下《严先生祠堂记》：

"云山苍苍，江水泱泱，先生之风，山高水长。"

其实，这何尝不是范仲淹为自己所做的人生注解？

来到饶州的时候，范仲淹四十八岁，重新参与高层政治的机会已经微乎其微。如果不出意外，他将在地方上蹉跎岁月，直到终老。可是，范仲淹没有料到，历史为他编排了更加精彩的人生剧本。现在，才刚刚拉开序幕。

# 第十章 四面边声连角起

## 战火重燃

宝元元年（1038）十二月，一个来自西北的消息在开封掀起轩然大波——党项政权反了！

自从李继迁死后，宋朝的西北边境安生了不少。李继迁的继承者李德明不像他老爹那么有追求，一心只想着过自己的小日子。景德三年（1006），他接受了宋朝西平王、定难节度使的册封，定期从宋朝领取一点儿零花钱，从此再也没和宋朝起大冲突。

然而，让人省心的李德明却有一个不让人省心的儿子——元昊。

元昊，李德明长子，咸平六年（1003）出生。从性格上看，他更像他祖父李继迁，属于十足的好战分子，好勇斗狠而又狡诈有谋。在李德明时期，他就曾亲自率兵击败了西边最大的敌人回鹘（hú），将甘州（今甘肃张掖）纳入自己的版图。

天圣九年（1031），李德明死后，元昊继位。当上首领的元昊更加穷兵黩武，集中兵力向西开拓，仅用不到四年时间，就占领肃州（今甘肃酒泉）、瓜州（今甘肃瓜州）、沙州（今甘肃敦煌）等地，把河西走廊完全控制在自己手里。此时，党项已经由原来只有五个州的小藩镇变成了坐拥十九州、面积达七十多万平方公里的大王国。

事实上，元昊的目标不仅仅是开疆拓土那么简单，他的野心甚至远远超过了祖父李继迁。他不想继续在宋辽之间两边讨好，委曲求全。他想建立一个完全独立的属于党项族的帝国，和宋、辽分庭抗礼！

为了达到独立建国的目的，元昊主动做起了耶律阿保机的"好学生"，不仅强令恢复党项族的传统习俗，以增强民族意识，还效仿宋朝建立了一整套完备的国家制度，甚至还专门创制了党项文字。

为了体现自己的独立性，元昊给自己加了很多名头。首要的是得给自己的名字来个改头换面。从唐朝沿袭下来的"李"姓是不能要了，祖姓"拓跋"又显得太普通，干脆重新取个姓叫"嵬名"，名字换成听起来很古怪的"曩（nǎng）霄"。

这还只是姓名，其实，元昊此时已经有了一个更加显贵的称号：邦泥定国兀卒。该称号也是元昊的独创。所谓"邦泥定国"，是"白上国（据说党项崇尚白色）"的意思；所谓"兀卒"，则是"青天子"的意思。自称"青天子"，就是为了和宋朝的"黄天子"相对应。

费劲的称号考据工作我们就不多展开了，总而言之，现在我们如果要准确地称呼"李元昊"，得管他叫"邦泥定国兀卒嵬名曩霄"。当然，在我们的故事中，只能继续称他为元昊，否则，大家非得读到舌头打结不可。

该办的事情都办了。到了宝元元年（1038）十月，元昊觉得时机已经成熟，断然撕掉了最后一层伪装，公然宣布称帝建国，定国号为"大夏"，改元"天授礼法延祚（名称都很怪）"，升兴州为兴庆府，定为国都。

历史上的"西夏"，就此诞生。

宝元二年（1039）正月，携带元昊称帝表章的西夏使节来到了开封。

表章上的言辞极其傲慢，什么"称王则不喜，朝帝则是从"，什么"许以西郊之地，册为南面之君"，什么"鱼来雁往，任传邻国之音；地久天长，永镇边方之患"云云。

一个蕞尔小邦，还蹬鼻子上脸了?!

表章一到，平时文质彬彬的朝廷，立刻变成了喧声不绝的菜市场。

北边出现了一个"国"已经很没面子了，如今这么一丢丢地方也蹦出了一个与大宋皇帝平起平坐的皇帝，你让大宋的脸面往哪儿搁？是可忍孰不可忍！

中原王朝向来是最爱面子的，你要点名号、土地、钱财都还可以商量，不称臣则绝对说不过去。因为，面子上的事，那就是天大的事。

赵祯刚亲政几年，就摊上一件如此恶心的事情，气得鼻孔冒烟，立刻下令削夺赐予元昊的官爵，关停边境互市贸易。平时因为战和两策吵得不可开交的大臣们，这回却出奇地意见一致，个个义愤填膺，纷纷表示要出兵征讨，都恨不得一脚踹死那个"跳梁小丑"。

当然，光隔空骂街是骂不死元昊的，想找回面子，还得拿出实际行动。于是，大臣们擦干净嘴边的唾沫星子，开始做出军事部署。

征调全国精锐部队，组织后勤粮草运输，选派边防将领，加强边境管控，搜捕西夏间谍……对于宋朝君臣来说，宝元二年（1039）注定是忙碌的一年。

然而，自从澶渊之盟以后，宋朝上下已经过了三十多年太平日子，平时又不怎么重视武备，现在临时抱佛脚，当然是手忙脚乱。如此景象，好比突然将一个长期翘课、不交作业的同学拉上考场，想让他不挂科都难。

宝元三年（1040）正月，当赵宋同学还在玩命补课的时候，西夏先下手为强了。元昊集结十万兵力发动攻击。

在战斗开始前，我们还必须恶补一下军事地理知识。宋朝和西夏在西北长期对峙，西夏仗着骑兵的机动性，经常要搞点儿骚扰打击，而漫长的边境线总是让宋朝防不胜防。为此，宋朝以几个主要州府为据点，将边界地区划分成了几大防区，称为"都部署路"，各路设置军事长官统一调配军事力量，以增强机动性。

在宋夏交界的关陕地区，宋朝自东向西依次设置了鄜（fū）延、环庆、泾原、秦凤四个都部署路。其中，鄜延路以鄜州（今陕西富县）、延州（今陕西延安）为中心，以洛河为轴线；环庆路以环州（今甘肃环县）、庆州（今甘肃庆阳）为中心，以环江为轴线；泾原路以泾州（今甘肃泾川）、原州（今宁夏固原）为中心，以泾水为轴线；秦凤路以秦州（今甘肃天水）、凤翔府（今陕西宝鸡凤翔区）为中心，以渭水为轴线。

看了上面的防区设置，很多人可能会产生一个疑问，防区设置为什么还要和河流相关呢？这里涉及一个后勤补给问题。正所谓"兵马未动，粮草先行"。古代打仗，尤其是远征作战，打的就是柴米钱粮。这么多军队在边境线上布防，吃喝用度都必须从远处运来，运输路线的选择成了重要因素。四路防区位于现在的陕西北部和甘肃东部，为黄土高原地貌，地形支离破碎、沟壑纵横，只有河谷地区相对平坦，可以成为运粮的交通要道，所以宋朝的四大防区也依照河流流经地域设置。

宋朝西北边防的另一个特点是堡寨林立。所谓堡寨，就是用土墙或栅栏围城的临时军事据点，里面会驻守数量不等的军队。据统计，北宋一朝共在西北构筑过四百多个堡寨。如果说州府和河道是"主线"的话，那么，星罗棋布的堡寨就是一个个支点，共同构成了网状的防御体系。

从态势上看，宋朝在西北边境的军事部署更侧重防守。而西夏则完全不同，尤其是元昊上台后，建立了更富侵略性的军事体制。

党项人和契丹人一样，也实行兵民合一的制度，平时低头生产，战时上马打仗。为凝聚战斗力，元昊把比较能打的兵丁编为"正军"，每个"正军"配备服杂役的助手一人，马和骆驼各一匹。同时，元昊还组织了一支三千人的精锐部队，配备最优良的战马，穿戴重装铠甲，平时担任自己的护卫，战时则冲锋在前，人称"铁鹞（yào）子"。

可见，元昊的军事策略和宋朝正好针锋相对，突出部队的机动性和主动性。究竟是长矛尖锐还是盾牌坚硬，最终要靠实践来检验。

这回，元昊把长矛刺向了延州。

# 三川口

延州是鄜延路的治所所在，属于陕北高原南北交通的要冲。元昊要拿下延州，首先必须攻克延州北面的金明县。金明县其实就是个大型军事堡垒，旁边还有很多附属的小军寨，宋朝负责守卫金明县的将领名叫李士彬。

李士彬的身份很特殊，他其实是个党项人。自父辈开始，李士彬家族就投靠了宋朝，替宋朝守卫西北边境，他统属的部下也大都为蕃兵，号称有十万之众。宋朝称这些归附的党项人为熟户，赏赐官爵加以笼络，以便为自己所用。

李士彬也是个能打仗的人，素有"铁壁相公"之称。元昊早就视他为眼中钉肉中刺，没少为他花心思。刚称帝不久，元昊就要起了反间计，他故意把一些自己"赐给"李士彬的书信、锦袍扔在境内，想让人误以为李士彬有反心。元昊的反间计要得确实太拙劣，哪有直接把密信往地上扔的呢？宋军统帅不仅没上当，还专门派人摆宴席安慰了李士彬一番，把李士彬感动得一塌糊涂，打起元昊来反而更加起劲儿。

这回元昊仍然不想和李士彬正面对抗，好在玩阴耍诈的版本多得是，元昊又拿出了祖传法宝——假投降。不同的是，这回前来假投降的人并不是元昊，也不是哪位西夏将领，而是一堆人。准确地说，元昊派了一大批党项人前往李士彬处投诚。

元昊来了这么一个损招，李士彬确实犯难了。这么多人都来投降，全部拒之门外容易让人寒心，也不利于今后的招降工作，你李士彬自己就是一个归附宋朝的党项人嘛。可如果一一审查也没那么多时间和精力，恐怕光登记办理暂住证都来不及。李士彬只好向上司延州知州范雍请示，请求把这些新归降的人安置到其他地方。范雍不想给自己添麻烦，没答应李士彬的请求，只发了一点儿安置费，命他就地安置这些"归降人"。

李士彬没办法，只好执行范雍的命令，把归降的党项人分别安置到金明县各军寨中。如此一来，到李士彬处前来"投诚"的人越来越多。这帮人逐渐和李士彬麾下的军队混成了一片，他们拿着元昊的活动经费，又是利诱又是游说，很快说动了一大批党项人。元昊的计策堪称东方版的特洛伊木马计，只是他要省力很多，根本不用造木马，只是稍微花费了几个小钱。

正月十七日，元昊里应外合，攻破金明县，李士彬自己也做了俘虏。元昊得手后，裹挟金明县的数万蕃兵，气势汹汹地杀到延州城下。

当时的延州缺兵少将，形势非常危急。知州范雍听说元昊率军前来，早就四处请求援兵。

最先赶来增援延州的是鄜延路副都部署刘平。刘平当时屯兵庆州，听说延州危急，率领三千兵马急速驰援而来，行至保安军（位于延州西北方向），又遇上另一位副都部署石元孙所率的军队，两人合兵一处，昼夜不停地加速行军。此后，鄜延路都监黄德和所率的两千兵马，以及其他两支援军也赶了过来。五路兵马共计万余人，会合之后齐头并进，最终在三川口以西扎营。

三川口是延川、宜川、洛川三条河流交汇之处。此地距离延州不到半日路程。

正月二十三日晚，刘平、石元孙正在休整，忽然有人报告说，范雍派来了一位"急脚子"。所谓"急脚子"，就是腿脚利索，特别擅长跑步的人，经常被派来递送书信，和我们现在的快递小哥非常相似。《水浒传》里的"神行太保"戴宗，干的就是这个行业。军中的"急脚子"更多负责传递紧急情报。

急脚子跑来告诉刘平、石元孙，范雍已命人在延州城东门接应来援军队，但是晚上那么多人进城太危险，容易混入奸细，所以请两位将军把军队分成几队，逐批进城，以方便守城的人辨别真伪。

刘平和石元孙听了后，觉得范雍的考虑也很周到，就按令执行。他们将军队分成了数个小队，每次出发一队，等前队走了大概五里地后，再命下一队出发。如此这般，到了一更天的时候，他们已经走了五十队左右。然而，当刘平、石元孙想找那个急脚子再问话的时候，突然愣住了。

"送快递的"不见了！

刘平、石元孙心中顿感不妙，连忙派出轻骑兵前去打探，发现前面所派出的队伍已经不知踪影，而延州城上也并无灯火。

糟糕，中计了！

刘平、石元孙连忙率大军前往延州，而前方，元昊大军以逸待劳，早就布好了埋伏圈。两军立刻展开了一场遭遇战。

当时正值隆冬时节，天降大雪，一开始两军都摆出了防守型的偃月阵（月牙状阵形），进行试探性进攻。西夏军队在人数上占优势，随后变为横阵，全线冲击宋军。宋军虽然顽强抵抗，但架不住连日行军，人困马乏，终究抵挡不住，刘平自己也身受重伤。

正当宋军行将崩溃之际，鄜延路都监黄德和出手了。如果大家还没忘记的话，在很多次宋军的行动中，都监这个角色一直都没起到正面作用，黄德和的出场为这个定律又增添了一个鲜活案例。

黄德和的军队处于后端，眼见前方战势不妙，黄德和果断率军逃跑。尽管刘平连忙派儿子前去阻止，他依然绝尘而去，跑路速度比急脚子还急脚子。

刘平收整剩余的千余人，跑到山上，扎了几个简易军寨固守。元昊派人围住山寨，在山下大声叫嚣："你就剩这么几个残兵，不投降还等什么（几许残卒，不降何待）？"

刘平毫不示弱，派人回骂："狗贼，你都不投降，我投降干什么？明天我们的救兵来了，你们这些庸才还不束手就擒！"

刘平嘴巴虽硬，心里却清楚，自己就是援军，还哪来的援军？此战已经是凶多吉少。

宋军被围困了整整一夜，二十四日早上，山下的西夏士兵再次鼓噪起来："你还不投降吗？再不投降，全部杀尽！"

刘平依然不屈服，派人回应道："你如果现在想请和，我会替你上报朝廷。"

宋军固然顽强，但架不住西夏人多势众。当日，元昊命人从山下四面出击，将宋军分割为几个部分，各个击破，还生擒了刘平、石元孙。

三川口一战以宋军的完败告终。

获胜之后，元昊集中优势兵力围攻延州。延州本已岌岌可危，幸亏当天晚上下了一场大雪。西夏士兵经过几天苦战，也成了强弩之末，风雪交加之中无心再战，于是撤围离开，延州城总算侥幸保住了。

二十八日，三川口失利的奏报从延州传到了朝廷，赵祯大惊失色，朝廷上下一片哗然。损兵一万余人，两名副都部署级的高级将领被俘，自宋太宗赵光义两次伐辽失利以来，宋朝还没遭受过如此惨重的打击。

赵祯大怒之下，枢密院的三位长官和延州知州范雍通通被解职，临阵脱逃的黄德和被处以腰斩。

要说这黄德和确实一肚子坏水，自己跑路不算，溜回去后还诬陷刘平、石元孙投降元昊，导致兵败。这个消息传来，赵祯怒上加怒，因为刘平是将门之后，而且又是科举出身，是宋朝著名的文武全才，而石元孙则是宋朝开国元勋石守信的孙子。两个如此重要的人物叛变投敌，何等屈辱？

盛怒之下，赵祯一度派兵包围了刘、石两家住宅，禁锢了他们的家人，决定连坐治罪。幸亏有人为两名将领申冤，朝廷又派人进行了一番调查，这才弄清实情。于是，事情反转，黄德和罪有应得，刘平、石元孙则被追封为节度使，他们的家人不仅恢复了自由，几个子孙还被录用当官。

然而，事情并没就此结束。是的，我们前面说过，刘平、石元孙只是被俘虏而已，并没有战死，可是战场信息不对称，到了朝廷这里，两人变成了为国捐躯的英雄。

结果，追悼会也开了，抚恤金也发了，善后工作也做了，过了些日子，人却又活着回来了！

那已经是后来宋夏议和以后的事情了，石元孙被西夏放了回来。而刘平被俘后，也未遇害，几年后病死于兴州。

叛徒转眼成了烈士，烈士又转眼成了苟活者。这让赵祯尴尬不已。

不过两人毕竟也没干对不起宋朝的事，刘平人都没了，继续当为国捐躯者表彰着；石元孙是个大活人，不意思一下糊弄不过去，但也只是给予薄惩。事情就此了结。

三川口一战，宋朝面子里子丢了一地。赵祯痛定思痛，宣布将晦气的宝元三年（1040）改为康定元年，并同时进行了大规模的人事调整，重新部署西北防务。

康定元年（1040）三月，五十二岁的范仲淹接到诏令，复任天章阁待制，知永兴军（今陕西西安），从此开启了他的军旅生涯。

一副千斤重担突然压到了范仲淹的肩上！

## 守内虚外

向朝廷推荐范仲淹的人是陕西安抚使韩琦。

韩琦，字稚圭，大中祥符元年（1008）出生，相州安阳（今河南安阳）人。

韩琦出身于官宦人家，从小就是个读书种子。天圣五年（1027），年仅二十岁的韩琦科举中第，而且成绩非常优秀，考了第二名，俗称榜眼。年少才高、年轻有为的标签从此贴在了韩琦身上，他的前途一片光明！

我再三说过，到了宋朝，你会频繁碰到一些超级读书天才，一个比一个猛，一个比一个牛，看宋朝宰执大臣的履历，就相当于在翻宋朝学霸史。所以，你得有一个好心态，毕竟天才只是少数，大多数还是你我之类考前烧香拜佛、考后阿弥陀佛的平凡人。至于学霸，咱们围着看看就好。

韩琦因为科考成绩好，起步官职就是淄州通判，干完通判后，他又回京担任监左藏库。左藏库就是中央财库，韩琦成了库房总管。此类官职，大多数清高的读书人是瞧不上的。以韩琦的科举名次，监左藏库也就是一个过渡性官职，一般人都不会上心。但韩琦并不这么认为，用现在的话说，他属于那种干一行爱一行的好干部。

管理员韩琦发现了一个工作上的弊病。按规矩，任何人从左藏库支取财物，都是要办理复杂手续的，但是宫里的人来支取金帛的时候却很简单，往往是宦官直接拿着批文就来领取，没有其他票据印鉴可供查验。如此一来，取什么东西，什么规格，数量多少都经常模糊不清，宦官趁机中饱私囊的事情没少发生。其实，这个弊病别人也不是不知道。早在赵恒当政的时候就曾设立过一个"传宣合同司"，专门负责财物支取的查验监督，但是这种做法伤害了很多既得利益者，最后又被废弃了。韩琦来了以后，也不怕得罪宫里人，立刻奏请恢复传宣合同司，一下子动了很多人的"奶酪"。

除了财物支取环节的弊病，韩琦还发现左藏库的财物入库环节也存在问题。各地的财物运到左藏库的时候，按程序必须要等验收检查后才可以入库，偏偏朝廷规定验收环节需要宫中宦官同步参与，可是那些宦官都是无利不起早，领取财物的时候都是一路小跑，来干活的时候却经常推三阻四，找理由迟迟不到，导致很多财物放在外面而遭受日晒雨淋，白白受损。于是，韩琦又奏了一本，把这条破规矩也给废除了。

韩琦把一件士大夫都不屑于做的琐事做得如此勤勤恳恳，使很多人对他另眼相看。

显然，这是一个非常较真的人。

从景祐三年（1036）八月起，韩琦先后出任右司谏、知谏院，在谏官的职位上，韩琦把较真的个性发挥得淋漓尽致，不到三年时间，上了七十多份奏疏，扫射起来火力十足。最出色的战绩是接连上奏折弹劾官员，促使赵祯在一天内罢免了四名宰执大臣。韩琦认真负责的个性得到了赵祯的赏识。西夏叛乱发生后，韩琦被任命为陕西安抚使。

韩琦和范仲淹有过交往，对范仲淹的人品和能力非常钦佩。上任之后，他立即向朝廷推荐了范仲淹，赵祯欣然答应韩琦的请求。

五月，韩琦、范仲淹被任命为陕西经略安抚副使，分别掌管泾原路和鄜延路防务。

这对性格相契、志趣相投的政治盟友从此共同投身西北战场。

然而，不久之后，两人却在应敌策略上产生了巨大分歧。

　　三川口战败后，赵祯非常渴望打一场大胜仗。作为一国之主，他要找回丢失的面子。尤其是在刚收到战报后的几个月里，他几乎把所有精力都倾注到了西北，又是调拨钱粮，又是催促出兵，恨不得自己穿上铠甲去教训元昊一顿。按照赵祯的想法，西夏和辽国不同，无论是从面积、人口还是经济上看，都无法和宋朝相提并论。三川口的失败是因为军队太长时间没打仗，只要下次全力以赴讨伐，获胜应该不难（今因小警，乃开后福）。

　　韩琦的想法和赵祯差不多，也主张再和元昊好好地干一架，而且要打就打一场大的，最好来一个五路齐出（除了鄜延、泾原、环庆、秦凤四路外，还有更靠北的麟府路），把元昊这只饿狼一举揍成丧家狗。

　　当然，韩琦主张积极进攻并不是意气用事，他的观点也代表了一大部分主攻派大臣的看法。咱不妨把他们的主要观点概括一下：

　　宋朝在西北施行的消极防御策略太差劲。朝廷在西北布置了三十余万兵力，不可谓不重视，但是二千余里的边界线，再分解到各路、各州、各堡寨，每处多不过万人，少则千人，兵力分散严重，根本不可能实现有效反击。西夏骑兵四处劫掠的时候，多数宋朝军队都躲在堡寨里不敢出击，即使出击了也是败多胜少。所以说，堡寨建得越多，只是看上去防守支点多了一些，兵力只会越来越分散，简直就是抱薪救火，扬汤止沸。如果不断增加兵力，则会让后勤补给更加吃力，也不足取。

　　总结起来一句话：坚决进攻，揍他个生活不能自理。

我相信，如果你看了韩琦的奏章，也会被他全面细致的分析深深打动，再加上榜眼学霸的煽动性文笔，你一定会和赵祯一样被鼓动得心潮澎湃、热血沸腾，然后将奏章啪地甩在桌上，大吼一声：

打！打他个大西瓜！

慢着，大家都不要忙着激动，在抄家伙之前咱们不妨再来听听范仲淹的意见。早在转运使的任上，范仲淹就上奏章表达了自己的看法，我接着意译一下：

朝廷不是没想过用进攻解决问题，早在太宗赵光义的时候，就出兵讨伐过，那时候的西夏比现在还弱小得多，但结果……你懂的。当时为什么打不赢呢？因为西北地广人稀，环境恶劣，每次大军出动都要深入不毛之地，后勤补给线绵延千里，一旦找不到敌军主力决战，还经常会陷入进退两难的境地，所以总是劳而无功甚至招来败绩（此所以无功而有患也）。现在将领和士兵的素质还比不上太宗朝，你们怎么就自信能打胜仗呢？

当然，有人肯定会对范仲淹的观点表示不服：汉唐时期情况也差不多嘛，人家还不是照样打胜仗？

不急，你想问的范仲淹也想到了，他还在奏章里进行了详细解答：汉唐时期对将帅的授权和现在完全不同，既给予将帅完整的兵权，又给予充分的钱粮使用权，而且不要求马上立功见效（而不求速效），进攻和撤退也不需要等待朝廷的命令，所以将帅可以从容地养猛士，请谋士，耐心等待敌人露出破绽（以待其隙），寻找时机谋取胜利（观变乘胜）。

总而言之一句话：别想着进攻了，先防守再说。

范仲淹的话，给赵祯和主战派们当头泼了一桶冷水。谁都不能否认范仲淹所说的合理性。

宋朝到了这个时候，崇文抑武的传统已经逐渐发展到极点。我们说过，赵匡胤立国之初为了防止武人乱政，长期实行"崇文抑武"的政策，对将帅的权力进行了极大的限制。这些限制在保证武将不作乱的同时，势必会对军队的战斗力产生消极影响。但是，客观地说，宋朝军队战斗力弱的锅不能全让赵匡胤来背。

赵匡胤当初在制定规则的时候，其实还是开了口子的，尤其是对边防将帅，在军队管理上还是给予了一定的自由度，比如允许他们搞点儿边境贸易，把收入用来犒赏麾下将士，对边将的具体行动也很少干涉。武将出身的赵匡胤知道，战场形势瞬息万变，如果不给将帅点儿自由度，人家也不好带队伍。

可你不得不承认，有时候制度的设计者也掌控不了制度的具体走向。赵匡胤的既定政策成了赵家子孙谨守的祖宗家法，还不断被发扬光大，武将头上的紧箍咒一天比一天多，比如战区的最高统帅由文官担任，武将必须受文官节制，比如弊病丛生的宦官监军，等等。至于赵匡胤留给边将的一些特权，早就被废除了。

其实，比起下面这条奇葩规矩，上面这些都不算什么。"将从中御"，换句话说，前方将帅的具体行动是由住在开封的皇帝来决定的！在没有短信、没有微信的时代，皇帝如何指挥远在千里的将帅作战呢？

靠"亲授阵图"。

简单说，就是由皇帝根据前方敌我情况画一张阵图，交给前方将士依此排兵布阵。

最喜欢画这种阵图的皇帝就是宋太宗赵光义。这位自学成才的"军事天才"曾经画过一幅《平戎完全阵图》，详细规定了队列阵形、各兵种站位，甚至连停车位（战车摆放位置）都给你划好，队与队之间的距离也给你测算好。至于阵图的使用效果，大家也都看到了。

所以，但凡宋朝将领接到阵图，无不有苦难言。手上那张破阵图，就等于送命符啊。

哪怕对军事再外行的人也知道，这个规定绝对荒唐透顶。难道宋朝君臣中就没有一个明白人吗？

当然不是，明眼人多得是（懂这道理似乎也不用太聪明），赵家的皇帝们也知道。可是，我们必须承认，人坐在不同的位置上，考虑问题的方式是不一样的。

人都有私心，利益越大，私心越大。

道理也很简单，对武将充分放权，固然有助于剿灭外患，但大权在握、功高震主的武将一旦冒头，就是对君权的莫大威胁，所谓外患刚平，内乱已生。

两个选择，你只能挑一个，这就是很多皇帝面临的痛苦。

我相信赵家皇帝在怀念周亚夫、郭子仪的时候，肯定也会想起可怕的刘裕、安禄山。

赵光义说过，"国若无内患，必有外忧；若无外忧，必有内患。外忧不过边事，皆可预为之防。惟奸邪无状，若为内患，深可惧焉。帝王当合用心于此。"

通过这句话可以看出赵家皇帝的选择。

因此，"崇文抑武"的政策映射到对外问题上，就变成了"守内虚外"。

谁都知道，谁都不肯明说。

这一回，范仲淹又成了戳破皇帝新装骗局的那个孩子。

## 好水川

韩琦和范仲淹的意见不一致，矛盾最后上交到了领导那里——陕西经略安抚使夏竦。

夏竦听了他们两人的意见，也拿不定主意，居然制定了战、守两套方案，由韩琦亲自送到赵祯那里。讨论了半天，他们又把皮球一脚踢到了皇帝那里。

从宋朝的决策机制看，确实是非常低效无聊的。前线统帅部居然不敢拍板决策，还制定两套方案供选择，那要这个统帅部有什么用！

等韩琦来到开封的时候，已经是康定元年（1040）十二月。韩琦是主战的，当然极力说服赵祯主战，赵祯还在气头上，也倾向主战。眼见磨蹭了近一年，前线还没什么动作，赵祯终于站起来拍了一次板：

明年正月，鄜延、泾原两路并进，攻打西夏！

终于有一个说法了。韩琦兴冲冲地往回跑，摩拳擦掌，准备大干一场。然而，等他回到泾原，却惊奇地发现，决策又变了！

范仲淹知道，韩琦虽然是送两套方案给赵祯，但肯定会拼命推销自己的方案。他放心不下，就又给赵祯上了一封奏章，大意是仍然坚持固守为本的策略，强调塞外作战条件太恶劣，现在起兵容易招致失败（入山川险阻之地，塞外雨雪大寒，暴露僵仆，使贼乘之，所伤必众）。

奏章的最后，范仲淹还不忘告诉赵祯，鄜延路本来就是西夏向朝廷进贡的道路，不如留个缺口，为将来西夏臣服留点儿余地。

范仲淹当然也不是光说不做，自从他到鄜延路后，改革军队作战方式，恢复农业生产，招抚边地少数民族，收复丢失军寨等，干了一大堆活，获得了"小范老子"的美誉。

以上这些工作，很多人可能不以为然，因为其他人多多少少也干过，不能因范仲淹是名人就无限拔高。不要紧，如果我说出另一件事，大家可能就不得不对范仲淹心悦诚服了。有感于宋朝将才缺乏，范仲淹特别注意军事人才的发掘，在那段时间里，他不拘资历出身，提拔了一员老将和一名青年将领。

老将名叫种世衡。如果大家听说过"老种经略相公""小种经略相公"的名号，我可以告诉你，那都是种世衡的孙子辈人物。

青年将领的名号更响，相信很多人都听说过。

他叫狄青。


赵祯拿到范仲淹的奏章，看着范仲淹苦口婆心地劝说，心被说动了。三川口惨败到现在已经整整一年，一年里赵祯只见关于讨论西北边防的奏章在自己面前漫天飞舞，刚开始的一腔热血也在群臣无休止的争论中慢慢冷却。

　　最后，范仲淹收到了答复：从仲淹所请，可以应机乘便，不拘早晚出师。

　　什么意思呢？翻译一下：答应你的请求了，但是如果时机许可，也可以出师进攻。

　　这算什么答复？允许不进攻，又说有机会还是应该打一下。如此答复让范仲淹心中不安，韩琦更是气得七窍生烟。

　　说好的五路齐发，变成了二路并进，最后变成了一路进攻，一路防守？出尔反尔，磨磨叽叽，请示了小半年，请来这么一个鬼玩意儿，这活没法干了。

　　韩琦屁股还没坐热，就立刻又向赵祯上了一道奏章，洋洋洒洒一大篇，态度极为不满，言辞极为激烈，经典语录摘抄如下：

　　朝廷办大事，应该意志坚定，怎能朝令夕改（举大事，主大谋，自当坚如金石，无有回易）？

　　布置如此多兵力，却只守在窝里不敢出战，中原政权从没有见过如此懦弱的（只守界壕，不敢与敌。中夏之弱，自古未有）！

　　再闲个一二年，钱也花光了，人也懈怠了，将士们也想着回家了，更难指望取胜。每次想到这里，我都不稀罕说你（臣恐一二年间，经费益蹙，人情惶骇，师老思归，及期无代。每虑至此，臣难尽言）！

　　隔着千里，赵祯都能从奏章里闻到火药味。


　　面对争论，赵祯依然举棋不定。这位在太后训斥下长大的皇帝和他的父亲一样，每到生死攸关的时刻就瞻前顾后，缺乏决断的勇气和魄力。

幸运的是，正当宋朝君臣始终无法拿出一个统一意见的时候，终于有人站出来，帮他们做出了抉择。

元昊。

庆历元年（1041）二月，韩琦刚发完牢骚不到一个月，就得到了一个确切情报——元昊将要发兵攻打渭州（今甘肃平凉）。

渭州是泾原路的治所所在，战略地位重要。韩琦收到战报后，马上令环庆路副都部署任福率兵一万八千人前来增援。与以往不同的是，宋军没有忙着将兵力收缩到城池附近。

韩琦为这次战斗制定了绕道袭击的战术。他一面命令各堡寨严加戒备，一面命令任福率军插向敌后，待西夏军队攻城不克、力疲撤退的时候进行掩杀。

二月十日，任福按计划进行外线行军，可是只走了一天，他们就在张家堡遇到了一股西夏军队，两军一接触，宋军打了一个小胜仗，西夏军队放弃辎重，仓皇逃窜。任福怀疑自己已经咬住了元昊的主力，就开始沿河尾随追击。

两支军队沿着一条河流展开了追逐战。

此河名叫好水川。

二月十四日，追了三天的宋军还是没有找到西夏军主力，累得人困马乏，连后勤补给都成了问题。正当宋军准备走出山谷休整的时候，他们忽然在地上发现了许多小盒子，盒子里面还发出一些奇怪的声音。

任福觉得十分奇怪，连忙命人打开盒子。

盒子一开，无数只飞鸽扑簌着翅膀腾空而起。鸽子的脚上还安装了哨子，群鸽飞起时，凄厉的哨声瞬间响彻山谷。

随着鸽子的飞起，西夏的伏兵已经从山间四面八方涌出。此时，任福才明白，尾随多天的主力只不过是元昊设置的诱饵而已。而现在，准备伏击敌人的宋朝军队反而已经落入了元昊精心布置的伏击圈。

不得不承认，如果抛去立场不谈，元昊用兵的灵活性大大超越宋军。这一回，他又机智地抢占了先机。

战争的结局毫无悬念，虽然任福所率的军队都是宋朝的精锐之师，其中云集了宋朝当时最优秀的将领，结果还是以惨败而告终。

好水川一战，主帅任福战死，各级军官战死百余人，将士伤亡六千余人，战马损失一千余匹，宋军元气大伤。


好水川战败的消息传来，赵祯羞愤交加，朝廷里又吵翻了天。众怒之下，主攻的韩琦立刻被降了官，可就在同一时刻，主守的范仲淹也受到了降官处分。

范仲淹被降官是因为私自修改了一封书信。

早在战争爆发前，范仲淹便派遣使者到西夏谈判，他一心想着通过稳固防守来迫使元昊屈服，重新走到谈判桌前。然而，范仲淹的使者到那里待了四十多天，连元昊的影子都没看到，更别说谈判了。

也难怪，人家元昊正亲率大军在好水川伏击宋军呢。在很多史料中，元昊都被描绘成一个穷兵黩武的人，事实上，他不仅强于军事，还精于政治。

按照元昊的谋划，一边和宋朝尝试和解，一边和宋军开战，两者一点儿都不矛盾。万一战事不利，马上俯首称臣还来得及。一旦战事顺利，在谈判桌上就会多一点儿筹码。

西夏毕竟是个人口稀少、物产贫瘠的地方，元昊并不傻，他不想把整个国家永久捆绑到战车上。他只想用长枪利剑为自己挣得更多的利益，无论是虚荣的名号还是现实的物质。

在好水川击败宋军后，元昊立刻授意亲信将范仲淹的使者打发走了，顺便还带去了一封信。范仲淹接到来信的时候，已经收到了好水川战败的消息，尽管心里有所准备，他看到信里的内容还是气愤异常。信中言辞极其傲慢，很多内容根本没法看（书辞益慢……书凡二十六纸，其不可以闻者二十纸）。

范仲淹知道，如果把这封信转呈皇上，肯定又会引起赵祯的盛怒，所以他偷偷录下了书信副本，然后当着西夏来使的面，把信给烧了。回过头，范仲淹又把那些尚可一看的书信内容略加删改，重新呈报朝廷。

范仲淹转递的书信一到，朝廷立刻又炸开了锅。大臣们骂范仲淹比骂韩琦还起劲。所谓"人臣无外交"，大家纷纷指责他私自对外媾和，擅自篡改书信，这是明显的越权行为。有义愤填膺者甚至要求将范仲淹处斩。

为了平息众怒，赵祯干脆将范仲淹也降了官。

主攻的打了败仗，主守的被骂得体无完肤。战还是和，攻还是守，争议还在继续……坐在朝堂上的赵祯，看了这一切，除了叹息，仍是叹息。此时，他的心气已经被彻底磨平，大宋的体面似乎也已经不再那么重要，他只希望快点儿结束这纷乱的局面。

　　庆历二年（1042），离好水川之败将近一年，西北地区依然打打停停，问题没有丝毫解决的迹象。正当赵祯焦头烂额的时候，他收到了一个让他更加头痛的消息。

　　北方辽国入侵！

# 第十一章 议和，议和

## 节外生枝

庆历二年（1042）正月，赵祯得到一个消息：辽国屯兵边境，并派出使臣到宋朝进行交涉，声言要取回关南故地。

辽国摆出这种姿态，傻子都知道用意何在。

军事讹诈。

此时，辽国的皇帝叫耶律宗真，辽圣宗耶律隆绪的儿子，历史上的辽兴宗。

耶律宗真比赵祯小六岁，他的早年经历和赵祯十分相似。耶律宗真的母亲萧耨（nòu）斤原本也是一个地位低下的侍女。当时，耶律隆绪的皇后膝下无子，就将刚出生不久的耶律宗真收养过来，当作自己的孩子，从此耶律宗真拥有了嫡子身份。

萧耨斤要比赵祯生母李氏幸运得多，她的真实身份并没有被掩盖，还在耶律隆绪死后，当上了皇太妃。耶律宗真十五岁即位，一度受制于自己的生母萧耨斤，后来通过发动政变，把生母囚禁起来，才夺回了大权。

如果没有皇帝的身份，赵祯和耶律宗真应该是一对特别投缘的朋友才对。只可惜，现在两人必须为了各自的利益成为敌人。


辽国的挑衅给赵祯出了一个大难题，一个小小的西夏尚且搞不定，再加上一个庞然大物，那还不把自己搞得关门大吉？眼下，借赵祯一百个胆，也不敢和辽国开战。他只想用和平方式化解危机。

赵祯下决心用外交方式解决问题，群臣也没异议，但他们很快遇到了一个大难题——派谁去和辽国交涉。很明显，谁都不想领这么一份吃力不讨好的活儿（群臣皆惮行）。

然而，辽国使臣已经到了边境。按照规矩，宋朝马上要有人去把他们迎进来，人选必须立刻定下来，刻不容缓。

在赵祯一筹莫展之际，宰相吕夷简向赵祯推荐了一个人。

富弼。


景德元年（1004），宋辽两国缔结澶渊之盟，结束边境战火。就在同一年，洛阳的一个普通家庭中诞生了一个男婴，他就是我们接下来的主人公富弼。这个巧合似乎也在冥冥中注定了他将和那份著名的和约结下不解之缘。

富弼从小写得一手好文章，在地方上有点儿名气。天圣元年（1023），二十岁的富弼结识了在泰州做官的范仲淹，范仲淹对富弼的才华非常欣赏，将他推荐给了王曾和晏殊。这两人都对富弼的才华推崇有加，晏殊还把一个女儿嫁给了他。

富弼的才华得到一致公认，但却迟迟未能考取功名。只因为他有一个明显的弱项——诗赋。而诗赋偏偏是科举考试中的核心科目！用现在的考试术语来说，那是拉开分数档次的科目，地位堪比高考中的数学考试，足以让你考前痛不欲生，考后生不如死。

宋朝的科举考试严格以成绩说话（一切以程文为去留），考不好，就算你是宰辅大臣的女婿也没用。富弼颇有点儿像某些偏科的同学，被一块短板拖了后腿。

好在天无绝人之路。在范仲淹的提醒下，富弼通过一种特殊的方式取得了功名——制科。

我们此前所说的科考，一般都指进士科考试。其实，宋朝还有一种特殊的"制科"考试。制科就是皇上临时设置的科考项目，主要用于选拔一些特殊人才，有点儿类似于现在的特招。制科下面还会分"贤良方正能直言极谏（擅长进谏）""军谋宏远材任边寄（擅长军事）""详明吏理可使从政（擅长实务）"等细化科目。但是总的来说，这是一种非常规的科考，开科的次数极少，招录的人数也不多。

天圣八年（1030），赵祯开了一次制科考试，富弼抓住机会考上"茂材异等"科，授官将作监丞、签书河阳判官，从此跻身仕途。

当官后的富弼以认真负责、敢于说话著称。到了庆历二年

（1042），他已经官至右正言、知制诰。吕夷简向赵祯推荐富弼，倒不是因为如何看重他，反而有点儿故意给他穿小鞋的意思。

富弼和范仲淹走得很近，范仲淹几次被贬的时候，他都会站出来说话，这样他就无形中走到了吕夷简的对立面。而且，在一些小事上，富弼也和吕夷简结下了梁子。

有一次，富弼负责纠察京城刑事案件，发现政事堂（宰相办公机构）的办事人员存在伪造度牒的情况。度牒是朝廷发给僧人的身份凭证，办事人员的这种行为属于"伪造国家机关公文印章罪"，理应下狱处理，可开封府胆子小，不敢治罪。富弼却不管那么多，坚持按照刑律把犯事者给办了，这让宰相吕夷简非常难堪。

于是，辽国使者一来，吕夷简就把富弼推了出来。令吕夷简没想到的是，他的这次小算计，反而成全了富弼的一世功名。

正月二十四日，接到命令的富弼来到殿上，面见赵祯。赵祯出了名的心肠软，知道此次出行困难重重，本想宽慰鼓励富弼几句。可富弼似乎猜到了他想说什么，还没等他开口，便大步上前，下跪磕头，郑重地说道：

"让君主担忧是臣下的羞辱，我不惜一死（主忧臣辱，臣不敢爱其死）。"

赵祯被富弼的忠诚感动，对他勉励再三，几天后就正式下诏任命他为接伴使。

二月二日，富弼离开开封，前去和辽国使臣接洽。

从此，宋朝最出色的外交家富弼开始了自己的成名之旅。

辽国派来的两个使臣叫萧英、刘六符。萧英是契丹人，时任辽国北院宣徽使；刘六符是一个汉人，时任辽国翰林学士。萧英虽是带队领导，但关于宋朝的情况，并没有刘六符熟悉，所以，谈判还是以刘六符为主导。

三月，萧英、刘六符进入宋朝境内，他们给赵祯带来了一封耶律宗真的信。信的内容相当无聊，一上来就指责宋朝失礼，理由有三条：第一，关南地区是石敬瑭割给辽国的，应该归还；第二，宋朝在边境地区修缮防御设施，破坏双边关系；第三，宋朝讨伐西夏没通知辽国，非常不友好。

最后，辽国还贴心地给出了解决方案：只要把关南地区还给辽国，两国的友谊就能巩固发展（如此，则益深兄弟之怀，长守子孙之计）。

辽国给出的理由再次印证了"欲加罪之，何患无辞"这句话。关南问题早已在澶渊之盟中商定，你岁币都收了快四十年了，凭什么旧事重提？至于第二条，属于没事找事的无稽之谈。第三条更荒诞，我和谁打架，跟你有关系吗？

赵祯知道辽国在无理取闹，但辽国使臣的背后，是边境线上虎视眈眈的数万铁骑。

自古弱国无外交。此时，宋朝面临着极其被动的外交局面。

赵祯和群臣一合计，觉得割地这种事情是绝对不能答应的，唯一可以考虑的就是增加岁币。

然而，如何说服他们答应宋朝的方案？到底该增加多少岁币才合适？这些难题一时半会儿谁都把握不准。

四月七日，富弼被任命为"回谢契丹国信使"，陪着辽国使臣回去，接着进行第二轮谈判。

这回，富弼将单枪匹马地和辽国君臣进行周旋。

## 攻心战

富弼确实摊上了一件苦差事。

运气不好，惹毛了辽国人，完蛋。

态度过于强硬，把事情谈崩了，完蛋。

态度过于软弱，有辱国体，出卖国家利益，还得完蛋。

他所面临的形势，远远不如当年的曹利用。傻瓜都知道，辽国在这次交涉中占据着绝对优势。一旦开战，宋朝打胜仗的概率接近于零。

两边实力如此不相称，还怎么谈？

朝中很多人都对富弼的这次出使抱悲观态度。然而，令人意想不到的是，富弼以自己的雄辩和智慧，不可思议地完成了任务。

刚进入辽国境内，富弼就和前来迎接的刘六符打了一场嘴仗。

刘六符一见面就威胁道："如果我们皇帝坚持要求割地，你们怎么办？"

富弼当然不傻，出来混，谁还不是被吓大的？一口回绝："你们如果坚持要求割地，我们绝不可能答应，大不了开战嘛。"

刘六符回道："你们这么固执，事情怎么谈得下来呢？"

富弼也不示弱："你们无缘无故要求我们割地，有错在先。我们非但没有发兵拒绝，反而好言好语地来和你们商谈嫁女、增加岁币的事情。你们如此一意孤行，怎还指责我们固执？"

富弼口中的"嫁女"一事，事出有因。原来，辽国除了索要关南地区，还曾附带提出了一个两国联姻的小要求，希望宋朝能将一个宗室女子嫁给辽国王室子弟。

按照现在的眼光看，这种联姻（俗称"和亲"）方案听起来很友善。双方一旦结成了亲家，子子孙孙都有了血脉关系，万一哪天动刀动枪了，你就可以告诉对方：我是你二大爷的表兄的小舅子。咱都是一家人，都把手里的板砖放下，散了回家睡觉吧。

可是，事情并没有那么简单。在传统观念中，中原政权一直把和异族通婚视为一种屈辱妥协。宋朝人讲究面子，在他们看来，和亲要比缴纳岁币窝囊得多，属于更次的选择。

富弼一口回掉了刘六符的无理要求。他知道，这只是辽人的试探，真正的考验还在后面。

没过几天，富弼就受到耶律宗真的召见。

一见面，富弼就先声夺人："宋辽两朝，前后两代皇帝都友好相处，已经快四十年，这回怎么突然提出割地的要求？"

耶律宗真早就想好了说辞："宋朝违背盟约在先嘛，你们关闭雁门关，还增加塘泺（由沟渠、河流、沼泽等组合而成的水网，用于限制北方骑兵。泺，读 luò)，修建城墙关隘，整编军队。你们到底想干什么啊？我的臣僚都劝我起兵讨伐，可我并没有马上动兵，而是先派使者来讨要关南之地。如果你们不答应，再举兵讨伐也不迟！

要说耶律宗真确实不是善茬，不但强词夺理，把破坏盟约的罪名安在宋朝头上，而且话里柔中带刚，透着赤裸裸的军事威胁。

关于辽国的那些借口，富弼早已有所准备，他不卑不亢地一一予以驳斥："关闭雁门关，那是为了防备元昊；塘泺在两朝订立盟约前就有，现在因为地势变化，塘泺才有所扩展，并非宋朝故意所为。至于修城隘、整军队，其实只是将废旧的城墙修缮一下，缺额的军士役夫补充一下，都是常规行动，怎么就成了违约呢？"

耶律宗真见富弼拿出了论文答辩的劲头，知道谈这些细节问题占不到便宜，就虚晃一枪："你不说，我自然不知道其中的具体情况。但是，我们必须拿回祖宗留下来的土地！"

兜了一圈，耶律宗真又搬出了老掉牙的国际法问题，认为既然后晋把"幽云十六州"割给了辽国，宋朝就该按照之前的约定确定边界，归还关南地区。

富弼也不慌，继续有条有理地驳斥："晋朝石敬瑭割卢龙一道（指幽云十六州）给契丹，周世宗又夺回了关南地区，这些都是前代的事情。我们宋朝都已经立国近九十年了，如果都拿前代的事情说事，究竟该听谁的呢？"

没错，你们想恢复后晋时期的边界，我们还想保持后周时期的边界呢。很久以前的事情大家就都别提了。

连续两个回合，富弼的回答滴水不漏。

耶律宗真接着发出第三问："元昊向辽国称臣，还娶了我们辽国的公主。你们征伐他，为什么不先和我们打个招呼呢？"

早在辽圣宗在位的时候，元昊的老爸李德明就替他向辽国申请了一桩婚事，娶辽国兴平公主为妻。这桩政治联姻一度使辽夏双方的关系非常紧密。

耶律宗真这番说辞更没道理，明明是元昊先惹事，宋朝想教训一下入侵者，还要经过别人审批不成？

富弼立刻回怼："你们讨伐高丽（朝鲜半岛）、黑水（女真前身）的时候，提前通知我们了吗？我们皇帝还让我带话给你，我们此前并不知道你们和元昊联姻。元昊侵扰边界，宋朝才发兵进讨。我们如果不反击，就只能眼睁睁地看着无辜的黎民百姓死伤。如果换成你们，会怎么做呢？"

富弼一番话说得极有水平。首先，你们和别人打架的时候也没提前通知我们，你有错在先！背着我们和元昊勾勾搭搭，现在反而倒打一把指责我们，那是错上加错！居然还让我们打不还手，坐视百姓受苦，岂不错得离谱？

耶律宗真被富弼怼得哑口无言。

富弼顶住了耶律宗真的三板斧，但好戏还远未结束。趁耶律宗真还没回过神来，他已经开始转守为攻了。

富弼上前一步，对耶律宗真意味深长地说道："如果辽国和宋朝和好，对你是大有好处的，但对你的臣子却毫无益处。反过来，如果辽宋交战，那么好处就都归了臣子，你非但得不到什么好处，反而要遭受祸患。所以，你的臣子鼓动你出兵交战，都是在为自己谋好处，没为国家打算啊！"

耶律宗真听了富弼的观点，脑筋一时转不过弯来，好奇地问："这话什么意思啊？"

眼见耶律宗真上套了，富弼赶紧继续忽悠："当年晋朝末帝时，（后晋出帝石重贵）朝政昏乱，上下离心离德，而且地盘又小，你们才能够趁机取胜。但是取胜后又怎么样呢？抢来的钱财都进了臣子的私囊，而兵士、战马以及武器的损失，都由谁来承担呢？现在宋朝疆域广大、兵士众多、军纪严明、上下一心，你们想对我们动兵，难道有必胜的把握吗？"

富弼说得没错，当年辽国击败后晋，一度占领中原，但因为无法有效管理，最后还是退了出去。耶律宗真不知道富弼葫芦里卖的什么药，被唬得一愣一愣的。

眼见耶律宗真同学还没完全听明白，于是，富老师继续循循善诱："就算两国开战后你们取胜了，因为战胜而导致的士卒伤亡、战马兵器损失，是由你的臣子们来承担呢，还是你来承担呢？如果两国一直交好，这些岁币都是你的，臣子们又能捞到多少好处？"

富弼的这番说辞确实高妙。因为前面的几次斗嘴，不管你占到多少口舌便宜，其实都于事无补。人家本来就是趁火打劫来的，讲道理谈感情都不会管用。

所以，富弼的说辞绕过了这些假大空的东西，巧妙地将耶律宗真和下属臣子的利益对立了起来。

仔细分析一下，富弼的话说得非常高明。他告诉耶律宗真，通过和平手段取得的好处（岁币），都是归于君王的，臣子要想分一杯羹，那还得看皇帝的脸色。但靠战争去劫掠财富就不同了，皇帝必须仰仗将士们浴血奋战，一切缴获都归私不说，你还要时不时给点儿物质奖励，好让人家替你卖命。至于因战争而带来的经济损失，当然由你皇帝承担，平时出个差还要报销食宿费用呢，何况人家在为你流血牺牲。

如此一来，你想想，两国开战究竟对谁有利呢？

富弼两眼紧盯着若有所思的耶律宗真，脸上露出一丝不易察觉的笑容。

你品，你细品。

太深刻了！太有启发了！长这么大，耶律宗真还真没从这个角度思考过问题。

如果论骑马射箭，契丹人完胜汉人，但论起耍心眼，契丹人明显不在一个档次上。

听了富弼的一席话，耶律宗真琢磨来琢磨去，越想越觉得有道理（国主大悟，首肯者久之）。

耶律宗真虽然被富弼说动了，但也不能马上答应下来，否则讹诈钱财的意图也太明显了，搞得自己像个穷鬼似的，有损形象。

于是，过了几天，他又派刘六符过来，对富弼说道："你讲得是不错，可我们皇上觉得拿你们的钱财是一种耻辱。如果他执意要收回关南十县，那可怎么办？"

听刘六符这么一说，富弼心中狂喜，看来耶律宗真已经被自己说动了。什么拿钱是耻辱，之前你们每年拿三十万岁币怎么没觉得丢脸？

于是，富弼当即回复刘六符："我们皇上曾经说过：'朕作为赵家子孙，怎么敢把祖宗留下的土地送给别人呢？当年两军在澶渊兵戈相向，先帝都不肯退让，难道今天就可以割让了吗？你们想取得关南地区，不就是为了收取那里的租税吗？现在我们用金帛代付给你们，也足够你们花销了。我们皇上顾及两国百姓，不想生灵涂炭，所以不惜用金帛和你们交好。你们如果一定要得到土地，那就是打定主意要撕毁盟约，我们难道还能退缩吗？澶渊之盟，天地神灵都看到了。现在你们先发兵挑衅，我无愧于心，也不怕神灵怪罪！'"

富弼借着赵祯的口，一口气亮出了宋朝的底牌，还把天地神灵都抬了出来。刘六符被富弼的一通抢白震得说不出话来，只能喃喃地应着："你们皇帝真心和我们交好就好，我们再一起上奏，争取让两位皇帝能够达成一致意见。"

刘六符转身走后，第二天，耶律宗真就邀请富弼一起打猎，想借最后的机会再讨点儿便宜。打猎途中，耶律宗真突然发问："你在回去前还想说什么？"

耶律宗真的发问似乎是在催富弼回国，其实是故意摆出了一份谈判即将破裂的架势。

富弼当然不会上当，回道："宋朝只是想和辽国交好。"

耶律宗真又说："让我们得到土地，两国就可以交好。"

富弼依然不紧不慢地回道："我们皇帝派我告诉你，你们想得到祖宗留下的土地，我们难道就肯失去祖宗留下的土地吗？如果你们以得到土地为荣，那么我们肯定以失去土地为辱。既然是兄弟之国，怎么可以一荣一辱呢？幽云十六州还曾是中原王朝的土地呢，难道我们就不可以对这块地主张权利吗？"

富弼连发三问，耶律宗真被噎得说不出一句话。

经过最后的威胁试探，耶律宗真终于放弃了获取土地的要求，不过他似乎存心要为难富弼，又开始拿两国联姻说事，甚至点名想要赵祯将一个女儿嫁过来。

不久，刘六符又找到富弼，说道："我们皇帝听了你的高论后，觉得很有道理。不过我们并不想要你们的金帛（鬼才信），只是想和你们谈谈联姻的事情。"

在富弼的方案中，联姻并不是第一选项。他也料定，辽国此举不过是为自己抬抬价码。

这回，富弼回答得更加直接："夫妇之间感情未必稳定，而且人的寿命有长有短，靠联姻来维持两国关系并不牢固，还不如给你们增加点金帛呢。我们嫁一个公主，随嫁的资产也不过十万缗罢了。"

富弼说得很直白，靠联姻来维持关系确实不靠谱。为了利益，多少兄弟相残、父子反目的事情都在发生，何况这点儿脆弱的联系。此外，富弼想得很周到，连经济账都替辽国算了一遍：嫁妆就值那么几个钱，比岁币差远了，而且还是一次性的。

总而言之，要多少钱，你还是开个价吧。

如此来来往往，双方又扯了好几回皮，辽国人始终说不过富弼，但又不想马上松口，于是就打发富弼回国。

可这回，富弼偏偏赖着不走了，他让人传话给耶律宗真："到底采取哪种方案还没决定，我不敢回去。"

富弼拿出了一辈子在辽国蹭吃蹭喝的态度，这让耶律宗真有点儿抓狂。他不想再为富弼免费提供食宿了，就含含糊糊地回应富弼："你还是先回去吧。等你再来的时候，我们会选择一种方案，到时候你直接带着誓书来。"

究竟联姻还是增加岁币？话都没说明，让人怎么写誓书？

不过，这也难不倒富弼，你就瞧好了吧。

## 重熙增币

富弼回到京师后，赵祯听了非常高兴。无论联姻和增加岁币，都在他的心理可承受范围之内。

根据富弼带来的消息，赵祯决定趁热打铁，赶紧把和辽国议和之事敲定下来。于是，在富弼的建议下，宋朝迅速炮制出了两份国书、三份誓书，准备让耶律宗真自己去做选择题。

联姻和增币，一共才两个选择，怎么搞出那么多复杂的文书呢？不仅你脑袋里有问号，当时的辽国人也弄不明白。

原来，富弼针对辽国的刁难，提出了三种选项：第一套方案是联姻。根据联姻的内容，宋朝制作了国书和誓书各一份。第二套方案是增币，但具体又为辽国提供了两种选择，一种是每年增加岁币十万；另一种是每年增加岁币二十万，但有个前提条件，辽国必须负责约束元昊，让他别再闹事了。这套方案中，明确增币议和的国书一份，关于具体数目和条件的誓约则分成了两份。

所以，国书有二，誓书有三。

八月，富弼带着一堆文书再次来到辽国，前来迎接的刘六符马上发问：老兄，你该不是来卖文具的吧？

辽国被宋朝的自助点餐式服务惊到了！

耶律宗真自己有言在先，会在富弼第二次过来时选择一种方案，现在人家诚意满满地来了，A、B、C，自己好歹得选一个。

耶律宗真被富弼将了军，只好硬着头皮选。对于宋朝提供的几种方案，他没有半点儿犹豫，马上选了第三种——每年增加岁币二十万。

本来，人家就是为了讹点儿钱嘛。

不过，耶律宗真在做出选择后，偏偏又给富弼出了个不大不小的难题，就因为誓书上的一个字，两人又进行了一番唇枪舌剑。

耶律宗真："每年增加岁币是不错，但没有合适的名义也不妥，应该在誓书中增加一个'献'字才可以。"

辽国的这个要求，相当于劫了你的钱财，还让你承认这笔钱是你自愿孝敬的。

富弼当然不肯答应，马上顶了回去："'献'字是以下奉上的措辞，连敌对国家之间都不会用这种字眼，何况我们是兄弟之国。哪有兄长

'献'给弟弟的？"

耶律宗真这次干脆摆出了一副无赖相："你们赠送金帛，就是怕我们嘛，还纠结于一个'献'字干什么？"

耶律宗真一点儿都不给宋朝留面子，但富弼也不嘴软："我们皇帝守卫祖宗留下的土地，继承先帝缔结的盟约，之所以用金帛来化解干戈，主要是因为爱惜生灵，难道是怕你们不成？现在你忽然说这种话，就是想蓄意破坏友好关系，那么我们也不怕动兵！"

要说不怕动兵，估计富弼自己都不信，所以耶律宗真依然不依不饶："要不改成'纳'字怎么样？"

从字义上看，"纳"确实比"献"柔和一点，但仍然带有以下奉上的味道，所以富弼还是没有答应。


立国一百余年后，辽国的统治阶层受汉族文化的影响已经很深，契丹人过去只重经济实惠，现在似乎也喜欢在字眼上占点儿便宜。

接下来，耶律宗真和富弼将其他实体条款扔到了一边，围绕着一个"纳"字死抠起来，一边是恫吓威胁、蛮横耍赖，一边是引经据典、据理力争。然而，双方斗了半天嘴，结果仍是谁也没说服谁。

耶律宗真见富弼死活不让步，就拍着桌子扬言："我自己派遣使节和你们皇帝商议。若是你们皇帝答应用'纳'字，看你还有什么话说？"

富弼也不示弱，坚持一怼到底："如果我们皇上答应了你，烦你告诉他们，就说我在这里妄加争议，尽管治我的罪好了，我绝不推辞！"

要说耶律宗真也很实在，马上又派刘六符陪着富弼回宋朝，继续掰扯誓书中是否该加一个"纳"字。富弼一边陪着刘六符回朝，一边连忙暗中派人上奏，建议朝廷绝不可答应增加"纳"字。

过了好久，宋朝重新审定的盟约终于送了过来。富弼急忙打开查阅，一眼就看到了一句扎眼的话：

"别纳金帛之仪，用代赋税之物，每年增银绢各十万两匹。"

"纳"字赫然在目。

是的，外交上的事情，从来都是弱肉强食，实力不如人，嘴再硬都没用。一个小小的西夏都搞不定，也难怪人家明目张胆地讹诈你。富弼有心为宋朝争点儿尊严，但已经被战争搞得狼狈不堪的赵祯只想息事宁人。只要花钱能买太平，至于"纳"不"纳"的，早就不再重要。

从庆历二年（1042）正月到九月，辽宋之间的谈判闹剧终于收场。因当时辽国的年号为"重熙"，故史称"重熙增币"。

"重熙增币"后，辽国轻易就使每年的岁币增加了二十万，里子面子都赢了，举国上下一片欢腾，还专门刻碑记载了这件事。那个负责谈判的刘六符居然因此升官发财，一下子成了辽国地位最高的汉人之一。

当然，对于宋朝而言，"重熙增币"是件非常郁闷的事情。只是，可怜的赵祯甚至连心疼一下国库的时间都没有，因为就在和约签订的同时，他们又挨揍了。

庆历二年（1042）闰九月，就在对辽盟约签订后的一个月，宋朝在西北边境又结结实实吃了一个大败仗。

战争的经过实在乏善可陈：元昊率重兵攻入了镇戎军（原州附近），宋朝泾原路副都部署葛怀敏被动出击，结果被围在了定川寨，最终突围不成，包括葛怀敏在内的十六员大将战死，损兵九千四百余人，马六百余匹，史称"定川寨之战"。

三川口、好水川、定川寨，宋朝三战三败，输得无地自容。

如果考究其中的原因，其实一点儿也不冤。西夏依仗强大的机动兵团指哪打哪，诱敌深入、围而歼之的战术运用得炉火纯青。宋朝却只能消极防御，偶有胜利都是依托城池防守取得，并不能歼灭对手的有生力量。如此态势下，宋朝怎会不吃亏？

定川寨战报传来，大宋朝廷上下又是一片感叹号，感叹完以后，主和派的呼声开始高涨，赵祯的内心也更倾向议和了事。

令人意想不到的是，刚打完胜仗的元昊似乎和赵祯心有灵犀，居然主动派人来求和了。

## 三角恋

元昊产生请和的想法，纯属迫不得已。

西夏虽然在军事交锋中屡战屡胜，但毕竟人口少、财力弱，几场仗打下来，老本都快耗光了，再加上宋朝的经济封锁，导致国内越打越穷，人们怨声载道。

自从宋辽重新订立盟约后，辽国的态度也转变了。契丹人比较实在，收人钱财，替人消灾，立刻派人知会元昊：别打了，差不多就得了。

辽国的态度转变，差点儿没把元昊气疯：我灰头土脸忙了半天，一丁点儿好处都还没捞到，你却渔翁得利，轻轻松松每年多拿了二十万岁币。捞钱也就算了，现在你又插上羽毛冒充和平鸽，来劝我放下屠刀，真是好处好人都归你了，岂有此理?!

气归气，元昊也没办法。论实力，他还不敢和辽国撕破脸，眼下只能借着讲和的机会向宋朝捞点儿补偿。很快，元昊的使者来到了延州，委婉地表达了求和的意愿。延州知州庞籍不敢怠慢，立刻上报朝廷。

西夏想议和，赵祯求之不得，立刻下密诏告知庞籍：尽快促成和议。只要元昊称臣服软，至于他自称"青天子"还是"蓝天子"，都无所谓了（苟称臣，虽仍其僭号亦无害）。

收到密诏后，庞籍立刻向西夏释放出友好信号，紧接着，元昊就派使节贺从勖（xù）带着国书来到了延州，进一步试探和议条件。

知州庞籍一看贺从勖带来的国书，眉头拧成了麻花结。因为国书抬头写着"男邦泥定国兀卒曩霄上书父大宋皇帝"，元昊自称为男，而称宋朝皇帝为父，将两国定位成了父子关系，而不是君臣关系。换句话说，两国依然是地位平等的政权，元昊并没有接受称臣的最低条件。

至于元昊在辈分上的让步，宋朝并没多大兴趣。赵祯名义上还是耶律宗真的哥哥呢，还不是必须每年给这个远房弟弟发零花钱？这回多了个儿子，岂不更要破费？省省吧。

庞籍告诫贺从勖：西夏应该称臣才是。如果不定位好两国关系（名体未正），和谈没戏！贺从勖也很倔强，表示自己要进京面见赵祯，和大宋皇帝亲自谈。如果宋朝皇帝不答应，他才回去向元昊复命。

庞籍把情况转告赵祯，赵祯求和心切，竟答应了贺从勖进京的请求。

庆历三年（1043）二月，贺从勖来到了开封。可正当西夏和宋朝越走越近的时候，辽国突然又横插了一杠子。他们也派一个使者来到了开封，向赵祯传达了辽国的态度：建议宋朝不要和西夏讲和。

赵祯和宋朝群臣顿时全懵了，这唱的又是哪一出？

一打听才知道，原来西夏和辽国闹翻了。

对于辽国趁机得利的事情，元昊一直耿耿于怀，总想找机会报复一下。当时，辽国境内居住着一些党项族部落，元昊就多次派人威逼利诱，怂恿这些部落脱离辽国，归附西夏。辽国见这个附庸国背地里搞小动作，也开始刻意遏制它的发展。不久，辽国颁令，严禁各藩部向西夏出售马匹，一下子掐断了西夏最重要的军事物资来源。一来二去，双方彻底撕破了脸。于是，辽国就故意破坏宋夏和议，希望进一步孤立西夏。

辽国的态度让宋朝君臣非常头痛：钱你也收了，好不容易人家要讲和，你干吗第三者插足呢？宋朝两边都不能得罪，左右为难，经过朝堂上一番讨论，终于憋出了一个两不得罪的办法。

宋朝告谕西夏：辽国和你们曾是联姻关系，你们突然和他们断绝关系，归附我们，我们也是要起疑心的。如果没有别的什么缘故，你们还是像以前一样归附辽国，然后才允许你们归附我们。

转个身，宋朝又告知辽国：我们已经知会元昊了。如果他们能主动向你们请降，就允许他们归附我们。如果他们仍然顽固抗拒，我们将和你们一起讨伐他们。

宋朝君臣充分发挥了和稀泥的优良传统，把宋夏和议的前提条件定位成西夏是否重新归附辽国。如此一来，矛盾焦点又回到了辽国和西夏的身上。

反正你们自己先处理好双边关系，我等着你们的答复。

现在，元昊在这场外交交涉中成了最被动的人，他再霸道，也不敢同时得罪两个邻居，只好低头认怂。于是，元昊派人给辽国送了一份厚礼，取得了辽国的谅解，这才回过头来和宋朝重启谈判。


宋朝和西夏之间的谈判进行得很不容易，因为双方开列的条件差距实在太大。宋朝的底线是"称臣"，可西夏磨磨唧唧就是不想承认。在经济补偿上，宋朝开出的条件是每年给十万匹绢、三万斤茶，每年元昊生日以及十月初一（古时祭祖节）再发几个零花钱。而元昊的胃口很大，根本看不上这几个小钱。

双方都不想让步，谈判便演变成了一场旷日持久的拉锯战。

四月，宋朝使节跟着贺从勖来到了兴庆府，面见元昊，开启新一轮扯皮。到了七月，宋朝使节回到开封，屁股后面还跟着元昊新派来的使臣。让宋朝君臣气愤的是，西夏非但没有丝毫让步，反而开出了不称臣、给予岁赐、放宽盐禁等十一个苛刻的条件。

这还不算，最可恨的是，在西夏国书中，元昊居然将"兀卒"两个字改成了"吾祖"。

我们说过，"兀卒"只是个音译词，代表"青天子"的意思。你如果要换种写法，译成"无助"或者"乌猪"也成。而你偏偏译成"吾祖"，是什么意思？

我祖宗？

如果按这种译法，宋朝每次给西夏起草文书的时候都要亲切地叫一声元昊：我祖宗……

一个边鄙外族居然敢如此欺人，那还了得？元昊的恶心做法招来宋朝群臣的一片骂声。

自然，宋夏第二轮谈判又崩掉了。

好在双方都有耐心，联系并未中断。八月，双方的使节继续在兴庆府和开封之间来来回回，忙得不亦乐乎。没关系，双方慢慢磨嘛。

经过一番纷繁复杂的扯皮，元昊终于在名号上做出了重大让步——同意称臣。但在经济待遇上，他却狮子大开口，张口就要三十万岁币，并且还要向宋朝境内输入十万石青盐。

这个条件，让宋朝着实难答应。

因为宋朝对西夏的经济补偿预期是二十万，这回三十万岁币加上十万石盐的配额，相当于四十万岁币的价值。经济损失太大暂且不说，赵祯和大臣们还要考虑一个政治平衡问题。

有朝臣就提出，我们输送给辽国的岁币每年也就五十万，西夏的国力要比辽国差很多，如果也答应给四十万，那让辽国知道了又会做何感想呢？会不会再起贪心，又来讹诈一笔？

赵祯一听，觉得非常在理，于是，果断拒绝了西夏的要求。

结果，双方谈了近一年，啥成果都没谈成。于是，一切又回到了从前，元昊又开始率军在边境骚扰，赵祯又开始无比头痛……

头痛到庆历四年（1044）五月，和谈突然迎来了重大转机。西夏主动前来议和，而且还直接送来了誓表。

从誓表的内容上看，元昊这回不仅主动称臣，还把岁币的数目进行了压缩，希望宋朝每年赐给绢、银、茶等二十五万五千。至于其他乱七八糟的要求，统统取消。

西夏的态度之所以来了个一百八十度大转弯，是由于他们遇到了大麻烦——他们和辽国动手打了起来。

辽国派兵平定境内党项人的叛乱，元昊暗中出兵，还打死了几个辽国高级将领。耶律宗真勃然大怒，召集兵马，大张旗鼓地讨伐西夏。

元昊眼见要和辽国兵戎相见，生怕宋朝也来凑热闹，使自己陷入两线作战的困境，就赶紧派人与宋朝讲和。辽国因为要征伐西夏，也不希望宋朝和西夏订立盟约，于是派人出使宋朝说明情况。

真是风水轮流转，宋朝长期受两个野蛮邻居的欺负，好歹这次自己享受了一回坐山观虎斗的待遇。

赵祯非常希望能趁机和西夏完成和议，却又怕惹辽国不高兴，玩起了"拖"字诀。他将西夏使者扣留起来，既不答应议和，也不一口回绝。

从庆历四年（1044）九月到十二月，辽国和西夏的战争足足打了三个月。也算赵祯运气好，战争的形势一直按照宋朝希望的方向发展。

辽国依仗着强大的军事实力先打了几个胜仗。狡猾的元昊待辽军深入西夏境内后，实行坚壁清野的政策，使得辽军的后勤补给变得困难，然后看准时机发动反击，打了一个大胜仗，甚至还俘虏了辽国的驸马都尉。

元昊见好就收，派出使节分别向辽国和宋朝请和。耶律宗真吃了败仗，一时半会儿恢复不了元气，也就答应了西夏的请和。如此一来，赵祯再也没有任何顾虑，宋朝和西夏的议和水到渠成。

庆历四年（1044）十二月，宋朝的使臣带着刻有"夏国主印"的印章来到了兴庆府，正式册封元昊为夏国主，西夏对宋朝的臣属关系重新确立。当然，面子也不是白给的，宋朝需每年"赐予"西夏岁币二十五万五千。

纷纷扰扰，闹腾了整整六年的西北边患终于结束了，宋朝以每年增加四十多万岁币的代价，重新换来了和平。这次冲突，让宋朝君臣颜面尽失，繁华背后所隐藏的危机暴露无遗。

赵祯并不甘心处于这种孱弱的状态。就在他忙于应付外战的同时，一场影响深远的内部变革正在悄然兴起。

# 第十二章 庆历新政（一）

## 三 冗

庆历三年（1043）三月，宰相吕夷简被罢职回乡。

从大圣六年（1028）到庆历三年的十多年里，吕夷简一直是执掌中枢的首席宰相（其间有两年外放），在位时间仅次于开国功臣赵普。无论赵祯身边的宰执大臣如何走马灯式地更换，他却总能奇迹般地屹立不倒。

吕夷简当首席宰相的时期，正是宋朝最为鼎盛的时候，社会稳定，经济发展，文化繁荣……然而，无论是王朝还是个人，都逃不出盛极而衰的规律。当一个个体发展至最繁盛的时候，也往往是它积弊最严重的时候，一旦越过巅峰，长期积累的矛盾会不断暴露，个体也会逐渐走向衰落。

进入庆历年间，精明了一辈子的吕夷简终于有了迟暮之感。西北的战火，将这个看似繁盛的王朝的弱点完全展现出来，朝野上下都充斥着不满的声音。人们不敢把失败归咎到皇帝赵祯身上，而吕夷简无疑成了众臣宣泄不满的最佳目标。

庆历二年的冬天，一向行事谨慎的吕夷简居然犯了一个小错误。那是在一次大型朝会上，吕夷简作为领班大臣带领群臣叩拜时，鬼使神差地少拜了一次。古代的朝会礼仪是非常讲究细节的，根据的不同身份和场合，众臣的排序、穿着、动作都有所不同，一旦出现差错，就要接受责罚。

吕夷简犯下的这个低级错误，为其反对者提供了口实。他立刻招致了御史的猛烈攻击，再后来，礼仪问题逐渐演化成了对吕夷简执政成果的大批判。一通口水狂淹之后，赵祯不得不罢黜这位陪伴了自己多年的老臣。

庆历三年，六十五岁的吕夷简以太尉衔致仕，并于一年后病故。

吕夷简从此退出了历史舞台。这时，范仲淹、韩琦从西北前线回到朝中，赵祯对宰执班子进行了大规模调整，堪比亲政之初。一切都预示着，一场变革巨浪即将涌来！


在历史上，很多王朝都会走到一个变革的关口。这就好比你的一辆车，开久了总会出现这样那样的毛病，必须修理一下，才能继续上路。如果你拒绝修车，强行开着破车上路，迟早会出交通事故。到那个时候，修车恐怕已经不能解决问题，你只能换一辆新车。

修车就是自上而下的变革，换车就是自下而上的革命。修车费钱，换车却要付出铁和血的代价。

时间到了仁宗时期，"大宋牌汽车"也出现了不小的毛病——"三冗"问题。

冗官、冗兵、冗费。

所谓"冗官"，就是当官的人太多了。我们此前说过，宋朝信奉"与士大夫共治天下"的信条，立国以来大开科举之门。科举取士一多，当官的人自然就多了，再加上优厚的恩荫制度，使得官吏数量急速增加。以真宗景德年间（1004—1007）为例，当时宋朝的官员人数是一万名左右，而到了仁宗皇祐年间（1049—1054），官员人数已经达到两万余人，五十多年间，整整翻了一番。需要指出的是，这里统计的只是在编官员情况，并不包括那些编外的小吏。如果把武都头、宋押司等人都算在内，吃皇粮的人就更多了。

伴随着官员数量的增长，宋朝的官僚机构也在不断膨胀。原因很简单，如果不增加些机构和岗位，如何安置那么多凭空多出来的乌纱帽？然而，官位变多了，官员要办的事还是那么几件，于是一件事被分割成了多个机构和人员来干。机构与机构之间，岗位与岗位之间，职能交叉重叠，导致了行政效率的低下。所谓"叠床架屋""十羊九牧"是也。

若是大家对抽象的说理没有直观印象的话，我们可以看一段文学家王禹偁（chēng）的记载。王禹偁称，自己还是个穷书生的时候，家乡济州只有两个官：一个刺史和一个司户。等他科举中第回乡，发现一下子冒出了刺史、通判、副使、判官、推官、兵马监押六个官员，后来还增加了监酒税、司理等官员。于是，王禹偁哀叹：一个州尚且如此，全国就不用说了（一州既尔，天下可知）。需要说明的是，王禹偁是宋朝初年的人物，在真宗初年就去世了，他所反映的还只是赵匡胤、赵光义统治时期的情况。

可见，宋朝从立国开始，就成了最大的"乌纱帽批发店"，导致官员数量猛增。较为讽刺的是，尽管宋朝的官僚机构不断增扩，但还是满足不了数量呈直线上升趋势的官员需求，官位长期处于供不应求的状态，以致出现了"排队当官"的滑稽现象。

宋代官员实行定期轮任制。比如，你是一个地方上的小知县，当你干满三年后就得回到开封述职，然后坐等上边给你安排一个新岗位。然而，这次等待可不是一天两天的事情，很可能要等几个月时间。当你伸长脖子望穿秋水，终于等到一张委任状的时候，你也别急着赴任，因为很可能你要去的新岗位上还有人占着呢。我们说过嘛，那时"官多位少"。

所以，宋朝的一个官位经常会同时批发给好几个人，大家必须遵守秩序，排队等候，等别人到期走了，才会轮到你。当然，前提是你必须是这个官位第二顺位等待者，否则你还得继续耐心等。这种排队当官的现象称为"待阙"。宋朝初年的时候待阙现象还比较少见，此后越来越严重，甚至出现了"三四人守一阙"的奇观。

宋朝除了官多，还有就是兵多，是为"冗兵"。

宋朝长期边患不停，导致士兵数量也不断攀升。比起官吏数量的激增，兵员的增长速度更加令人触目惊心。咱们还是以数字说话：宋朝枢密院曾统计过太祖开宝年间、太宗至道年间、真宗天禧年间、仁宗庆历年间的全国军队数额，分别是 37.8 万、66.6 万、91.2 万和125.9 万，七十余年里，增幅达到 233％。

宋朝的兵员在不断增加，但军事实力却不增反降。在宋朝，当兵并不是光荣的，所以大多数将士都缺乏工作积极性，平时好吃懒做，战时军纪散漫，毫无战斗力可言。

宋朝的商品经济很发达，一些将领打仗的水平不怎么样，做生意的水平却很高，把属下的士兵当成了私人工具，指使士兵从事运输、营造等生意，为自己牟取暴利，甚至还有人专门组织手巧的士兵搞织绣赚钱。

你没看错，我说的就是织绣。说实话，每每看到这些记载，我脑中都会浮现出一排五大三粗的汉子埋头做针线活的画面。如此看来，宋军一败再败，真是一点儿都不冤。

军事羸弱的宋朝却养着数量出奇庞大的军队，这成了又一个极具讽刺意味的现象。

冗官、冗兵的结果直接导致了"冗费"。这点非常容易理解，吃皇粮的人多了，国家财政自然会吃紧。宋朝的官吏不但数量多，待遇也非常优厚，除了固定俸禄以外，隔三差五还会给点恩赏，如此一来，当然是一笔大开销。相比于官员俸禄，军费的开支更大，因为宋朝实行的是募兵制，士兵就相当于政府的雇佣兵，平时并不屯田耕作，朝廷不仅要全额负担粮饷，还要为他们提供武器装备。战事一起，军费的支出还会成倍增加。庞大的军费开支甚至一度占到了财政支出的六分之五。

官冗于上，兵冗于下。尽管宋朝的经济发展迅速，财政收入大幅增加，但是赚钱多架不住花钱快。根据宋朝的财报，在太宗赵光义时期，政府每年的财政收入刨去开支，还能余下大半。到了真宗赵恒时期，只能略有结余。如今到了赵祯时期，只能是收支勉强相抵。如果继续放任这种情况恶化下去，势必要出现财政赤字，"赵氏公司"就将面临破产倒闭的风险。

"三冗"问题已然成了"宋朝牌汽车"继续行驶的最大障碍，车主赵祯为了不出事故，决定找人对车进行一番大修理。至于请谁当修车师傅，他的心中早已有了合适的人选。


庆历三年（1043）九月，赵祯再次大规模调整宰执大臣，最终确定了全新的执政班子。众望所归，范仲淹、富弼分别被任命为参知政事和枢密副使（韩琦短暂出任枢密副使后又外任陕西宣抚使）。此时担任宰相和枢密使的分别是章得象、晏殊和杜衍，几位老臣名义上是两府的最高长官，实际上却不怎么管事。于是，范仲淹和富弼成了真正的掌舵者，他们成为支持赵祯开展革新的基础力量。

与此同时，赵祯又果断重用了一批年轻官员，为宋朝政坛补充了大量新鲜血液。这些官员大都富有朝气和理想，拥有改变宋朝积贫积弱状况的强烈意愿。在这些政坛新锐中，有两个人的名头最为响亮：

欧阳修和包拯。

一个大名鼎鼎的文豪和一个鼎鼎大名的清官。

## 欧阳修

先从大文豪说起。

欧阳修，字永叔，号醉翁，景德四年（1007）六月生，祖籍吉州永丰（今江西永丰）。根据欧阳家的族谱可知，那是一个名士辈出的望族，唐代大书法家欧阳询就是欧阳修的二十世祖。

不过，虽然祖上曾经阔过，但到了欧阳修这辈，境况就大不如前了。不如前，是委婉的说法，其实说白了也就一个字：

穷。

欧阳修的父亲叫欧阳观，他是个标准的读书人，一门心思科考做官，但他的运气似乎不太好，直到四十九岁那年才考中进士。这个年龄再入仕途，也就跟着别人唱唱"夕阳无限好"了。

欧阳修出生的时候，欧阳观已经五十五岁，可还只是个绵州（今四川绵阳）军事推官，从八品。更不幸的是，就在欧阳修四岁的时候，欧阳观因病去世了。至此，家里只剩下了母亲郑氏和欧阳修兄妹二人（欧阳修有一妹妹）。

一个孤独无助的女人拉扯着两个年幼的孩子，家境之困顿可想而知。于是，父亲去世后不久，欧阳修便跟随母亲，投奔了远在随州（今湖北随州）的叔父。叔父同样只是个小推官，一下子要养活两家人，经济上自然不宽裕。母亲在照顾欧阳修兄妹之余，还要靠洗洗缝缝来补贴家用。

孤儿寡母、寄人篱下、穷困窘迫……欧阳修的童年和范仲淹有着许多相似之处，这也使他们在此后的政治生涯中声气相投，成为亲密的战友。

春去秋来，小欧阳修转眼到了上学的年龄。自然，以当时的情况，家里没打发他去放牛就不错了，断不可能花钱为他聘请私塾老师。好在母亲郑氏曾读过几年书，于是她成了欧阳修的启蒙老师。

不得不说，郑氏确实是一位伟大的母亲，即便是在非常艰难的生活条件下，仍然没有放弃孩子的教育。可家里实在太穷，穷到连买笔墨纸砚的钱都没有，郑氏于是想出了以荻（dí）草代笔的方法。

随州的河滩边生长着很多荻草，这种植物和芦苇一样，有着坚硬的茎秆。郑氏就以荻草作笔，沙盘当纸，一笔一画地教欧阳修识字写字。她不会知道，正是自己的坚持和睿智，为我们留下了一个震烁古今的文豪。待欧阳修文名远播之后，"欧母画荻"也和"孟母三迁"一样，成为我国古代贤母教子的经典故事。

欧阳修没钱买笔，当然更没钱买书，好在附近有一个富户，家里藏着很多书，他就经常跑去蹭书看。每当捧起书本，欧阳修就完全沉浸其中，全然忘记了疲劳困苦，常常连吃饭睡觉都不记得。

不可否认，有些人天生就是读书种子。欧阳修爱读书，也会读书，他博闻强识，过目不忘，年纪轻轻就练就一手好文笔，写出来的文章成熟老练、文采飞扬。很多读过欧阳修文章的人，都会啧啧称奇，觉得他将来必成大才。

天才归天才，在那个时代，哪怕你是文曲星下凡，也得通过科举来证明自己。年轻的欧阳修早成了公认的超级学霸，在旁人眼里，这种人，考上了不是新闻，考不上才是新闻。

然而，事实证明，有些事情，越是大家认为理所当然，越是会出人意料。天圣元年（1023），十七岁的欧阳修第一次参加科举考试。结果一出来，他连第一关解试都没中！

事后得知，他的答卷中个别句子的韵脚超出了官韵范围，被一票否决了。

古代诗文是非常讲究押韵的，当时虽然没有汉语拼音，却有官方指定的韵书，韵书中详细规定了每个字属于哪个韵部。考试时，考卷上不但会规定诗文的主题，而且会指定韵部。也就是说，你必须遵循基本的答题规范才行，否则，一切免谈。

偏偏欧阳修年轻气盛，写起文章来不拘小节，一不留神就犯了个小错误。正是这么一个小错误，使学霸欧阳修转眼变成了复读生。

不过还好，你还年轻，就再来一次吧。


天圣四年（1026），欧阳修再次进入考场，这回，他轻松通过了随州的解试。第二年年初，欧阳修来到京城，参加礼部主持的省试。没想到，结果依然出人意料——他又落榜了！

欧阳修此次落榜，输得更冤。准确地说，欧阳修并不是因为诗文写得不够好而落榜，恰恰相反，而是因为他写得太好了。

好到超越了当时的文章评判标准。

当年，主持省试的主考官是礼部侍郎、枢密直学士刘筠。此人在文学史上有一个名头——西昆体派代表诗人。

"西昆体"是宋朝初年盛行的一种文学流派，讲究辞藻华丽、对仗工整，特别注重形式上的优美。这类文体刚开始还算正常，后来越走越偏，行文者一味追求用词漂亮，为了对仗而对仗，为了用典而用典，反而使文章变得华而不实。

为了把事情说明白，咱不妨举个例子，先看两个关于描写燕子飞过的句子：

"巘巘（yǎn）风檐乳燕翔。"

"双燕归来细雨中。"

上面两句，一句是主考官刘筠的，一句是考生欧阳修的。不用猜，大家都能分清楚哪一句是谁写的。

总而言之，对于普通人而言，要想弄清楚西昆体派诗人写了什么玩意，你非把字典翻破不可。

但是，这种拗口的文体偏偏是当时的主流。

欧阳修在求学的时候，早就敏锐地注意到了这种文风的缺陷，继而着意纠正改变，让诗文形式更加符合内容的需要。

后来的事实证明，欧阳修的思想非常具有创见，他也最终成功实践了自己的想法，掀起了一场盛大的诗文革新运动，开创了一代新的文风。

不过，不管欧阳修后来有多牛，眼前他还只是个刚出茅庐的考生。你写的东西不符合主考官的胃口，照样得打道回府。

欧阳修落寞地回到了随州，两次落榜让他感到无比沮丧。如果说第一次解试的失利属于偶然失误，那么第二次省试的失利让他不得不做出反思。

显然，理想是一回事，现实是另一回事。摆在他眼前的首要任务，不是去研究什么才是最好的文章，而是如何安身立命。

活下去，才能继续前进。

痛定思痛之后，欧阳修决定暂时向现实妥协。

天圣六年（1028），欧阳修前往汉阳，拜谒名士胥偃，主动学习撰写时文的方法。所谓时文，自然是最流行的西昆体诗文。

以欧阳修的天才，真要学习那些应试技巧，当然不在话下。天圣七年（1029），在胥偃的保荐下，欧阳修来到国子监，直接参加了国子监的解试（相当于州府的解试），一举夺得第一。

天圣八年（1030）正月，欧阳修再次参加礼部省试，这回，他又夺了第一。

如果在接下来的殿试中再拿下第一的话，欧阳修将和王曾一样，取得"连中三元"的顶级殊荣。

行走在开封的街头，欧阳修心中体会到一种从未有过的轻松。对贫寒子弟而言，读书中举是改变命运的唯一机会。几年里，他背负着心中的理想和家庭的重托，一直朝着这个目标负重前行。如今，他的愿望马上就要实现了。

几年来郁积于心中的阴霾终于一扫而空，欧阳修对即将到来的殿试充满信心，进士功名似乎早已成为囊中之物。他深信，数日之后，自己的命运将发生天翻地覆的变化。

欧阳修想到将要接受天子的亲自挑选，居然破天荒地拿钱做了一件新衣服，准备为自己再添上一份喜气。然而，正是这个无心的小举动，给欧阳修系上了一个始终无法解开的心结。

当时，欧阳修仍住在国子监的宿舍里，同住的还有一些入围殿试的同学，一群学子同吃同住，和现在的大学宿舍非常相似。和欧阳修住在一起的，有一个叫王拱辰（原名王拱寿）的学子。

王拱辰才十九岁，平时喜欢开玩笑，见到欧阳修做了新衣服，就一把抢过衣服披到了自己的身上，一边穿还一边嚷："我穿状元袍子喽，我穿状元袍子喽！"

欧阳修才名远播，再加上已经连中解元、省元，早就成了人们心目中的状元夺标大热门。如果那时候允许发行竞猜彩票的话，估计欧阳修的夺冠概率应该和世界杯上的巴西、德国差不多。随着大家的追捧，连欧阳修自己都有点飘飘然，以为状元非己莫属。也正因为如此，王拱辰才会披着欧阳修的衣服开玩笑。

不过，事实一再告诉我们，越是看起来板上钉钉的事越容易出意外。

很可惜，欧阳修未能如愿高中状元。

三月十四日，殿试放榜，皇帝赵祯亲自在崇政殿主持唱名仪式，欧阳修立在殿下，把耳朵竖成了雷达。可是，一连报了三个，欧阳修都没听到自己的名字。别说状元，连榜眼、探花都飞了。

按照殿试的规矩，如果你省试第一，在殿试唱名超过三人后，还没听到自己的名字，可以站出来申诉（抗声自陈）。欧阳修没有放弃这个机会，立刻站出来替自己抱屈。到最后，状元还是没追回来，名次稍微提前了一点，中了甲科第十四名。

正所谓，希望越大，失望越大。

回去以后，欧阳修非常郁闷，甚至可以说十分生气，倒不是因为自己没中状元，而是因为那个淘气鬼王拱辰。

因为，天圣八年（1030）的状元，正是王拱辰。

本来，王拱辰中个状元也没什么，欧阳修也不是个心胸狭隘之人。可问题就出在那件新衣服上。要知道，古人多少都有点儿迷信思想，大文豪欧阳修并不是科学家欧阳修，他心里总会想肯定是自己的运气被那个混小子沾走了。一想起此事，他心里就硌得慌。

后来，两人都娶了前副相薛奎的女儿，由同学变成了连襟。但是，就因为新衣事件的影响，两人的关系始终不怎么样。在此后的政治生涯中，他们两人也是针锋相对，成为了政坛上的一对欢喜冤家。

进士及第后，欧阳修领到了第一份工作——西京留守推官。西京就是洛阳，那是仅次于东京开封的大城市，仕途起点应算不错了。不过，得到任命后，欧阳修并没急着打包上岗，因为现任推官要到明年二月才能届满，他还得安安心心地"守阙"大半年。

在西京留守推官任上，欧阳修过得非常滋润，因为他的顶头上司是钱惟演。

　　此时的钱惟演已在朝中失势，正担任西京留守。他虽然人品不怎么样，却非常热爱文辞，对于欧阳修这样的文学奇才青眼有加。钱惟演对下属官员比较放纵，从来没有考核查岗一说。欧阳修也乐得逍遥，整天和同事们聚在一起喝酒赏花、吟风弄月，好不快哉。

　　据传，有一次欧阳修和朋友们一起去嵩山游玩，突然遇到了大雪，回不去了。正当大家一筹莫展的时候，钱惟演派人来了。来者不但不催他们回去干活，居然还带来了厨子和歌妓，并且带话给欧阳修他们：钱留守说了，衙门里也没啥大事。既然大雪封路，你们就干脆好好赏雪吧。

　　贪玩误点，没扣全勤奖，反而享受特殊照顾！抛去政治是非不说，如果纯粹从对待员工的角度看，钱惟演真是堪称"中国好领导"。

　　在洛阳，欧阳修度过了人生中最快意的一段时光。


　　景祐元年（1034）三月，欧阳修任期届满，被召回京师担任馆阁校勘。

　　景祐元年的朝政并不太平，范仲淹刚刚因为反对废除郭皇后而被贬睦州。在欧阳修心目中，正直无私的范仲淹应当是百官学习的楷模，更是自己心目中的偶像。于是，范仲淹前脚刚走，欧阳修就寄去了一封安慰信，为他加油打气。

　　到了景祐三年（1036），范仲淹又因反对吕夷简而落职，那些同情范仲淹的官员纷纷遭到贬黜。此时的欧阳修已经不是刚入京城的生涩小官，他开始挺身而出，替范仲淹仗义执言。

　　这回，欧阳修将矛头对准了右司谏高若讷。因为司谏的本职工作是规谏皇上，匡正过失，而这位老兄非但不替范仲淹说话，反而落井下石污蔑范仲淹沽名钓誉。

欧阳修操起他的如椽巨笔，洋洋洒洒地写了一篇《与高司谏书》。此文文笔老辣，论证严密，从人品到处事，将高若讷骂了个狗血淋头。临近文末，还爆出了一句狠话："老兄大概不知道什么叫作羞耻（足下不复知人间有羞耻事尔）！"

骂也就骂了，关键是欧阳修的文笔实在太好，文章一出来，自动加载文学轰动效应。《与高司谏书》一经发布，人尽皆知，成了开封城内的热帖，把高若讷搞得声名狼藉。

当然，过嘴瘾也是要付出代价的。欧阳修因为替范仲淹出头，被远贬为夷陵（今湖北宜昌市夷陵区）县令。

这是欧阳修政治生涯中遭遇的第一次挫折，但是他并没有丝毫的后悔。

景祐三年（1036）五月，欧阳修带着老母亲和家人跋山涉水前往夷陵。此后的五年里，欧阳修又辗转乾德、滑州等地担任地方官，直到康定元年（1040），他重新回到开封，再次出任馆阁校勘。

这一年，边境战火重燃，范仲淹出守西北。

庆历三年（1043），赵祯在内忧外患的刺激下，终于决心依靠范仲淹、富弼推行变革。作为范仲淹一贯的支持者，欧阳修被拔擢为知谏院。

赵祯让欧阳修担任这个职位，就是鼓励他大胆进谏，直陈利弊。

欧阳修为朝廷的新气象所鼓舞，多年积蓄的政治热情被瞬间点燃，立志在这场革新运动中大展身手。

我们说过，言官系统包括谏院和御史台两个机构。

欧阳修成了谏院的干将。巧合的是，执掌御史台的不是别人，正是"抢"走他状元名号的王拱辰。

在王拱辰的举荐下，御史台也来了一个敢于直言的新人：

包拯，包大人。

## 包　拯

包拯，字希仁，咸平二年（999）出生，庐州合肥（今安徽合肥）人。

宋朝的名臣数不胜数，如果要讨论一下哪位老兄的民间知名度最高，恐怕非包拯莫属。从宋代的话本到元代的杂剧，再从明清的小说戏曲，直到现在的电影电视，包拯从来都没有缺席过。上到八十岁的老奶奶，下到七八岁的小屁孩，都能说出一两段有关包公断案的故事。用现在的话说，那是一个红了一千多年的"超级 IP"。

既然红了那么久，包拯也就不能是普通的包拯了，他从断案如神、刚正不阿的包拯，变成了能够白天在人间办案，晚上还能到阎王爷那里干点兼职（白日断阳，夜间断阴）的包青天。君不见，很多地方都建起了包公祠、包公庙，将他奉若神明。

当然，真实的包拯并没有那么丰富的经历。他的脸并不像黑炭，额头上也没有月牙，更不可能成为半神半人的人物。唯有一点是真实不变的：

他是一个正直的人。

包拯的出身不像戏文中所说的那样家境贫寒、父母早亡、兄嫂抚养长大。历史上的包拯出生在一个家境殷实的官宦人家，父亲曾担任六品虞部员外郎。

天圣五年（1027），正当欧阳修经历第二次科考失败的时候，包拯考中了进士，朝廷安排他出任建昌（今江西南城县）知县。但他却没有马上赴任，理由是父母年事已高，需要照顾。

古人非常看重孝道，但很多时候只停留在冠冕堂皇的说辞上，真像包拯那样身体力行的少之又少。包拯这一照顾就照顾了七年，直到明道元年（1032），父母先后去世。可是，父母离世后包拯依然没有出来做官，因为他还要为父母守丧。

按照古人的最高道德标准，父母死后，子女需在坟墓边盖个小房子，替父母守丧，期限长达三年，称为"庐墓守丧"，意为父母将孩子养到三岁才使孩子独立行走，孩子也要报三年之恩。然而，这毕竟是理想化的观点，在实际操作中，"三年"逐渐变通成了跨越三个年头。可是，包拯守满了整整三年，并且期满后仍然不肯离开。

一直到了景祐四年（1037），包拯才在亲人的劝说下复出做官，担任天长（今安徽天长县）知县，此时距他考中进士已经整整十年！

十年，人生能有几个十年，更何况在特别讲究论资排辈的官场？如果按照当时的迁转规律，当三十九岁的包拯复出时，他的同年进士恐怕早就成了领导的领导。

但是，包拯丝毫不以为意。在他眼里，规则从来不允许一星半点儿的通融，刚直，是他与生俱来的特质。

在民间传说中，包拯的身上有许许多多的断案故事。事实上，大多数故事纯属虚构，有的故事虽确有其事，却并非包拯所为，只因包拯成为清官的化身后，善良的百姓把别人的故事加在了他的身上。而在天长知县的任上，包拯确实有过一次断案经历——智断"盗割牛舌"案。

史载，一日，有一个农夫发现自己家的牛被人割掉了舌头，就跑到县衙来报官。包拯听了他的诉说，连眼皮都没抬一下，告诉他："你只管回去吧，把牛杀了，然后赶紧卖掉。"农夫以为自己碰上了一个糊涂官，但也不敢说什么，只好自认倒霉。没过多久，又有人前来报官，举报那位农夫私宰耕牛。原来，当时耕牛属于重要的农业生产资料，私杀耕牛属于违法行为。

包拯听后，二话不说，立刻将举报者拿下，大声怒喝："你为什么盗割他人牛舌？如今居然还要告发别人私宰耕牛！"举报者顿时被吓得面如土色，如实招供了罪行。

其实，包拯早就料定，盗割牛舌者做贼心虚，必定时刻关注着受害者家中的一举一动，一旦发现受害者家中宰牛，定会第一个跑过来举报。

和戏曲影视中那些扑朔迷离的奇案怪案相比，这个小案的情节实在不值一提，但这却是《宋史》中唯一一则关于包拯断案的记载。当然，大家也没必要失望，包拯本来就不以办案为专长，他的仕途发迹起点，是一个监察岗位。

康定元年（1040），包拯迁任端州（今广东肇庆）知州。当时端州盛产砚台，端砚深受文人雅士的追捧，也是端州上供朝廷的指定特产。此前，历任端州地方官都要敛取超过进贡数额几十倍的砚台，用来送给朝中的达官显贵。端州为此背上了沉重的负担。

包拯到任后，决意一扫前代留下的陋习，严令各地官署除上供朝廷以外，任何人不得再多取一方砚台。包拯以身立规，直到任满回京，他依然恪守着"不取一砚归"的承诺。

清心为治本，直道是身谋。

——包拯《书端州郡斋壁》

随着端砚故事的流传，包拯清廉正直的名声逐渐广为人知。

庆历三年（1043），四十五岁的包拯经王拱辰举荐，受命为监察御史。

# 第十三章 庆历新政（二）

## 十件事

庆历三年（1043）五月起，赵祯开始频繁召见范仲淹、富弼等宰执大臣，心急火燎地催着他们提出富国强兵的方略。可是，范仲淹、富弼等人似乎根本没把皇上的要求放在心上，催了好几次，愣是没反应。

范仲淹不交"作业"，并不是因为懒，他的理由很充分："凡事都有先后，国家积弊已深，一时半会儿恐怕很难扭转局势（事有后先，且革弊于久安，非朝夕可能也）"。

平心而论，范仲淹的意见很中肯，改革不是请吃宵夜，如果事情都那么简单，堂堂宋朝也不至于被一个西夏揍得鼻青脸肿。

一心变革图强的赵祯并不能理解范仲淹。

九月，赵祯将宰执大臣统统召集到天章阁，一起参拜太祖、太宗的画像，抚今追昔地搞了一通思想教育，接着又催起了作业："你们都是众望所归的人才，我特地将你们拔擢到宰辅的位置（不次用卿等），凡是利于改革当今国家弊病的策略，给我赶快提出来！"

领导说得已经很明白了：别给我讲什么"从长计议"，我提拔你们也没有论资排辈嘛，别磨洋工了。

眼见皇帝放狠话了，范仲淹、富弼等人赶紧回去准备功课。可是，他们没料到，这位年轻的皇帝比他们想象得还要心急。

没过多久，赵祯又把他们叫到了天章阁，这回比上次还狠，直接给他们安排了桌椅板凳，上面连笔墨纸砚都放好了：你们也别整什么"深思熟虑"了，今天就现场答题吧！

范仲淹等人一看这架势，哪敢真的坐下来，赶紧诚惶诚恐地站到一边（皇恐避席），纷纷表示：我懂了，我会立刻立即马上提出具体意见！

天章阁问策后不久，范仲淹递上了一份名垂青史的奏疏——《答手诏条陈十事》。

变革就此拉开序幕，史称"庆历新政"。

范仲淹在年轻时曾立下"不为良相，便为良医"的宏愿，此时的范仲淹，正像是一个把脉问诊的医生，经过一番望闻问切，为百病缠身的宋朝开出了一剂药方。

范仲淹的"药方"足足有七千多字，一共放了十味"猛药"。

第一味药叫作"明黜陟"。"黜"意为降职、罢免，陟意为"提升、上升"。用现在的话说，就是"严格官吏的考核制度"。

当时，宋朝官员的升迁实行"磨勘"制，文官三年提升一级，武官五年提升一级，只讲资历，不问政绩。这种考核制度属于典型的"大锅饭"，干好干坏一个样。用范仲淹的话说，庸庸碌碌的蠢货，照样可以升迁，人们也不鄙视他（虽愚暗鄙猥，人莫齿之）；偶尔有一两个想干点实事的，反而受人排挤（思兴利去害而有为也，众皆指为生事）。如此一来，官场上处处人浮于事、推诿扯皮，干活效率极其低下。

因此，范仲淹提议打破论资排辈的方式，任命按察使来考核路级官员，同时要求各级官吏层层负责，对下属严加考核，并根据政绩择才录用。

第二味药叫作"抑侥幸"。这服药是"范医生"针对宋朝的"恩荫"制度提出来的。"恩荫"制度在宋朝彻底用滥了，不但恩荫的门槛低（中高级官员均有机会），而且花样繁多，什么圣节（皇帝诞辰）荫补、郊祀（祭祀）荫补、致仕（退休）荫补、遗表（去世）荫补、死事（因公殉职）荫补、边任（边远地区任职）荫补，等等。据"范医生"统计，如果一个学士以上的官员任职二十年，一辈子下来可以让亲戚子弟二十多人得到官职。等级高一点儿的官员就更夸张了，比如王旦死后，朝廷为了显示对他的特别恩宠，一次性将他的兄弟、子侄、门客等数十人荫补为官员。

荫补过于泛滥是导致冗官、冗费的重要原因。为了把这个漏洞堵上，范仲淹建议严格限制恩荫的条件、人数，主动缩小"赵氏乌纱帽批发店"的经营规模。

第三味药叫作"精贡举"。这条措施针对宋朝的科举考试。宋朝的科举制比较完备，但也不是没有一点儿毛病，最主要是科目设置上有问题。宋朝科举以进士科为重点，进士科的考试内容有诗赋、策论等，诗赋偏重文采，策论则偏重实务。由于诗赋更能体现技巧性，它往往成为决定进士考试结果的关键。如此一来，学子们都在诗赋上下功夫，反而忽略了实务研究。

为此，范仲淹提出要"教以经济之业，取以经济之才"。自然，这里的"经济"不仅仅是赚钱的意思，而是经国济世、治国理政之义。为了让学子更多地关注实务，范仲淹建议增加策论考试的权重比，或者先考策论，后考诗赋，然后"逐场定去留"。如此一来，相当于对宋朝的"高考大纲"进行了颠覆性改革！

第四味药叫作"择官长"。范仲淹建议朝廷要谨慎选择重点官吏，尤其是转运使、知州、知县等地方长官。地方长官是把控一方的"土皇帝"，直接决定辖区内百姓的生死祸福，他们的任免必须慎之又慎。为此，范仲淹建议从宰执大臣开始，逐级推荐一定名额的下属官吏，获得推荐票数较多的官员优先得到任用。被举荐的官员出了差错，推荐他的官员同样要被追责。

第五味药叫作"均公田"。这条措施有点"高薪养廉"的意味。宋朝官员的俸禄水平相对优厚，但个体情况还是有很大差异。尤其是"待阙"的现象增多后，穷官员就大规模出现了。前面说过，宋朝官员是几个人守着一个职位，排队上岗。而在排队期间，官员只能领取基本工资；如果你是一个刚考上的进士，那就连基本工资都没有。这样一来，那些待阙官员往往等着等着就等成了穷光蛋，有些还要靠借钱过日子。穷光蛋一旦上任，自然忙着巧取豪夺，人家要还贷款嘛。再说了，任期一到，下次还不知道又要待阙多久呢。

为了解决官员的长期生计问题，宋朝恢复了"职田"制度，即根据行政区域大小，划拨一定的土地为职田，收取的地租作为官员的俸禄补贴。但是在具体执行中，职田出现了分配不公、侵害百姓利益等现象。范仲淹希望重新丈量分配职田，免得有些官员由穷变贪。

以上五味药是范仲淹开出的主方，后面几位药相对次要，分别是"厚农桑（发展农业）""修武备（恢复府兵制）""减徭役（撤并县邑，减轻百姓负担）""覃恩信（强化诏敕执行）""重命令（重视法令制定）"。

从内容上看，整顿吏治才是"庆历新政"的核心所在。

"范医生"刚开完药，急不可耐的"病人"赵祯就拿着药方去治病了。

从庆历三年（1043）十月开始，一封封诏书从京城呼啸而出，新政在全国范围内迅速铺开。

范仲淹主导的新政几乎涉及了宋朝所有官员的切身利益，每项新政措施的出台都瞬间成为朝廷上下讨论的焦点，范仲淹因此背负着极大的压力。

不幸的是，新政很快遭到当头一棒。

## 公使钱事件

庆历四年（1044）正月，一场大雪飘然而至，覆盖了整个开封城。都说瑞雪兆丰年，而庆历四年的雪并未给宋朝带来什么好消息。

正月初八，一名边关守臣的降职处罚在朝内引起了轩然大波。

天章阁待制、权知凤翔府滕宗谅被贬为祠部员外郎、知虢州（今河南灵宝），罪名是贪污公使钱。

滕宗谅，字子京，淳化二年（991）生。他与范仲淹为同年进士，两人私交极好。

滕宗谅也属于那种一言不合就开炮的人，天圣十年（1032）上书要求刘太后还政的人中，就有他。赵祯即位后，支持皇帝亲政的官员开始上位，滕宗谅升任右正言。

自从太后死后，赵祯获得了久违的自由，行为上难免浪漫色彩多了一点儿。于是，滕宗谅开始不客气地提醒赵祯："陛下每天藏在深宫里，沉溺享乐（日居深宫，流连荒宴），上班的时候一副无精打采的样子，办事一点儿都不走心（临朝则多羸形倦色，决事如不挂圣怀）。"

"流连荒宴"只是委婉的说法，真实意思大家都懂。说白了，滕宗谅是在批评赵祯：你一天到晚沉溺在女人堆里，实在没有个皇帝的样子。

这下可把赵祯气炸了。人家好不容易熬出了头，稍微放飞一下又怎么着了？况且人家当时还没有孩子，那不也是延续赵家血脉的需要吗？

听了滕宗谅的指责，赵祯拍案而起，不久，将他贬为信州（今江西上饶信州区）知州。从此，滕宗谅由一个前途大好的中央官员变成了一个地方小官。

宋朝和西夏开战后，滕宗谅调任泾州知州，和范仲淹一起参与西北边防工作。范仲淹回京任副相后，推荐滕宗谅接替自己。保举滕宗谅的时候，范仲淹信誓旦旦地表示：如果滕宗谅干得不称职，自己甘愿和他同罪。

没想到，范仲淹话音未落，西北就传来了滕宗谅涉嫌贪污"公使钱"的消息。

所谓"公使钱"，又称公用钱，类似于现在的招待费。宋朝刺史以上的官员都有权支配一笔数额不等的"公使钱"，用于一些特殊场合的公务接待。关于公使钱的使用，宋朝有严格的程序规定。要支取一笔公使钱，需要知州和通判一起签名才行，而且每笔费用的使用去向都要一一记账，谁用了、谁吃了、买了什么，等等，必须记得一清二楚。

御史台的监察御史梁坚弹劾滕宗谅，声称滕宗谅在担任泾州知州期间，违规动用公使钱犒劳属下、馈赠朋友，总金额达十六万贯，另有数万贯公使钱无法说明用途，有私自侵吞的嫌疑。此外，还有一个更恶劣的情节，当朝廷派人调查此事时，滕宗谅居然指使他人烧毁了账册！

如果监察御史的指控是真的，滕宗谅属于贪赃外加对抗调查，性质非常恶劣。

滕宗谅在泾州的行为，范仲淹了如指掌。在听到监察御史对滕宗谅的指控后，范仲淹立刻上书为他辩护：

所谓用公使钱"犒劳下属"，其实是滕宗谅在军队后勤保障困难的时候，花钱从当地百姓那里买了一些牛和驴，用于犒劳军队。

所谓"馈赠朋友"，是范仲淹和韩琦到泾州视察军事时，滕宗谅办了个招待宴会。在宴会上，一些将领进行了射箭表演，滕宗谅对射中者给予了一些赏赐。

至于违规挪用、私吞公使钱这件事，其实更冤。朝廷拨给泾州的公使钱总数都没有十六万贯，那是滕宗谅以公使钱为本钱，进行了一些回图贸易（边境交易），然后将所得的本钱和收益用作了军费开支。滕宗谅真正用于公务接待的钱也就区区三千贯。

需要特别说明的是，上面提到的"回图贸易"，是当年太祖赵匡胤为了鼓励守边将领特批的权力，属于合法行为。范仲淹、韩琦等人也曾这么干过。

　　根据范仲淹的论述，我们可以大致理清公使钱事件的来龙去脉：滕宗谅没有严格按照朝廷规定的用途使用公使钱，但也没有中饱私囊，而是灵活地将公使钱用于其他公事，以改善将士待遇，激励军队士气。

　　如此看来，滕宗谅的错误还是有的，却也情有可原。

　　话虽这么说，还有一处硬伤连范仲淹也保不了，那就是滕宗谅烧账册的行为。滕宗谅是个豪爽人，为了不连累其他人，就一把火把账册烧毁了，于是给人留下了销毁证据的口实。

　　尽管范仲淹在赵祯面前为滕宗谅说尽好话，御史台却始终不依不饶，坚持要求对滕宗谅从重定罪，而且态度异常强硬。结果，范仲淹和御史台长官王拱辰在朝堂上当场吵了起来，范仲淹甚至不惜以辞职为代价来为滕宗谅证清白。可王拱辰也不是吃素的，他表示，如果皇上不治滕宗谅的罪，自己现在就罢朝！

　　王拱辰说到做到，第二天开始还真的不来上班了！

　　王拱辰统领的御史台本来和范仲淹并没有什么大过节，之所以和范仲淹产生尖锐对立，还得感谢盟友欧阳修的"神助攻"。

　　事情得从庆历三年（1043）的十一月说起。就在范仲淹刚刚递上《答手诏条陈十事》后不久，性急的欧阳修突然开炮，对着御史台一顿猛轰。他认为，近年来御史台都被一群庸才把持着，那些监察御史"多非其才"，"无一人可称者"。

　　欧阳修在奏疏里点了很多人的名字，那个弹劾滕宗谅的监察御史梁坚也在其内。

谏院和御史台都是负责直言进谏的部门，原本应该和谐共处、同仇敌忾才对。而欧阳修的言论实在太过偏激，一下子激起了御史台官员的众怒，也让御史台首脑王拱辰十分难堪。再加上此前"争状元"事件留下的小矛盾，欧阳修和王拱辰这两个同年加连襟俨然势同水火，都希望置对手于死地。

拜欧阳修所赐，御史台从此变成了范仲淹等革新派的死敌。那些监察御史一有机会就攻击范仲淹、欧阳修等人，对于他们举荐的"贤人"，也总是给予格外"关照"。

你不是说我们差劲吗？我也给你们挑挑毛病。

滕宗谅是范仲淹阵营中的成员，这回被逮到了一点儿小把柄，御史台当然不肯放过。

僵持了几天后，赵祯的心理最终还是倒向了御史台一边。一来，不管滕宗谅究竟有没有贪污，西北前线终究没有让他扬眉吐气，他为此心里硌得慌。二来，他对滕宗谅没什么好印象，谁让你随便干涉皇上的私生活呢？

于是，滕宗谅先是被贬到虢州，一个月后，又被贬到更远的岳州。

岳州，就是现在的湖南省岳阳市，古称巴陵。

## 朋党论

公使钱事件使范仲淹在朝廷中的威信受到极大冲击，也给刚刚开启的新政蒙上了一层阴影。

更加不妙的是，以范仲淹、富弼、欧阳修为主的革新派正在陷入党争的漩涡，在朝中愈发孤立。

被奉为圣人的孔子早就说过，"君子周而不比，小人比而不周"。就是说，君子团结而不结党营私，小人结党营私而不团结。言下之意，正人君子是不会结党的，那些喜欢互相结党的人，必然是居心叵测的小人。同理，若是朝中大臣互相结党营私，一群人整天争来斗去，势必会把朝廷弄得乌烟瘴气。

因此，几乎所有的统治者都将大臣结党视为洪水猛兽，稍露苗头就要强力打压。

随着新政的推行，以范仲淹为首的新政派经常受到攻击诘难，他们也会毫不示弱地予以反击。欧阳修更是凭着一手漂亮的文章，四面出击，直骂得对手一佛出世，二佛升天。

范仲淹、欧阳修等人强势推行新政，导致他们在朝廷中树敌越来越多。那些反对派开始避开具体问题的争论，将"朋党"的大帽子扣到他们头上。

以推行新政为名，行党同伐异之实，这是反对派攻击范仲淹等人的最强利器。这些言论，不能不引起赵祯的警觉。

可惜的是，范仲淹、欧阳修等人并未敏锐地意识到，危险即将到来！

四月的一天，赵祯在召见宰执大臣时突然抛出了一个尖锐的问题："自古只有小人才会结为朋党，难道君子也会结党吗？"

显然，这个问题是冲着新政派来的，暗藏机锋，凶险无比。

范仲淹还是那个透明纯粹的范仲淹，他未加思索，张口答道："我在主持西北边防的时候，发现勇敢的人自动结为一党，胆小的人也自动结为一党。朝廷上其实也一样，奸邪的人和正直的人各自结党。全赖皇上明察罢了。如果结党的人都一心向善，那对国家又有什么害处呢？"

听了范仲淹的回答，赵祯顿时陷入了沉默，他没料到，面对结党的指责，范仲淹非但没有回避辩解，居然大胆地承认了，甚至还公开宣扬君子结党！

如果从政治胆略上看，这确实是一番荡气回肠、正气凛然的回应。但是从斗争策略上讲，并不高明。范仲淹天真地希望，自己的直言能够打动赵祯，从而让新政得到更加有力的支持。

可事实证明，范仲淹只是一厢情愿而已，赵祯并未认可范仲淹的回答。

在赵祯看来，如果承认范仲淹是君子党，那么，不支持范仲淹的臣僚岂不都成了奸佞小人？而自己岂不成了任用小人的昏君？

就在范仲淹提出"君子有党"论的当月，欧阳修又坐不住了，很快祭出了一篇旷世宏文《朋党论》，他在文章里慷慨陈词：

小人因为利益而集结在一起（同利为朋），没了利益就通通散伙（利尽而交疏）；君子因为道义而集结（同道为朋），为了共同的理想和衷共济（以之修身，则同道而相益；以之事国，则同心而共济）。

最后，欧阳修还不忘告诫赵祯：做皇帝的，就应该支持君子结党，把小人伪党统统赶走（故为人君者，但当退小人之伪朋，用君子之真朋，则天下治矣）。

照欧阳修的说法，只有君子才配结党，小人连结党都算不上，只是一群乌合之众而已！

不得不说，欧阳修的文章依然气势磅礴、文采飞扬。这篇神作一经问世，就广为传诵，引起了巨大轰动。

可轰动归轰动，效果却恰得其反。

平心而论，朝中不少臣僚一开始并不是新政的反对派，很多人甚至原本也支持革除弊政，只是在具体做法上有点儿不同意见而已。这回可好，欧阳修一竿子打翻一条船，把很多中立派也推到了对立面。

读书人最在乎自己的名节，那些被欧阳修称为小人的臣僚群情激愤，纷纷上书反击。

都是通过科考一步步混上来的，谁不会写文章啊？你一个小小的知谏院信口开河，满嘴跑火车，凭什么？

你说我是小人就是小人，满朝上下，就剩下你们几个正人君子，我们瞬间都变成了人渣，凭什么？

圣人都说过"君子不党"，你一篇文章就想推倒重来，凭什么？

欧阳修的行为之所以会有这样的负面效果，是因为他完全忽略了赵祯的感受。在赵祯看来，范仲淹一说君子有党，你欧阳修就整出一篇论文来帮腔，这不是结党营私，什么是结党营私？这不是"此地无银三百两"吗？

　　《朋党论》一文流传开后，范仲淹等新政派的地位更加孤立，很多措施还没推行就引来一片反对声。赵祯对他们的信任也大不如前，新政顿呈岌岌可危之势。

　　此时，一个惊悚的谣言开始在京城流传。
　　范仲淹、富弼阴谋废黜当今圣上！

# 第十四章　庆历新政（三）

## 谣　言

关于范仲淹和富弼的谣言，要从两个人说起。

第一个人，石介。

石介，字守道，兖州奉符（今山东泰安）人，天圣八年（1030）进士，时任直集贤院、国子监直讲。

石介在宋朝政治史上只能算一个小角色，但若放到古代思想史上，却是个重量级人物。他是徂徕（cú lái）书院创始人，和著名思想家孙复、胡瑗并称"宋初三先生"。很多研究者认为，正是这三人开启了一个在中国历史上影响深远的哲学流派——理学。

石介属于新政派，早年范仲淹主持应天书院的时候，石介曾在书院内学习，对范仲淹的道德学问十分推崇。

庆历三年（1043）三月，大学者石介看到皇上重用范仲淹、富弼、欧阳修等人推动革新，觉得这实在是难得一见的"旷绝盛事"，内心激动得不得了。

一般人开心激动，顶多也就开个派对庆祝一下，但大学者一激动就不同了。石介大笔一挥，写了一首长达九百六十个字的《庆历圣德诗》。

这回，石介充分发扬了表扬和自我表扬的工作作风，在诗里模拟皇帝的口气，对范仲淹、富弼等人狠狠地夸奖了一番，甚至把他们吹捧成了上古时代的大贤臣（一夔一契）。

自我表扬也就算了，问题是石介的诗里还加了一句"大奸之去，如距斯脱"，意思是"奸邪的人，被罢斥不用"。石介这句话可不是泛泛而指，他可是有明确指向的。

石介口中的"大奸"，名叫夏竦（sǒng）。


夏竦，字子乔，江州德安（今属江西）人，出生于雍熙二年（985），时任宣徽南院使、大名府通判。

夏竦走上仕途的过程堪称一个传奇。他从小就以博学多才著称，经史子集不在话下，三教九流样样精通。刚十七岁，夏竦就去参加了进士科考试，解试名列第六，省试名列第四，可还没等他参加殿试，就直接得到了一个官职。原来，他的父亲在与辽国的一次冲突中战死了，朝廷特地将夏竦直接荫补入官。

其实，看夏竦解试和省试的名次，我们完全可以相信，即便不靠"荫补"，他也照样能够获取功名。而且，根据当年贡院的考官奏报，夏竦省试的名次本应定为第一名，只因考官看他太年轻，怕他骄傲自满，才故意抑制一下。

夏竦没能考完进士科，就和富弼一样，又参加了制科考试，顺利考上了"贤良方正"科。于是，夏竦成了宋朝极少数既参加过进士科、制科考试，又享受过恩荫的人。当时，赵祯才五岁，刚到开蒙读书的年龄，夏竦被推荐为资善堂讲书，从此成了赵祯的老师。

夏竦的官运很好，早在赵祯亲政以前，他就已经位列宰执大臣，先后做过枢密副使、参知政事。赵祯亲政以后，夏竦又到地方上干了十多年。等到了宋夏开战，这位老臣受命出任陕西经略安抚使，成为范仲淹和韩琦的上司，全面主持西北防务。

西北边防工作既辛苦又危险，夏竦接到任命后，那是一百个不情愿。他到了那里也不思考怎么打仗，一天到晚向朝廷上书，要求解除他的职务，调回京城任职。

正是战事危急的时候，你想临阵跑路？若答应了你，今后还有谁肯为国效力？夏竦的自私行为犯了众怒，顿时被人骂得狗血喷头。从此，他的名声一落千丈，成了人见人嫌的"臭垃圾"。

庆历三年（1043），赵祯大规模调整宰执人选，夏竦又左右活动，想着借机调回京城。赵祯念及师生之情，准备让他出任枢密使。可没想到，任命文书还没下发，消息早就传到了言官御史的耳朵里。

夏竦也能当枢密使，那还了得？

这回，谏院和御史台的意见居然高度统一了。欧阳修、王拱辰率领众人火力全开，坚决反对夏竦出任枢密使。

夏竦也知道自己名声不好，害怕夜长梦多，得到即将出任枢密使的消息后，一路朝开封狂奔而来。可等他兴冲冲地跑回京城，那个枢密使的委任状早就被骂飞了，留给他的，只有一份亳（bó）州（今安徽亳州）知州的任命状。

夏竦看了台谏官员参劾他的文章，觉得自己太委屈，回头写了一篇长文为自己辩护。

这篇饱含委屈的奏疏送上去后，学士院代批的答复很快下来了，其中有这么一句："图功效莫若罄忠勤，弭谤言莫若修实行。"翻译成大白话：若想别人不骂你，请用实际行动证明！

夏竦听了，差点儿没背过气去。


正当夏竦抓狂的时候，石介的《庆历圣德诗》恰好冒了出来。这回可把夏竦彻底惹毛了：骂也就算了，居然还要公开骂！公开骂也就算了，居然还要编成诗歌骂！是可忍，孰不可忍！

恼羞成怒的夏竦将所有的怨气都集中到了石介身上，他决定坚决予以反击。当然，文人的反击不会是约出来打架，还是要以笔为剑。

庆历四年（1044）五月，夏竦打探到一个消息，说石介曾经上书富弼，勉励他们"行伊周之事"。

所谓"伊周"，是指商朝的伊尹和周朝的周公姬旦，两个人都是上古名相。石介以此勉励富弼、范仲淹，向模范看齐，好好辅佐皇上。

如此看来，石介的话没有一点儿毛病，还挺积极向上。

不过，夏竦自然有夏竦的手段。他早就派人暗中学习模仿石介的笔迹（阴习介书，久之习成），等打探到信函内容后，马上命人伪造了一封，并且悄悄地将"行伊周之事"改成了"行伊霍之事"。

注意，一字之差，意思可就完全不一样了。

因为，"霍"是指西汉的霍光。霍光是西汉的权臣，干过最牛的一件事，就是以荒淫无道为由，废掉了皇帝刘贺。

仅仅伪造书函还不够，夏竦还造谣说，石介连废立诏书都替范仲淹、富弼起草好了，就等时机成熟，把当今圣上给废了！

消息传得有鼻子有眼，一时间成了京城最劲爆的新闻。

赵祯并不相信范仲淹、富弼会干出这种事情，但甚嚣尘上的谣言使范仲淹和富弼如坐针毡。两人纷纷表示，愿意离京外放，自证清白。

六月，范仲淹以副相的身份宣抚陕西、河东。

八月，富弼以枢密副使的身份宣抚河北。

范仲淹和富弼的外放使新政派失去了顶梁柱。仅仅一年，这场曾被寄予厚望的革新渐渐走向了尾声。

## 进奏院事件

范仲淹、富弼离开后，留在朝廷中的新政派，除了欧阳修所在的谏院系统外，主要是些年轻的馆阁学士。

自太宗赵光义建立三馆一阁以来，宋朝对馆阁人士的选任尤为重视。馆阁的高端职位一般都由宰执大臣兼任，而馆阁内的专职人员品级虽低，地位却清要显贵，往往由科举成绩较好、博学多才的官员出任。他们在仕途上的发展前景远远优于常人，用现在的话说，那是一批重点培养的后备干部。

范仲淹入朝后，向朝廷举荐了一批官员进入馆阁任职，这些官员自然是新政的忠实支持者。而随着范仲淹的离去，他们的命运也变得微妙起来。以王拱辰为首的御史台一直对这群人虎视眈眈，处心积虑地想把他们拉下马。

很快，一次赛神会的举行，使御史台抓住了把柄。

所谓"赛神会"，是衙门举办的一项祭祀活动，常在每年的秋冬之际举行。主要内容是祭祀传说中创造文字的仓颉（jié），以保佑自己来年工作顺利。举办赛神会时，每个办公机构的人除了搞点祭祀活动外，还会置办酒席，聚在一起撮一顿。

庆历四年（1044）秋，在进奏院里，一些年轻官员举办了一场赛神会。

宋朝的"进奏院"主要承担接收公文奏报、传达朝廷诏令的职责。当时主管进奏院的官员，名叫苏舜钦。

苏舜钦也是范仲淹推荐的馆阁学士之一，那一年的赛神会宴席正是由他发起。他一共邀请了十个人，清一色都是范仲淹举荐的馆阁学士。要说馆阁之地确实是个清水衙门，大家都是穷书生，也没什么闲钱。苏舜钦为了办宴会，特地把办公废纸卖了凑了一笔钱，此外，自己还私人赞助了一些，只为了能让大家一起乐呵一回。

宴会开始后，十一个人喝得都非常尽兴。不一会儿，大家都喝高了，开始乘着酒兴轮流作诗。作诗也就罢了，问题是作着作着，嘴巴就忘记把门了。其中有一个人挥笔写了一首《傲歌》，里面蹦出了一句"醉卧北极遣帝扶，周公孔子驱为奴。"

翻译过来就是：我喝醉以后要让皇帝来搀扶，周公、孔子都只是供我驱使的奴才。

狂，狂到没边了。

都说书生轻狂，还没见过这么轻狂的。按照当时的认知标准，那可是一句非常犯忌的话。估计作诗的人认为这是小范围的朋友聚会，吹吹牛皮也没什么大不了。

可偏偏隔墙有耳啊。

有一个叫李定的人，本来也想参加进奏院的赛神会，没想到苏舜钦看不上他，拒绝他参加。李定觉得很没面子，怀恨在心，于是四处打听宴会的情况，存心要找点儿料举报一下。没料想到，还真让他探听到了这么一个"有价值"的信息。

李定搜集好"黑材料"后，转身就向御史台告发。王拱辰正愁找不到把柄，接到举报后喜出望外，立刻派人奏劾苏舜钦等人口出狂言、大逆不道。

赵祯听了这件事后，连夜将那十一个冒失鬼统统抓了起来，责令严加惩处。

结果很快出来了，领头人苏舜钦被除名勒停（开除官籍），其余人统统降职发配地方！

吃顿饭，怎么就把政治前途都给吃没了?！那些曾经满怀抱负的书生最后也不明白，一场看似不经意的风波，竟会带来如此严重的后果。

他们产生这个疑问并不奇怪。

事实上，宋朝的政治氛围是相对宽松的，更不流行文字狱。而从一贯的表现看，赵祯也并非一个严苛的君主，对文人的言行也多有包容。

相传，蜀地有个老文人献诗给成都知府，诗中说"把断剑门烧栈道，成都别是一乾坤"，明目张胆地怂恿知府独立割据。但事情报到朝廷，赵祯却批复说："那是一个老书生考不上官，发发牢骚而已，没必要治罪。还是给他个小官当当吧。"

是的，向来"仁义"的赵祯这回缘何如此反常？

直到另一份诏书颁行，答案才逐渐明朗。

## 理想与现实

十一月十二日，赵祯发布了一份诏书，大致内容为："贤臣当朝之时，不应该结党营私（不为朋党）……如今承平日久，却滋生了不少弊端。有些人追名逐利，互相依附标榜，表面上声称举荐贤才，暗地里却图谋私利……一些考察官吏的人，行事任性苛刻，罗织罪名……一些执掌文词的人，诋毁圣人，放纵言论，以诽谤上级作为自己的才能（以讪上为能），以行为怪异作为美德（以行怪为美）。对这些情况，中书门下以及御史台都要严查上报！"

赵祯的诏书很有深意，表面上斥责苏舜钦等人，其实也对以范仲淹为首的新政官员进行了不点名批评。所谓"诋毁圣人，放纵言论"，当然是指苏舜钦等一干人；所谓"互相依附标榜"，则是指鼓吹"君子党"的欧阳修等人；而所谓"行事任性苛刻"，其实暗指新政派所任命的按察使。

诏书一下达，远在西北的范仲淹连忙上书自请免去副相兼职。

这封诏书宣告了"庆历新政"的彻底破产。

从新政开始到结束，也就一年时间。

之前我们上历史课的时候，老师总会告诉我们，分析历史，要透过现象看本质。是的，对待历史故事，我们在吃瓜看热闹的同时，还要冷静思考一下背后的原因。

"庆历新政"为何落得这般结局？

如果你带着这个问题去采访范仲淹和富弼，我相信，他们既不会归怨于夏竦的阴险，也不会埋怨石介的鲁莽。面对你的提问，恐怕只能仰天长叹一声，顾自低头上路。

叹息的背后，会有太多难以言说的无奈。

"庆历新政"为何如昙花一现？

很多人给出了自己的答案：赵祯改革意志不坚定，没有支持到底；反对新政的官员太顽固、太无耻；新政损害了一大批既得利益者的权益，遭到了他们的疯狂反扑……

应该说，以上答案都没错。然而，但凡历史上失败的改革，几乎都可以找到类似的理由。

答案究竟是什么？

要把事情说清楚，我们不妨从操作层面来看一看新政的几条措施。

先说"明黜陟"。庆历新政最核心的任务是整顿吏治。范仲淹任命了一批官员去考察官吏的政绩，决定以实绩决定官员升迁，打破那种排队升官的做法。这当然是个好想法，可考核官员本来就是件不容易的事情，原因很简单，官员的政绩并不是数学考试，没办法精确量化。你说我不行就不行，凭什么？

你说他上缴赋税多，我还说他横征暴敛呢；你说他办事粗暴，人家还标榜自己雷厉风行呢；你说他啥事不干，他还说自己清净不扰民呢。至于逮住个别贪赃枉法的，按照大宋法律，本来就要处理，有没有新政都一样啊。

所以说，主管人事工作的官员真心不容易，考核结果一出来，最好马上找个地方躲起来。因为觉得吃亏的官员马上就会跳出来问候他的祖宗十八代，个别性子急的说不定已经开始撸袖子了。

关于官吏的选任，历史上曾出过两个有名的官员，一个是北魏的崔亮，他倡导"循资升迁"的做法，什么才华能力，通通靠边，人家只论资历。另一个是明朝的孙丕扬，他在担任吏部尚书的时候搞了个"掣签法"，听上去很玄乎，其实就是抽签，能做什么官，全看你的手气，没事你就拜菩萨去吧。

这两位老兄的做法没少被喷口水。很多人都认为，如此选任官吏，只要不是文盲，谁都能干，朝廷养你何用？然而，诡异的是，崔、孙二人的做法也得到了很多人的叫好，道理很简单——公平。

　　凭资历也好，凭运气也罢，至少用不着跑官买官。崔亮和孙丕扬也趁机让自己脱离了泥潭：你看，我连一点儿公权私用的空间都没留。

　　我举这个例子并不是为庸官做辩护。事实上，崔、孙二人也不傻，他们之所以这么做，只因为他们也没更好的办法。

　　回到范仲淹的"明黜陟"来看，同样是问题多多。任命按察使来负责官吏考核，他们的尺度标准依然难以把握，政策层层执行下去，还是会落得"上有所好，下必甚焉"的结局。再者，按察使和各级主官不严格实施考核怎么办？按察使本身素质不佳怎么办？到头来，旧问题没解决，新问题又冒了出来。

　　说到这里，很多人可能会质疑，有考核总比没考核好吧？别急，我还没说最要命的一环——赵祯。

　　他真心希望选贤任能吗？

　　很可惜，答案是否定的。


　　在范仲淹等人推行"明黜陟"后不久，就有人向赵祯打小报告：那些越级提拔上来的官员，都归恩于他的举荐者；只有那些按资历升迁的官员，才会感恩于朝廷，换句话说，就是感恩皇上。

　　如此观点，是不是非常耳熟？没错，寇准当年不搞论资排辈，就被王钦若用这套说辞参倒了。

　　关于这个问题，赵祯还曾特地向翰林学士丁度请教。赵祯问："朝廷用人，应该首先考虑资历，还是考虑才干？"丁度回答得非常巧妙："天下太平时应该以资历为先，不太平的时候应该以才能为先。"

　　就在这简单的一问一答间，已经注定了范仲淹和"庆历新政"的结局。

我们无须苛责丁度的圆滑世故，我相信，他也只是迎合君主的想法而已。甚至也无须怪罪赵祯，因为他是皇帝。龙椅上的人换成李祯、刘祯，也是一样。

得不到上面的支持，下面又反对声一片，"明黜陟"很快成了一纸空文。

第二项措施"抑侥幸"效果也好不到哪里去。照理说，这项措施应该比较容易执行，只要朝廷少发一些免费官帽就可以了。可这事真要办起来比什么都难，因为这项新政最直接地剥夺了一大批官员的利益。你说要限制"恩荫"人数？我有三个儿子，你现在只分配给我一项官帽，你让我分给谁？你说要延长"恩荫"年限，本来我儿子今年可以捞一个虚衔，现在你老范一声令下，还要他再等上三年，我不骂你骂谁？更关键的是，"恩荫"这项特权，级别越高的官僚，分配的名额越多，所以新政直接动了一批"大老虎"的"奶酪"，他们看你范仲淹顺眼才怪。

于是，"抑侥幸"措施刚一出台就被层层放水：老范一心为公，要求高层官僚率先垂范、从我做起；赵祯却害怕耳边招来太多骂声，对那些勋贵旧臣网开一面。老范要求取消"圣节"荫补，也就是说，重大节日就不要特意配发官帽了；赵祯觉得这项活动属于爷爷、父亲辈留下来的传统保留项目，不能贸然取消；老范要求有资格的地方官任满两年后，才能申请"恩荫"一个子孙，可政策一出来，又缩短成了一年……

第三项措施"精贡举"涉及对象是应考的学子，看起来应该阻力不大，但照样没落地。

新政突出"策论"在科举中的作用，本意是让学子们更加专心实务，少搞点虚头巴脑的诗赋。可反对者认为一篇"策论"的好坏，往往取决于观点是否对考官的胃口，容易造成标新立异、曲意迎合的结果。诗赋虽然比较脱离实际，但是有文采、切韵等具体的评判标准，执行起来更加公平。乍一听，也很有道理，得了，也废了吧。

就这样，其他诸如择官长、均公田、厚农桑、修武备、减徭役、覃恩信、重命令等条款在执行时也纷纷被打了折扣，等范仲淹一走，更是成了废纸一堆。

比较讽刺的是，所有新政措施中，被执行得最彻底的居然是"均公田"。这项旨在高薪养廉的政策很快变成了大小官员们为自己增添福利的借口，强占私田、圈占农地之类的事情没少发生。于是乎，百姓怨声载道，御史唾沫横飞……

事情大致如此。范仲淹、富弼等人不得不承认，不管新政的初衷多么美好，最终只剩下了一地鸡毛。

说到底，理想是一回事，现实是另一回事。

想从既得利益群体口中夺食，谈何容易？更何况，最大的既得利益者，正是坐在龙椅上的赵官家。

就这样吧。


庆历五年（1045），诏书又下：

免去范仲淹参知政事一职，出知邠州（今陕西彬州）；

免去富弼枢密副使一职，出知郓州（今山东郓城县）。

免去韩琦枢密副使一职，出知扬州（今江苏扬州）。

"庆历新政"，就这样匆匆落幕。

## 忧乐天下

庆历六年（1046），五十八岁的范仲淹转任邓州（今河南邓州市）知州。

来到邓州，缘于范仲淹自己的申请。宋朝有一部分州郡，辖区范围小、政务轻松、风景优美，经常用来安排一些退隐下来的朝廷大员。邓州即是其中之一。

早年在睦州任职的时候，范仲淹感念江边捕鱼人的生活艰辛，曾写过一首脍炙人口的《江上渔者》："江上往来人，但爱鲈鱼美。君看一叶舟，出没风波里。"

而回望三十余年的宦海生涯，范仲淹自己更像是一艘在惊涛巨浪中漂浮不定的小舟，时而涌上浪尖，时而沉到浪底。

这艘历尽劫波的小船，现在终于可以靠岸了。

邓州城东南有一处洼地，以前的知州在此种植花木，营建亭阁，开辟出了一片湖水环绕的绿洲，人称"百花洲"。在邓州的岁月里，范仲淹经常流连于此，踏青赏景、吟诗作对，享受着久违的安宁。

在这里，没有了边地的硝烟烽火，没有了朝堂上的明枪暗箭，一如当年醴泉寺那样安静祥和。

然而，范仲淹终究是范仲淹，这份安宁和闲适只停留在表面，他的报国热忱深埋心底，从未冷却。

这年夏天，范仲淹收到了一封信，是他的老朋友滕宗谅写来的。滕宗谅被贬到岳州后，在风景优美的洞庭湖边重新修缮了岳阳楼。为了纪念新楼的建成，他派人专程来到邓州，恭请范仲淹为岳阳楼作文纪念。

来人向范仲淹呈上了一幅《洞庭晚秋图》，画中的岳阳楼矗立在八百里洞庭湖畔，斗拱飞檐，金盔罩顶，尽显雄奇壮美。滕宗谅还在信中动情地写道："天下郡国，非有山水环异者不为胜，山水非有楼观登览者不为显，楼观非有文字称记者不为久，文字非出于雄才巨卿者不成著。"

滕宗谅的话并非虚言。中国历朝历代，上到王公贵族，下到州县官吏，都喜欢修建楼阁。而想让楼阁传世久远，除了建筑本身的艺术成就外，更需要有文人墨客留下印记，为它注入思想的活力。

确实，正因为有了王之涣的"欲穷千里目，更上一层楼"，我们才记住了鹳雀楼；正因为有了崔颢的"昔人已乘黄鹤去，此地空余黄鹤楼"，黄鹤楼才会名扬天下；正因为有了王勃的"落霞与孤鹜齐飞，秋水共长天一色"，滕王阁才能广为人知。

无疑，在友人的眼中，只有范仲淹这样的"雄才巨卿"，才有资格为岳阳楼作记，为其增光添彩，使其流传千古。

　　凝视着几案上的《洞庭晚秋图》，范仲淹时而举笔徘徊，时而搁笔沉思。直到九月，他终于在"洞庭秋月"中参悟了人生，将其独有的哲思融会到笔墨之间，把自己的情怀抱负全部倾注到一篇雄文里：

　　"庆历四年春，滕子京谪守巴陵郡。越明年，政通人和，百废具兴……上下天光，一碧万顷；沙鸥翔集，锦鳞游泳……"

　　八百里洞庭，美景如画。在那里，我看见了他在应天府书院里的慷慨激昂，看见了他在天章阁中"条陈十事"时的踌躇满志。

　　"淫雨霏霏，连月不开，阴风怒号，浊浪排空……"

　　在那里，我又想起了他三次犯颜直谏，三次被远贬他方，又忆起了他守边岁月里的"浊酒一杯家万里，燕然未勒归无计"，又想起了新政的"无可奈何花落去"。

　　"不以物喜，不以己悲。居庙堂之高则忧其民，处江湖之远则忧其君。"

　　是的，为人臣者，尽忠尽事而已。成败、悲喜、盈亏、盛衰，又何必萦绕于怀？

　　"是进亦忧，退亦忧。然则何时而乐耶？其必曰'先天下之忧而忧，后天下之乐而乐'乎！"

　　是的，我说过，士大夫当慷慨以天下为己任！

　　心系社稷，忧乐天下！

《岳阳楼记》里的"忧乐天下"，似乎注定了范仲淹一生的结局。即便到了暮年，他的足迹依旧遍布南北大地，直至身死赴任途中。

皇祐元年（1049），范仲淹任杭州知州，倾尽个人财产设立义庄，周济穷苦的族人。

皇祐三年（1051），范仲淹徙知青州，身染重病，手书《伯夷颂》，表明至死不忘忠臣气节。

皇祐四年（1052），范仲淹赴任颍州，途经徐州，病重身亡，遗表对私事一无所求。

范仲淹去世的消息一传出，举国哀恸，仁宗赵祯亲自书写"褒贤之碑"，朝廷宣布停止上朝一日，无数寺庙为他举哀。

同年，朝廷为范仲淹定谥"文正"。文正，是宋朝授予文臣的最高谥号。

范仲淹，也是范文正公。

## 普通人

皇祐四年（1052），宋朝失去了一代名臣范仲淹。与此同时，它还失去了两个"普通人"。

从当时的眼光看，这两个人的逝去似乎微不足道。他们身前不是什么达官显贵，死后也没有什么谥号、祠堂。关于他们的许多事迹，史籍甚至都没有留下确切的时间。

然而，当我们拂去历史的尘埃，任何人都会忍不住惊叹，他们的光芒，较之任何一位勋臣猛将，都未尝逊色。

"今宵酒醒何处？杨柳岸，晓风残月。"

"伫倚危楼风细细，望极春愁，黯黯生天际。"

"长安古道马迟迟，高柳乱蝉嘶。"

正当寇准、丁谓、王曾等政坛猛人在朝堂上斗得热火朝天时，有一个大才子正肆意挥洒才情，为我们填出了一阕阕精致工巧的宋词，至今仍为人吟咏不绝。

这位才子名叫柳永。

柳永，字耆（qí）卿，约雍熙四年（987）生，崇安（今福建武夷山市）人。柳永出生于一个官宦家庭，父亲柳宜曾为他取名"三变"。

"三变"二字，出自《论语》，书中道"君子有三变：望之俨然，即之也温，听其言也厉"。意思是，君子远看严肃庄重，近距离接触则温文尔雅，听他说话语言严厉不苟。看来，柳宜希望自己的儿子能够成为一个儒雅端庄的书生。只可惜，他的美好愿望只实现了一半，儿子成为书生不假，儒雅端庄则半点儿没有。

由于家境优越，柳永从小就不愁吃喝，平时除了读书学习，就是游山逛水，过得非常惬意。柳永的好日子一直持续到了咸平五年（1002）。那一年，柳永决定出趟远门，他打算去开封参加礼部主持的科考。不过，奇怪的是，科考这样的大事，最后居然让柳永给玩忘了?!

在赶考的路上，柳永路过了杭州，江南的红花弱柳，西湖的秀丽柔美使他沉醉其间，无法自拔。在杭州的日子里，柳永天天混迹于花街柳巷，结识了许多歌妓，平时和她们一起喝喝花酒，兴致来了就为她们填上几首词曲。

在那段时间里，柳永还去拜谒了杭州知州孙何（正是那位与丁谓同榜的状元），为此，他特意填了一首《望海潮》："东南形胜，三吴都会，钱塘自古繁华。烟柳画桥，风帘翠幕，参差十万人家……"柳永将杭州的繁华和美丽写到了极致。

景德年间（1004—1007），柳永离开杭州，来到了另一座江南名城——扬州。当时的扬州，其繁华不输杭州。柳永在扬州的生活完全是杭州的升级版。这一浪，居然又是三四年！直到大中祥符年间，这位大才子才想起来，自己的人生规划中，还有参加科考那件事呢。

大中祥符元年（1008），柳永来到了开封，准备参加第二年礼部主持的省试。谁都知道，开封是当时的首都，而首都，自然是比杭州、扬州更加繁华的地方……我不说你也知道，想让柳永安心备考，那是很困难的。

科考结果出来了，柳永不幸落榜，也难怪，他那汪洋恣肆的文风，还真不适合古板的科考试卷。不过，考场失意的柳永在坊间却混得风生水起，名气越来越大。每当柳永有一首新作品问世，马上就会被人们传唱起来，很多歌妓都是他的忠实粉丝，免费为他传播作品。此时的柳永很像现在的知名音乐人，一有新曲出来，立刻引领社会潮流。他的名声甚至传入了宫里，连皇帝赵恒都有所耳闻。

柳永落榜了，可他一没有沮丧地回家，二没有痛心地忏悔，反而很生气，恨朝廷有眼无珠，让自己怀才不遇。一怒之下，柳永填了首《鹤冲天·黄金榜上》，在词里，他忿忿说道："忍把浮名，换了浅斟低唱。"意思是要这种虚名没啥用，还不如接着去喝酒听曲呢。本来嘛，这只是书生的气话，没想到的是，正是这句气话给他带来了大麻烦。

天禧二年（1018），柳永第三次参加科考（中间又落第过一次），那回他本已上了最后的殿试名单。可赵恒看到"柳三变"的名字时，立刻想起了那句"忍把浮名，换了浅斟低唱"，便一脸嫌弃地说："既然你那么喜欢浅斟低唱，还要浮名干什么？"

结果，柳永又被刷了下来。

天圣二年（1024），柳永第四次参加科考，结果依然落第。失望之余，他决意离开京城。动身时，一位红颜知己特地来为他送行。大才子触景生情，又留下了一篇名作《雨霖铃》。

从此，柳永过起了云游各地的生活，他给自己加了一个"奉旨填词柳三变"的名号。皇帝老儿，你不是让我"且去浅斟低唱"吗？那我就奉旨填词好了！

或许，时间真能消磨一个人的锐气，又或许，暮年的柳永遇到了最现实的生存问题。到了景祐元年（1034），朝廷特开恩科，柳永再次参加科举。这回，他总算考上了，被任命为睦州（今浙江建德）团练推官。

此后，柳永一共做了十五年官，直到皇祐元年（1049）致仕。又过了四年，柳永在贫病交加中去世，据说连他的葬礼都是一些歌妓凑钱办理的。

柳永走后，人们对这位传奇才子的评论却从未停过。贴在他身上的标签很多：玩世不恭、桀骜不驯、风流多情，等等。或许，这些评价都没错。但是，谁都不可否认，正是这个放浪形骸的书生，用自己的才情为我们留下了无数文学瑰宝。有宋一代，柳永是创制和运用词牌最多的人。他创造性地将叙事的笔法运用到了词作中，使宋词的创作水平产生了革命性的进步。更可贵的是，柳永的作品因为贴近生活而广受民间欢迎，乃至有"有井水处，皆歌柳词"的说法。

是的，有此成就，足可笑傲王侯将相矣。

宋朝立国三百一十七年，得状元者，一百二十余人。

而柳永，只有一个。

才子词人，自是白衣卿相！


在讲述第二个普通人之前，我们要从古代的书籍说起。

对现代人来说，书已经是一件非常普通的物品，只要你愿意看，花不了很多钱，就可以买回一大堆。但是，如果回到几百年前，甚至几千年前，事情就没那么简单了。远古时代，人们把文字刻在龟甲牛骨上，那个时候，还不存在标准意义上的书。后来，老祖先发明了毛笔和竹简，才总算有了真正的书。

大家可以想象一下，要把一根根竹子削成片，串起来，再写上字，那是何其复杂的一件事。这种书制作成本高昂，自然不可能大规模发行。如果那时候你能家藏万卷书，与其说你学问好，还真不如说你是一个大土豪。即便后来有了帛书，情况也没大改观，还是一个字，贵。

等熬到东汉，事情总算有了转机，蔡伦的造纸术横空出世！这项伟大的技术突破大大降低了书籍的制作门槛，读书人总算可以松口气了。不过，人们很快发现，还有一个技术问题制约着书籍的普及。没错，印刷也是个让人头痛的问题。在印刷术发明之前，想要出版一本书，全靠人手抄写。这种纯手工打造的商品，仍是当之无愧的奢侈品。

好在劳动人民的智慧是无穷的，到了隋唐时期，人们在印章、碑拓等技术的基础上，创制了雕版印刷术。顾名思义，就是将书的内容雕刻在一块木板上，再在凸起的字体上刷上墨汁，然后拿纸覆盖在木板上。最后，将纸揭下来，白底黑字的书页就大功告成了。

然而，随着经济的发展、文化的兴盛，人们对书籍的需求越来越强烈，雕版印刷也暴露出了不足。因为如果要印一本书，就得专门制作一套雕版。制作雕版谈何容易？那一个个字可不是键盘敲出来的，而是老老实实用刀一笔一画刻出来的！如果你不小心刻错了一个字，整块木板还得推倒重来，绝对是一件比停电时忘记储存文档更令人郁闷的事。

有人做过统计，仅制作一部《史记》的印版，就要耗银约一千四百五下两。除了费钱以外，最主要的是太耗人力，比如佛教经典《大藏经》，长达五千卷，要用掉大约十三万块木板，足够塞满一间大房子。如此工作量，谁受得了？

自雕版印刷出现以来，这个弊端一直延续了四百多年，直到宋朝庆历年间，终于有人站出来向这个难题发起了挑战。

他就是我们接下来要讲的主人公，平民毕昇。

和柳永相比，历史留给毕昇的笔墨更是少得可怜。我们只知道他是湖北英山（当时属蕲州）人，大约出生于宋太宗时期。关于毕昇的身份，历来说法不一。最普遍的观点认为，他是一个普通雕版印刷作坊的刻字工匠。

毕昇和很多工匠一样，在一块块木板上整日埋头雕刻，日复一日、年复一年地重复着艰辛的劳动。可贵的是，在这份枯燥的工作中，毕昇并没有停止自己的思考。或许是在一次短暂的休憩中，一个大胆的想法进入了他的大脑。

为什么不能把手中那块僵化的雕版变成活版呢？为什么不能将每个文字单独雕刻，然后再进行排列组合呢？如果能让木板上的字"活"起来，那该减省我们多少的劳动啊？

毕昇不会知道，他脑中一瞬间的灵光乍现成了十一世纪科技史上最耀眼的一束光芒。

在这束光芒的指引下，毕昇开始了繁复的研制过程。到了庆历年间，他终于创制了对后世产生巨大影响的"活字印刷术"！

宋朝的另一位科学家沈括，在其所著的《梦溪笔谈》中，忠实记载了毕昇的工艺：首先，用胶泥刻出一个个字印，然后用火烧使字印变硬。同时，预先准备好一块铁板，在铁板上铺洒松香、蜡、纸灰等。其次，将一个铁框放置在铁板上，然后将烧制好的字印密密麻麻地排满铁框，排满一个铁框就是一页书籍。再次，将铁板拿到火上加热，待松香、蜡等药剂熔化后，再用一块木板把字印压紧压实。接下来，人们就可刷墨启印了。

为了尽量节省时间，毕昇准备了两块铁板，在一板印刷的时候，另一板马上排字，互相交替使用。同时，毕昇还主张把字印按照韵目分类，安放在专用木格子里，以方便工匠马上找到所需要的字印。

毕昇的活字印刷法缩短了制版时间，节省了印刷费用，大大提高了印刷效率，尤其是在大规模印刷书籍时，优势更为明显（若印数十百千本，则极为神速）。

由于时代的局限，毕昇的泥活字印刷术并没有马上被推广使用，但他跨出的勇敢一步为后来者提供了全新的思路。在此之后，陶活字、木活字、铜活字等相继涌现，工艺日臻完善。有了这项技术，书籍印制、教育普及、文明交流得到了飞跃式的发展。

从十三世纪开始，活字印刷术走出了国门，逐渐传播到朝鲜、日本、越南乃至欧洲，为人类文明的发展做出了巨大的贡献。

皇祐三年（1051），毕昇在家中悄然离世，与他的贡献形成巨大反差的是，有关他的事迹的记载，只有《梦溪笔谈》中的寥寥三百五十余字。

然而，历史终究是公正的。千年以后，他的名字被牢牢镌刻在了人类的科技史中，为后人世代敬仰。

人们将永远记住：

"庆历中，有布衣毕昇，又为活板。"

我一直以为，历史从来不仅仅是帝王将相的历史。在此，特记下这两个极不平凡的"普通人"。

你们的光辉，同样璀璨。

# 第十五章　一代文宗

## 醉翁之意不在酒

当范仲淹在邓州写出《岳阳楼记》的时候，远在千里外的滁州（今安徽滁州）诞生了另一篇传世名作：

欧阳修的《醉翁亭记》。

新政派纷纷倒台，欧阳修的日子当然也不好过。早在庆历四年（1044）八月，他就被外放，担任河北转运按察使。十一月，赵祯指斥朋党的诏书下发，欧阳修愈加坐立不安，但还是洋洋洒洒地给赵祯上了一份奏折，声称：但凡诬陷贤臣，必定是用"结党专权"的名义（欲广陷良善，不过指为朋党；欲动摇大臣，必须诬以专权），那些小人正是为了一次性排挤贤臣，才说范仲淹等人结党。皇上您肯定是被套路了！

不过，这回欧阳修可能忘了，上次他还明目张胆鼓吹"君子党"。人家赵祯可不管你君子不君子，只要看见"朋党"字样，一律清洗。

在这种政治氛围下，欧阳修想要全身而退是不可能了。

到了庆历五年（1045），一桩生活"丑闻"不期然地赶来了。有人举报：欧阳修和外甥女存在私通丑事！

话说，欧阳修的妹妹嫁给了一个叫张龟正的人，嫁过去不久，张龟正去世了。妹妹生活无着，就带着女儿张氏（乃张龟正和前妻所生，和欧阳修的妹妹无血缘关系）投靠欧阳修。欧阳修帮助妹妹将张氏抚养成人，最后将她嫁给了自己的一个远房侄子。结果，张氏被人发现和家里的仆人私通，事情还闹到了开封府。

莫名其妙的是，事情经过一审二审，居然和欧阳修搭上了关系，在京城闹得沸沸扬扬。据说，张氏平时生活很不检点，身上确实有不少丑事，而审案官员和欧阳修有过节，就故意把脏水往欧阳修身上泼。

在那个时候，桃色新闻并不稀罕，但涉及伦理纲常就变得非同寻常了。传闻一出，欧阳修的声誉受到了极大的损害。

当然，私通外甥女的事情最后还是没有坐实，可欧阳修却因为这个莫须有的作风问题遭到了贬谪。

八月，欧阳修贬任滁州知州。

好在欧阳修比范仲淹想得开一点儿，并没有如后者那般悲情，而是潇洒地做起了太平郡守。

为政上，欧阳修向来崇尚"宽简清净"，说白了就是不扰民不折腾，没事喜欢和百姓们混在一起，找点儿乐子。

滁州风景秀丽，那里的青山绿水自然少不了欧阳修的足迹。平日里约两三个好友，一起到山中，一路笑谈，走累了，还可以一起品上一杯香茶，兴致来了，还可以呷上一口小酒。在这里，欧阳修仿佛又回到了洛阳时的悠闲岁月，他恣意享受着久违的身心放松。

环境变了，笔下的文章也变了。

庆历六年（1046）的一个夏日，欧阳修约了一众好友出去游玩。这回，他们来到了滁州西南的琅琊山。琅琊山深林幽壑，沿山而上，处处树木茂盛、溪水潺潺，置身山中，清新的雾气环绕左右，欧阳修顿感心旷神怡。

一路游赏过去，欧阳修和友人来到了一个亭子中歇脚。这个亭子，乃是一个叫智仙的和尚修建的，他还曾特地请欧阳修为这个亭子取名字。

欧阳修和朋友们在山间饮酒赋诗作乐，酒过三巡，他的灵感也跟着来了：我不是自号醉翁吗？这个亭干脆就叫"醉翁亭"好了！

"醉翁之意不在酒，在乎山水之间也。"

游玩过后，欧阳修创作了传世名篇《醉翁亭记》，文章风格清新、文辞优美、情理交融，堪称古代散文的典范，一经问世就广受追捧。不仅天下读书人都在传抄，就连普通百姓都争着诵读，一时间，洛阳纸贵。

《醉翁亭记》的火爆，给琅琊山寺庙里的和尚带来了幸福的烦恼。因为，有人将欧阳修的文稿刻成了石碑，立在亭旁，很多游客慕名而来欣赏石碑。赏就赏呗，他们还想把石碑中的文字带走。当时也不能拿出手机拍摄，只能用比较原始的方式——拓印。

石碑拓印需要先用湿纸铺盖在石碑上，再用棕刷推平，使得纸张紧覆在碑文凹陷处，等纸晾干后，再用细毛毡卷成的擦子在纸上擦墨。完成上述程序，才能把文豪的墨宝留在纸上带走。

大批游人的到来，使拓印需要用到的毛毡成了紧俏货，寺庙里又没那么多存货，最后僧人们连被褥中的毛毡都贡献了出来，供游人拓碑使用。

不过，话说过来，僧人们应该也不会太郁闷，《醉翁亭记》带来的大流量肯定让寺庙中的香火旺盛了不少。


此后几年，欧阳修又在扬州、颍州（今安徽阜阳）、应天府等地任职。皇祐四年（1052），欧阳修因母亲去世而除官丁忧，直到至和元年（1054）才复出。

在外任的几年里，欧阳修将大量精力倾注到了文学创作上，诗词散文自不在话下，他还以一己之力开始了《五代史》的创作（为与前人创作的《五代史》区别，此书被称为《新五代史》），长期的文学创作使欧阳修早早地染上了目疾，工作时间稍微一长，还头晕得厉害。

至和元年（1054）五月，四十八岁的欧阳修又回到了京城，等待朝廷重新安排官职。本来，他只想着申请一个安闲一点儿的小郡，继续与他的文字为伴。然而，当赵祯看到欧阳修时，发现这位昔日能言善辩的名臣现在已经老态毕现，不免生了恻隐之心，就下诏把他留在了京城，出任翰林学士一职。在此后的岁月中，欧阳修又与宋祁一起主持编写了《唐书》（"二十四史"中的《新唐书》）。

很多人都知道，欧阳修是一代文豪，殊不知，如果在他的头上加一顶历史学家的桂冠，也不为过。

当然，仅仅是文学创作上的成就，还不足以让欧阳修拥有文坛领袖的地位。一切都要从一次传奇的科考说起。

## 千年第一榜

欧阳修参加科考时曾经因为文风不合考官口味而吃过大亏，而世事多变，到了嘉祐二年（1057），欧阳修自己当上了主考官，负责主持当年的礼部贡举。

接到任命，欧阳修比考生还要亢奋。

总算轮到我做主了！

别误会，欧阳修的亢奋，并不是因为自己掌握了考生的生杀大权，而是因为他想通过此次科考，一扫当时的病态文风。

当时，讲究四六对仗的"西昆体"文章仍有市场。此外，社会上还冒出了一种"太学体"文章，它和"西昆体"相反，用词不讲究精致华丽，却偏好使用冷僻晦涩的词汇，让人读来犹如在看天书。这两类文章有一个共同点——一般人看不懂。

比如，前面说到，欧阳修曾和一个叫宋祁的人一起编写《唐书》。这位宋祁是欧阳修的前辈，也曾是出名的大才子，因写过名句"红杏枝头春意闹"而被人称为"红杏宰相"，可他的文风却很怪涩。

一起编修《唐书》的时候，欧阳修喜欢用一些平实的语句，宋祁却经常把它们改掉。欧阳修心里郁闷，但碍于情面，又不方便开口，就寻思着找机会委婉地规劝一下。

一次，欧阳修去宋祁家拜访，结果宋祁不在，他于是大笔一挥，在宋家的门上题了八个字——"宵寐匪贞，札闼洪休"。

光从字面上来看，估计很多人都看不明白欧阳修在说啥。不要紧，不仅你看不懂，有学问的宋祁一时也没看懂，琢磨了好久也没破解欧阳修的文字密码。

这不是胡闹吗？改天宋祁就去找欧阳修"算账"了：小修，你在我门上乱涂乱画，几个意思？

欧阳修早料到宋祁会来找自己，便不慌不忙地为他进行了拆字分析。

所谓"宵寐"，就是晚上做梦，"匪"就是"不、非"，"贞"原意为"坚定、坚贞"；"札"意为"小木片、信件"，"闼"就是"小门"，"洪休"意为"洪福、洪达"。

搞了半天，原来欧阳修要表达的意思是：晚上做了一个不吉祥的梦，在门上题几个字讨点儿吉利。

我去，宋祁被弄得哭笑不得：就这么个意思，你写成"夜梦不祥，题门大吉"不就成了，干吗非用那些冷僻字眼儿呢？

得，我等的就是这句话。

欧阳修连忙半开玩笑半认真地对宋祁说："你在《唐书》里把我写的'迅雷不及掩耳'，改成'震霆无暇掩聪'，我还不能在你门上题几个怪字吗？"

宋祁是何等聪明的人，这么一说，立刻明白了欧阳修的用意。

所以说，无论是浮华的骈体文，还是古怪的"太学体"，都是属于人们的思维惯性。要把人们的行文习惯扭转过来，绝不是件容易事。而这次科考，则是最好的机会。

考试就是指挥棒，古往今来，从来如此。

欧阳修刚当上主考官，立刻放出风来，要想考出好成绩，都要写言之有物、文风朴实的文章。弄出些稀奇古怪词语的考生，一律落榜！

简而言之一句话：都给我好好说人话。

欧阳修传递出来的声音产生了广泛影响，考生的行文风格立刻来了一百八十度大转弯。当然，也有个别转弯不及时的考生，不幸掉进了坑里。

比如，有一个叫刘幾的考生，特喜欢写"太学体"文章，一上来就写了句"天地轧，万物茁，圣人发"。这种古灵精怪的词语一下子触动了欧阳修的敏感神经。不就是想说"天地交合，万物生长，圣人应时而出"吗？何苦写成这样？

欧阳修不无揶揄地在试卷上批道："秀才剌（违背常理），试官刷！"

算你倒霉，落榜！

　　光从经历上看，这个可怜的刘幾倒是像极了三十年前的欧阳修。客观地说，这也怪不得刘幾，上层的文风喜好一变，普通的学子就得迎合；不迎合就会被淘汰。好在刘幾是聪明人，很快就跟着改了文风，在第二次参加科考时顺利考上了。

　　或许，在刘幾的身上，我们非常直观地看到了新文风对读书人的巨大影响。

　　新文风的效果立竿见影，它促使人们更关注文章的内容和思想，那些务实的人才借此得以脱颖而出。也正因为欧阳修慧眼选材，嘉祐二年（1057）的科考成了宋朝科举史上最辉煌的一页，当年选拔出的人才呈井喷之势，无论在政治、文学领域，还是在理学、军事方面，都有独领风骚的人物出现，被后人称为"千年进士第一榜"。

　　这一年的进士榜到底有多牛呢？我们可以看几份数据。

　　这一榜里，仅《宋史》有传的，就有 24 人。

　　这一榜里，此后位列宰执大臣的，多达 9 人。

　　北宋"五大理学家"中，这一榜里有 2 个。

　　"唐宋八大家"中，这一榜里占了 3 个。

　　下面，我们就来管窥一下这份令人惊心动魄的考生名单。

　　先说政治军事领域的牛人：

　　曾布、吕惠卿、章惇（dūn）、王韶。

　　此四人后来均位列宰执，在那场声势浩大的变法中扮演着重要角色。他们的故事我们今后还要讲述，这里就不再过多剧透。

再看榜中的理学人物。

在理学界，有"北宋五子"之说，是指周敦颐、邵雍、张载以及程颢、程颐兄弟。其中，张载、程颢是此榜进士。

张载，字子厚，天禧四年（1020）出生，凤翔郿县（今陕西眉县）横渠镇人，世称"横渠先生"。如果你对他的学说知之不多的话，那句"为天地立心，为生民立命，为往圣继绝学，为万世开太平"想必听说过。张载的豪迈宣言被无数读书人奉为经典，广为传诵。

程颢，字伯淳，明道元年（1032）出生，人称"明道先生"。他和弟弟程颐都曾师从周敦颐，后来成为"洛学"代表人物和宋朝理学奠基者，世称"二程"。"二程"的学说为南宋朱熹所继承，终成"程朱学派"。

可见，说欧阳修一榜网进了半个北宋理学界，也不为过。

最后是我们熟悉的文学界。欧阳修自己就是一代文宗，拔擢文学人才更不在话下。曾巩、苏轼、苏辙，这三位均名列"唐宋八大家"之中。

第一个文学大师，曾巩。

曾巩，字子固，天禧三年（1019）出生，建昌军南丰（今属江西）人，世称"南丰先生"，前面提到的曾布则是他的弟弟。曾巩很早就拜欧阳修为师，文章素以结构严谨、用词理性著称。其名篇《墨池记》和《越州赵公救灾记》一直为人称许。

在这次科考中，欧阳修对一篇文章赞不绝口，本想定为第一名，却又害怕是曾巩所写（因为宋朝的"糊名"制度，考官不知道考生姓名），定自己的学生为第一名，恐怕遭人诟病，就拿了下来。事后发现，那篇文章乃是苏轼所写。

第二个文学大师，苏辙。

苏辙，字子由，宝元二年（1039）出生，眉州眉山（今属四川）人。苏辙有一个鼎鼎大名的哥哥苏轼，即苏东坡。若是没有哥哥的存在，他的光环肯定会更亮一点。苏辙诗文书画俱佳，政论文、史论文尤其出色。

以上几人各有专长，个个堪称人中龙凤。而按照精彩人物最后出场的原则，接下来我们要介绍的，自然是最富才华、最有个性、最具传奇色彩的奇才——苏轼。

## 文学天团

苏轼，字子瞻，景祐三年十二月（1037 年 1 月）出生于眉州眉山。

苏轼的远祖一直可以追溯到唐朝宰相苏味道。苏味道文章写得好，但从政品格为人诟病，办事处处明哲保身，人称"模棱宰相"。武则天当政的时候，苏味道一个劲拍武则天的马屁，结果等到唐中宗李显复辟，他被贬到眉州担任刺史，于是，就在当地留下了苏氏一脉。眉州苏氏传到第十代，子孙中出了一个名人——苏洵。

没错，苏洵正是苏轼和苏辙的父亲。大家都知道，苏家父子三人是著名的"文学天团"，"唐宋八大家"中占去了三席。

作为两位学霸的父亲，苏洵自己的求学之路却让人大跌眼镜。在倡导"不让孩子输在起跑线上"的今天，无数望子成龙、盼女成凤的父母恨不得从娘胎里开始就狠抓教育。君不见，陪读陪出心脏病的也大有人在。

可事情到了苏洵身上就不一样了，别说赢在起跑线，完全属于别人已经跑了三圈，他才后知后觉地发力起跑。据说，苏洵少年时代一直是在浑浑噩噩中度过的，直到二十七岁才突然醒悟，开始发愤勤学。所以，《三字经》里才有了一句"苏老泉（苏洵自号老泉），二十七；始发愤，读《书籍》"。

二十七岁，搁现在都是研究生毕业的年龄了！更何况那是平均寿命只有现在一半的古代。

不可否认，读书这档子事，除了勤奋，天分也很重要。落后三圈的苏老先生，自从顿悟以后，急起直追，学问大长，一跃成为文章高手。不过，苏洵的学问属于野路子，并不符合当时的科考要求。因此，苏洵连续两次参加科考都没考上，只能把满肚子学问用在教育孩子上。

苏洵自己求学起步晚，对孩子的学习却抓得很紧，经常绷着脸教训苏轼、苏辙两兄弟。两兄弟中，苏辙性格内敛，平时比较老实。而苏轼就不同了，从小就是个活泼好动的主，整天在外面与小伙伴疯玩，没少让苏洵操心。

苏家除了有一个严父以外，还有一个慈母。苏轼的母亲程氏出身于大户人家，受过良好的教育。程氏不仅能操持家事，还能尽心尽力相夫教子。

在苏洵和程氏刚柔相济的教育下，苏轼的学业很快步入正轨，能诗善文、才华过人等标签很快就贴到少年苏轼的身上。除了以上几个学霸的标配特征外，他还具备一些常人所无的特质。正是这个特质，使他成为人才中的人才，文豪中的文豪。

苏轼最牛的本领是"活读书"。他博览经史典籍，却又不拘泥于书上的条条框框，也不愿意对书中的知识顶礼膜拜，更喜欢进行独立思考，甚至经常拿书中的典故打趣、开玩笑。

苏轼流传于世的文章很多，其中有一篇《黠鼠赋》，是他十一岁时的作品。说是一天晚上，苏轼在家里听到了老鼠声，起床抓捕时却发现老鼠"死"了在一个空袋子里，等他一抖那个袋子，装死的老鼠立刻飞快地溜走了。苏轼于是感叹，人有时能够凌驾于万物之上（役万物而君之），有时却被一只小老鼠所欺骗。想来，一个人的成败，皆在专注或懈怠的一念之间。

文章写得妙趣横生、发人深省，却又毫无故作高深的说教姿态。或许，正因为苏轼从小就具有如此的思维特质，我们此后才能见到那么多极富想象力的苏派文章。

至和元年（1054），苏轼十八岁，父母为他张罗了一门婚事，娶了同乡女子王弗为妻。王弗特别贤惠机敏，有了她，生活上向来粗枝大叶的苏轼有了一个好帮手。不过，最让苏轼满意的是，王弗是个知书达理的女子，平时还能和他切磋一下诗词文章，小两口的日子过得非常融洽。

嘉祐元年（1056），二十岁的苏轼和弟弟苏辙一起开始准备参加科举考试。考前，两兄弟在父亲的带领下一同拜访了益州知州张方平。张方平也是一个大儒，结识了苏洵父子三人后，对他们的才华大加赞赏。张方平觉得苏轼、苏辙的才华太出众，参加当地的乡试有点儿委屈人才，就鼓励他们直接到开封参加考试。此外，他还特地写了一封推荐信，让苏洵父子到京城后去找一个能为他们提供更多帮助的人。

三月，苏洵父子信心满满地离开了眉州，经过两个月的舟车劳顿，来到了开封。

八月，苏轼和苏辙一起参加乡试，并顺利过关。在省试开始前，他们去拜访了张方平所说的那个人——欧阳修。

当时，欧阳修已是公认的文坛领袖，谁的文章如果能够得到他的赞赏，就好比得到了"超级大 V"的转发点赞，立刻就会身价陡增，吸粉无数。

不过，张方平向欧阳修推荐苏洵父子也有点儿冒失，他本人和欧阳修的关系并不好，两人政治观点有分歧，曾经还产生过矛盾冲突。好在欧阳修是个具有君子风骨的人，主张唯才是举，他并没有因为张方平的推荐而怠慢苏洵父子。

欧阳修看了苏洵父子的文章后，立刻被他们的才情所吸引，不遗余力地向外界褒扬起来，"苏门三学士"的名声自此不胫而走。这次见面中，最受益的要属苏洵，他原本并没有任何功名，却因为欧阳修的举荐而被朝廷特授了一个官职。

对于苏轼、苏辙来说，不管你是何方天才，还是要看第二年的省试结果。嘉祐二年（1057）的故事我们已经讲过了，苏轼和苏辙都考上了进士，苏轼那篇文章得到了欧阳修的特别赞赏，只可惜，欧阳修误以为是弟子曾巩所作，闹了个"乌龙"。其实，关于苏轼的那篇"高考"作文，背后还有一则趣事。

当年省试的策论题目叫作"刑赏忠厚之至论"，考生必须据此写一篇关于刑罚赏赐的论文。苏轼在论证"用刑宜宽"的时候引用了一则典故："当尧之时，皋陶为士。将杀人，皋陶曰'杀之'，三。尧曰'宥之'，三。故天下畏皋陶执法之坚，而乐尧用刑之宽。"

文义是说：上古尧帝的时候，皋陶担任司法官。有一次，皋陶要判一个人死罪，报到尧帝那里，尧帝表示要宽宥此人。皋陶一连报了三次，尧都坚持宽宥。因此，天下人都畏惧皋陶的严厉，赞赏尧帝的宽仁。

欧阳修看了文章后，思来想去，就是想不出这个"尧帝三不杀"的典故出自哪里。他转头询问其他副考官，居然没有一人能说得上来。最后，连欧阳修都服输了，但他觉得这个考生既然能写出那么优秀的文章，引用的典故肯定有依据，只怪自己才疏学浅，忘记了（更恨吾辈不能记耳）。

考试结果出来后，欧阳修逮住机会就问苏轼：小子，你那个"三不杀"的典故搞得老朽一直睡不好觉。说说看，它究竟出自哪本典籍？

苏轼看着一脸认真的欧阳修，满不在乎地回了一句：

我编的！

苏轼的这种做派，正如高考生想不出议论文论据，就随便瞎编了一条鲁迅先生的名言，实在是太随性了！

不过，苏轼自有苏轼的道理。他表示，虽说典故是编出来的，但也没有瞎编。你看，《三国志·孔融传》里就有类似记载。

欧阳修被苏轼彻底绕晕了，尧帝的典故怎么会在《三国志》里有依据呢？

你编，继续编。

苏轼也不客气，接着解释：据《三国志》记载，曹操灭了袁绍后，把袁绍的儿媳赏赐给了长子曹丕。名士孔融觉得这样做不妥，就去找曹操理论，说周武王灭了商纣后，把纣王的宠妃妲己赏赐给了周公。曹操说你别欺负我读书少，我可没听说过这件事。孔融回道："我以前也没听过这事，可从你今天的行为来看，当年周武王应该干过这种蠢事（以今日之事观之，意其如此）"。

你看，孔融能够"意其如此"，我也可以"意其如此"嘛。尧帝是出名的仁君，如此推论，完全合理。

听了苏轼的歪解，欧阳修不禁抚掌大笑。看来，眼前这个年轻人不仅是个大才子，还是一个不拘·格的狂才。

也罢，后生可畏。

老夫当避路，放他出人头地也！

　　嘉祐年间的欧阳修以广阔的胸襟和识才爱才的雅量，为朝廷吸纳了一大批人才，他本人也被众人尊奉为一代文宗，名望极高。

　　然而，再天才的人也会白璧微瑕。历史上的欧阳修也曾错误地批判过一个人，这也成为他一生中最大的缺憾。

　　欧阳修错批的人，叫作狄青。

# 第十六章　悲怆的名将

## 蒙面战将

有宋一代，成名的武将屈指可数，狄青属于其中一个。

狄青和杨业、岳飞一样，在民间具有深远的影响力，直到现在，很多地方仍保留着祭祀狄青的庙宇。他的各类传奇故事也和《杨家将演义》《说岳全传》一样，广泛出现在戏曲、评书、影视剧中。当然，流布在民间的故事总免不了虚构附会。要认识真实的狄青，我们必须从汾州西河的狄家社村说起。

关于狄青的家世，有一种最牛的提法，称他是唐朝名相狄仁杰的后人。只可惜，这个说法是狄青当上大官后"考证"出来的，事实上，狄青的真正出身并不显赫，用他自己的话说是：

"我本农家儿郎，出自畎亩，一时遭际，安敢自附梁公（狄仁杰被封梁国公）。"

狄青，字汉臣，大中祥符元年（1008）出生于汾州西河县（今山西汾阳市）的一个普通农家。

狄青少年时代的生活非常单一，主要内容是种田干农活。他虽也曾读过一点儿书，但止于识文断字，离科考做官还有十万八千里的距离。

十七岁那年，狄青在当地县衙里找到了一份工作，但也只是一名低微的小吏而已，朝九晚五打打杂，别无他用。种种迹象表明，如果没有奇迹发生，他很可能就此平淡地过完一生。

没承想，三年以后，少年狄青居然见到了皇帝赵祯。

天圣五年（1027），朝廷招募军人，狄青报了名。在宋朝，当兵并不是一件光荣的事，但狄青却非常向往成为一名军人。他天生就对行军打仗感兴趣，平时非常喜欢骑马射箭，自学了一身好本领。

狄青被招录入伍后，由于长得高大魁梧，骑射本领过硬，被选编进了禁军拱圣营。拱圣营是负责宫廷宿卫的部队，离天子最近。

当年五月，赵祯亲自检阅宿卫禁军，狄青得以第一次见到皇上。不过，当时的狄青，还只是众多禁军士兵中的一员，他只能在远处悄悄地看上一眼。而正当狄青目睹圣容的时候，一批同龄人成为了天子的新宠。

大家往前翻一下就会发现，天圣五年（1027），也是朝廷的大比之年，那一年，韩琦、包拯刚刚考中进士，韩琦正好和狄青同岁，当年的状元叫王尧臣，他也只比狄青大五岁。据说，王状元跨马游街的时候，狄青和一帮新兵都参与了围观。

这种"学渣"围观"高考状元"的场景，当然充满了羡慕嫉妒恨。有士卒看着春风得意的状元郎，心里直犯酸意，凑近狄青耳边感叹："你看看人家，都已经是状元了，而我们还是一个小卒。做人的差距还真大呀（穷达之不同如此）！"

狄青听了却不以为然，回答道："将来指不定谁更有出息呢！"

狄青的回答，立刻引来了众人的一番哄笑。

从当时的社会情况看，状元几年才出一个，一入仕途几乎个个是高官，进宰执班子的概率都在30%以上，而武将想要进入宰执班子那是比登天还难的事，更何况狄青还只是个无名小卒。

所以，在大多数人眼里，狄青想要逆袭，超过状元王尧臣，简直就是痴人说梦。

从天圣六年（1028）到景祐四年（1037），狄青在禁军中一干就是十年。那段时间里，他的人生轨迹没有半点儿上扬的迹象。这些年里，他一直是个默默无闻的大头兵。

宝元元年（1038），三十一岁的狄青终于熬到了出头之日——元昊称帝。

为了抵御西夏，朝廷决定抽调部分禁军到西北作战。这个消息，对大多数禁军士卒来说，属于天大的坏消息。宋朝的禁军虽然号称最精锐的军队，可到了赵祯的时代，早就退化成了最草包的军队。长期以来，禁军士兵过着安逸的生活，平时的操练都成了儿戏，很多将士甚至连马都不会骑，射出去的箭只能达到二三十步远。就这么一群"老爷兵"，平时当个仪仗队都够呛，别说上阵杀敌了。让他们去西北和凶狠的党项军队作战，那不是要他们的小命吗？

然而，狄青却很兴奋，他早就厌倦了京城里按部就班的生活，渴望能杀敌立功，找到展示自身才华的机会。

事实证明，一个人若想有大的成就，必须专注地干自己擅长的事。狄青刚到西北的第一年，就因为在一次战斗中立下大功，连升四级，从一个军中小校擢升为右班殿直（相当于连级干部）。

狄青打仗极其勇猛，每次作战都要披头散发，戴上恐怖的青铜面具，然后一马当先带头冲锋，杀起人来如砍瓜切菜。久而久之，连凶悍的党项人都知道，宋军也不是个个窝囊，有个戴着面具冲锋的怪小子就很恐怖。

狄青因为作战勇敢，又富有胆略，被人推荐给了范仲淹。范仲淹对狄青十分欣赏，不仅予以重用，还特授他一本《左氏春秋》，并勉励他道："为将帅者，如果不知道古今之事，那么只是一个匹夫（将不知古今，匹夫勇尔）！"

狄青没有辜负范仲淹的期望，在征战之余潜心研究兵法，逐渐成为一名智勇双全的将才。

四年里，狄青经历大小二十五战，先后八次中箭，屡立战功，到了庆历二年（1042），狄青已官至鄜延路经略安抚招讨副使（从五品），由一个普通士兵跃升为一名高级将领。

总体上看，宋朝和西夏的作战败多胜少，但这并没有影响狄青的发挥。在局部战役中，狄青凭着自己的勇略，还是取得了不小的胜果。很多时候，他是宋朝西北战线的"救火队员"，哪里出现了险情，他就赶到哪里去。

短短数年间，狄青声名鹊起，成为宋夏之战中难得的亮点。狄青的名气越来越大，赵祯开始频繁地在奏章中看到他的名字。这个几年前寂寂无闻的殿前小卒，并未给赵祯留下什么直观印象，而此时，赵祯却对他产生了极大的好奇心。

赵祯非常想亲眼见见狄青，本打算召他回京一次。无奈西北战事吃紧，离不开狄青。最后，赵祯只能命宫廷画师给狄青画一张像，送到开封去。赵祯拿到狄青的画像，龙心大悦，连声夸赞："狄青，就是我的关羽、张飞（朕之关张）啊！"

宋夏议和后的很长一段时间里，狄青继续在西北驻守。到了皇祐三年（1051），狄青获封彰化节度使，官至从二品。第二年，狄青又荣升为正二品的枢密副使。

短短十三年，狄青实现了由一个普通士兵到宰执大臣的华丽转身，在崇尚文治的宋朝，这不啻为一个天大的奇迹。

再次回到京城，狄青终于扬眉吐气。他的传奇事迹很快成为众人茶余饭后的谈资。

按照宋朝的传统，凡是当兵的人脸上都会被刺字，狄青也一样。这无疑是一种身份低微的象征，可现在狄青已经是朝廷二品大员，脸上仍然挂着刺字总是说不过去。有一天，连赵祯都看不下去了，规劝狄青，弄点儿药水，把脸上刺的字去掉。

狄青却拒绝了赵祯的好意："陛下凭功劳拔擢臣，不问我的出身门第。我之所以能有今天，就是因为脸上的印记。我想让所有的将士知道，只要拼死报国，自会有高位。我愿意用脸上的印记，去激励前方的将士，所以我不敢奉诏。"

狄青的回答让赵祯大为感动。

赵祯器重狄青，言官御史们对他却并不友好。狄青刚被任命为枢密副使，他们就一致提出反对。言官御史们反对狄青，倒不是嫌他出身寒微，而是忌讳狄青的军人出身，担心因此破坏了大宋"以文制武"的立国传统。

不过争议并没有持续太久，赵祯很快就免去了狄青的枢密副使职务。当然，赵祯并没有对狄青失去信任，只是因为他要赋予狄青一项更重要的任务。

岭南发生叛乱！

刚脱下战袍不久的狄青又要跃马疆场！

## 临危受命

要说赵祯也是流年不利，刚摆平北边和西北的两位"客人"，南边又出来一个捣乱的。再这么折腾下去，都快凑成一桌麻将了。

宋朝灭南汉后，在岭南地区设置了广南路，此后，广南路又被拆分成了广南东路和广南西路，大致相当于现在的广东和广西。叛乱起源于广南西路。

广南西路地处偏远，和中原经济文化交流较少，属于相对落后的地区。同时，广南西路还是一个地缘政治环境较为复杂的地区，它的东南与交趾国（今越南）相邻，西南则毗邻大理国（少数民族政权，今云南境内）。而在广南西路和交趾、大理接壤的地带，则又杂居着很多少数民族。宋朝对于这些地方的管理十分松散，基本上是靠设置一些羁縻州来维系名义上的统治。

所谓"羁縻州"，就是在少数民族聚居地设置一些高度自治的行政区，任命当地的部族首领为行政首长，允许他们世袭，只要他们向宋朝称臣纳贡即可。

话说广南西路境内居住着一支名为西原蛮（又称黄峒蛮）的少数民族。在西原蛮中，又以黄氏、韦氏、周氏、依氏四姓的部族势力最强，宋朝于是分别设置了四个羁縻州安抚这些部族。其中，依氏一支居住在广源州（今越南境内）。

此次叛乱的事发地正是广源州。

广源州和其他的羁縻州有点儿不同，它虽然名义上是宋朝的羁縻州，归属邕州（今广西南宁）管辖，但实际上已经脱离了宋朝，长期受交趾国的控制。

在广源州挑起事端的人叫依智高。

依智高的母亲原来嫁给了侬氏部族首领侬全福，此人比较喜欢抢地盘，结果被交趾国派兵给掠走了。此后，他的母亲又改嫁给了一个商人，生下了侬智高。侬智高长大后，知道了自己的身世，居然把那个商人父亲给杀了，并回到侬全福原来的地盘，建立了一个"大历国"。

侬智高的行径把交趾惹火了，派兵将他俘虏了过来。过了些时日，交趾国觉得广源州交给侬氏家族成员管理比较好，就又把侬智高放了回去。

回来的侬智高非但没有收敛，反而闹得更大，一连吞并了很多西原蛮部落，又自建了一个"南天国"。

对于这个喜欢闹独立的家伙，交趾非常生气，决定再好好教训他一下。侬智高害怕被交趾欺负，就想着换个大哥罩着，准备投靠宋朝。于是，侬智高通过邕州官员向宋朝提出了内附的请求。

收到侬智高的示好，宋朝却一点儿兴趣都没有，因为即使把广源州收回来了，也不过是一个挂名的羁縻州，没什么实质意义，反而会和交趾国搞坏关系，所以直接拒绝了侬智高的请求。

交趾国已经得罪了，宋朝又不肯替他出头，侬智高被逼上了绝路。

实践证明，兔子被逼急了，确实也会咬人。

侬智高不想坐以待毙，在几个汉族落第举子的撺掇下，干脆主动向宋朝发起进攻，妄图占据整个岭南地区，做第二个"南汉"。

皇祐四年（1052）四月的一个深夜，一场冲天大火在广源州燃起。

侬智高一把火烧掉了自己的居所，以示破釜沉舟的决心。在火光映照下，侬智高对着部属振臂高呼：

"我们平生的积蓄，现在已经被天火烧尽了。现在我们无以为生，唯有齐心协力，发兵攻占宋人的邕州，进而占领广州，自立为王！否则，我们将死无葬身之地！"

当月，侬智高率领三千人马向邕州进军。本来，侬智高的那点军队应该不算什么威胁，可偏偏宋朝的军队大都调到北方去了，岭南地区兵力非常空虚，结果被侬智高打了个措手不及。

起兵不到半月，侬智高就攻破了邕州城。随后，侬智高在邕州称帝，宣布建立"大南国"，改年号为启历，还迫不及待地设置了官署机构。

于是，宋朝的南边又多出了个皇帝。

侬智高称帝让赵祯非常懊恼。西夏这样一个蕞尔小邦已经搞得他很没面子，现在难不成还要向一个小洞蛮纳岁币不成？

赵祯忧心如焚，但接连送来的奏报却更让他急火攻心：就在占领邕州后不久，侬智高挥师进攻岭南其他州县，短短十余天，横州、藤州、梧州、端州等几个州相继沦陷，叛军数量陡增到了四万人。

侬智高打得如此顺手，倒不是因为他有如何的神通，只因宋朝军队实在太菜，文官知州又不懂军事，很多人都不战而逃，将城池拱手让了出来。在宋军的渣防守下，侬智高的战火很快烧到了岭南最重要的城市——广州。

五月二十二日，侬智高兵围广州。

叛军掐断了广州外围的水源补给，通过水陆两路对广州城发动猛攻。侬智高希望一鼓作气拿下广州，如此一来，岭南全境就可传檄而定了。

面对新冒出来的敌人，赵祯急得茶饭不思，他下令封锁了消息。因为，如果让北边那两个"祖宗"知道侬智高叛乱的事，指不定又要加收"保护费"了。同时，赵祯赶紧抽调各地军队，组织南下平叛。

侬智高足足围了广州城五十七天，幸亏广州的官吏还算能干，用强弩和纵火烧船的方法遏制了侬智高的进攻，使广州城暂时得以保全。

侬智高攻广州不克后，转而进攻北部的韶州（今广东韶关市）、贺州（今广西贺州市），虽然没有占领两城，但沿途击败了多支企图拦截的援军，斩杀多员宋军高级将领。

九月，侬智高又拿下了昭州（今广西平乐县），接着又把兵锋指向了全州（今广西全州县）。全州是广西的北大门，在宋朝属于荆湖南路（今湖南）辖区。侬智高此举，是要将兵火烧到岭北，波及更多的地方。

好在，当时外界盛传宋朝发兵二十万南下，这个消息把侬智高给唬住了，他放弃了进攻全州的计划，转身南下攻打桂州（今广西桂林）、柳州（今广西柳州）。

短短五个月，除了广州，叛军几乎攻占了整个岭南。到了十月，侬智高心满意足地回到邕州，安心做起了大南国皇帝。

其实，吓退侬智高的二十万大军纯属子虚乌有，这个谣言是广南东、西路安抚使孙沔故意对外散布的。他原本向朝廷伸手要援兵，可朝廷一时半会儿调不出那么多人手，他只好玩了一出虚张声势的把戏。幸运的是，这还真把侬智高给吓回去了。

侬智高在岭南瞎折腾，宋朝当然不会坐视不管。他没有等来二十万大军，却等来一个比二十万大军还要可怕的对手。

广南事变的消息刚传来的时候，赵祯和多数臣僚都非常悲观，有人甚至提议封侬智高为邕、桂等七州节度使，只要他收兵称臣即可。按照这个建议，宋朝原本就不富裕的疆域又得被割去一块。如果运气再差点儿，将来侬智高又闹腾起来，说不定还要打开钱包支付第三笔岁币。

好在朝廷中也不乏头脑清醒者，他们极力反对姑息侬智高，劝说赵祯派兵平叛。赵祯虽然生性懦弱，但骨气还是有一点儿的。毕竟，辽国和西夏都属于历史遗留问题，祸源并不出于自己。可如果割让广南的土地，这笔耻辱将永远挂在他的名下。如此历史黑锅，赵祯断然不想去背。

既然主战方略已定，接下来是讨论统兵人选。当时的宰相是曾经担任延州知州的庞籍，他曾和范仲淹、韩琦主持过西北边防，是个难得的务实官僚。

庞籍极力推荐由狄青统兵平叛，并且坚决反对派遣宦官监军和文官副手，主张给狄青以专权，保证其用兵自如。赵祯采纳了庞籍的意见，决意放手任用狄青。

九月二十八日，赵祯诏命狄青为宣徽南院使、荆湖南北路宣抚使、提举广南东西路经制盗贼事，广南各路将佐，皆受狄青节制！

给予一个武将如此信任，在宋朝，已然算破天荒。

狄青无比感奋鼓舞。在临行前的宴会上，他向赵祯慨然承诺：

"臣起行伍，非战伐无以报国。愿得蕃落骑兵数百，益以禁兵，羁贼首致阙下！"

## 兵出广南

皇祐四年（1052）十月，狄青统兵南下。

侬智高点起的战火烧得正旺，狄青的部队却走得不紧不慢，甚至有点儿拖拖拉拉，"兵贵神速"的教条到了狄青这里成了废纸。倒不是狄青想偷懒，而是身不由己。

此次出征，狄青特地请命从西北调集了一万五千名藩兵前来助战。狄青自己曾是禁军，最熟悉这支部队的真实状况。如果指望这些"老爷兵"去平叛，别说他狄青了，就算白起、孙武活过来也不顶用。为了等藩兵就位，狄青故意拖慢了南下进程。

当然，还有一个原因是狄青不能明说的。按照宋朝的规矩，将帅所带的军队都是临时统筹调配的，也就是说，各部将帅并不熟悉自己的军队状况，所谓"将不知兵，兵不知将"。这种刻意防范武将的做法，势必会大大影响军队的战斗力。因此，狄青把南下行军当成了野战拉练，每过一个驿站、州郡，都要停下来整训一番，又是军事训练，又是申斥军纪。一路走下来，一支原本松松垮垮的军队愣是被调教成了一支士气高昂、号令严明的威武之师。

十二月，狄青越过南岭，进驻宾州（今广西宾阳），与原驻守广南西路的军队会合。刚到宾州，狄青就收到了一个坏消息。

广南西路钤辖陈曙听说狄青前来，害怕被抢了头功，擅自率领八千步兵强攻邕州，结果在昆仑关吃了个大败仗，损失惨重。

这让狄青非常生气，还在路上的时候，他就严令各路军队不准轻举妄动，等待统一部署。可前脚刚踏进战场，就听到这么一个坏消息。

随后，狄青立刻召集全体将领开会，将陈曙等二十三名擅自行动的将领推出去斩首。随着二十三颗脑袋落地，余下的将佐官吏无不俯首帖耳，再也不敢造次。

诛杀陈曙等人后，广南士卒人人感奋，大家都等着狄青一声令下，向侬智高发起进攻。但是，狄青似乎一点儿也不着急，只是告诫将士紧闭营门，原地休整。唯一下达的命令就是征调可供大军支用十多天的军需粮草。

当时，时值皇祐五年（1053）正月，再过几天，就是正月十五上元节。上元节是宋朝最热闹的节日，到了那天，街市上张灯结彩，鼓乐齐鸣，还有各类歌舞杂耍表演，人们都会出来游街赏玩。在京城开封，上元节热闹非凡，尤以观赏花灯最为著名。然而，那一年，赵祯因为心系南方的战事，下诏停罢了上元灯会。

不可思议的是，开封都停止上元灯会了，身处前线的宾州却是一番节庆景象。狄青下令，全体将士和宾州百姓踏踏实实过节，而且要办得比往年更热闹一些！

于是，从正月十一日开始，宾州城里灯火冲天、鞭炮齐鸣，全城上下一片喜庆祥和。大家都搞不懂狄青葫芦里究竟卖的什么药。有人忍不住发问，得到的回答却很简单：

让将士们乐上几天。过节之后，再行征伐。

既然主帅如此表态，大家也乐得轻松，那就节后再开工呗。消息传到邕州，连侬智高都乐了：看样子狄青也是个只会享受的主，那就免战几天吧。

于是，接下来几天，广南的战前紧张气氛被节日冲得烟消云散。

正月十五日晚，是全城最热闹的时候，狄青的兴致也非常高，亲自出席了酒宴，和众亲信将领喝得"酩酊大醉"。酒宴一直从傍晚喝到了深夜，一点儿都没有收摊的意思。

直喝到大半夜，狄青突然起身离开，待他回来时，已经是一身戎装。大家还没明白这是怎么一回事，狄青已经发布了将令。

发兵，剿灭侬智高！

原来，狄青早就定下了上元夜奇袭的计划，只是为了保密，计划只有几位亲信将领知道。狄青之所以这么做，是希望能乘敌不备，一举拿下最重要的关隘——昆仑关。

昆仑关位于宾州和邕州交界处，是外界进入邕州的咽喉要冲，那里谷深坡陡、地势险峻，有"南方天险"之称。如果侬智高派兵死守此关，战争很可能被拖成持久战。侬智高以逸待劳，对长途远征的宋军极其不利。

当夜，狄青亲率小股精锐部队隐蔽行军，避开大道，急速穿插到昆仑关以东的深沟之中，连夜翻山越岭，在次日凌晨神不知鬼不觉地绕到了昆仑关南面。

唐朝宪宗时期，名将李愬（sù）以一次精彩的"雪夜袭蔡州"搞定了割据三十年的淮西藩镇。两百多年后，狄青来了一次宋朝版的夜袭夺关。仿佛从天而降的狄青让侬智高又羞又恼，他急忙派兵来战，两军在邕州北面的归仁铺摆开了阵势。

侬智高麾下的军队称为"峒兵"，人人身穿红色战袍，手持大盾牌和标枪，进攻的时候结成严密的方阵，整体推进。遇到峒兵，宋朝的弓箭射不进去，步兵又无法近身，吃够了苦头。

两军刚一接触，侬智高的峒兵果然占据了优势，宋军再次败退。不过狄青并没有丝毫慌乱，而是沉稳地观察着战场变化。其实，早在赶赴广南之前，他已对叛军的战法进行了研究，并想好了克敌之策。

正当叛军的军阵全力进攻的时候，狄青策马来到阵前，手执令旗左右挥动。立时，两支从西北调来的藩落骑兵分别从叛军的左右两翼杀出。这些藩兵，手里都拿着特备的长刀大斧，居高临下，砍杀峒兵犹如砍瓜切菜。宋军从两侧进行对冲攻击，很快就打得叛军溃不成军。侬智高收拾残军向邕州仓皇撤退。

狄青不想给侬智高留下喘息之机，率军一路追杀过去。就在邕州城外，两军又进行了一次恶战。这回，侬智高输光了所有的本钱，连邕州城都没守一下，就直接跑路了。几个月前还自称大南国皇帝的侬智高，只身溜到了大理国，混成了一个"国际难民"。

从出发到获胜，短短三个月，狄青一举收复邕州，彻底平定了侬智高叛乱。

捷报传到开封，赵祯高兴得手舞足蹈。毕竟，自打他坐上皇位起，就没打过几场胜仗。

四月，狄青自广南回朝，赵祯再次在垂拱殿设宴，这回是庆功宴。为了表彰狄青的功绩，赵祯亲自为狄青把盏劝酒，还让他在殿上指挥藩落骑兵，重新表演了一番破敌的场景。

一时间，赵祯对狄青的荣宠达到了极点，惹得朝臣们无不垂涎。

庆功过后，就是大赏。

赵祯下令，对于南征立功将士，一律从速议赏。上到将佐，下到士卒，将士们都得到了越级升迁和丰厚赏赐，一些战殁者也得到了妥善安排。

奇怪的是，作为主帅的狄青，却迟迟没有得到恩赏。

因为，关于如何奖赏狄青，赵祯和朝中大臣们产生了巨大的分歧。

## 枢密使

拜很多影视剧所赐，许多人都以为皇帝就是一个说一不二的人，想到什么只要随口说几句，旁边就有人替他拟成圣旨，然后派一个宦官装模作样地去宣读："奉天承运，皇帝诏曰……"

在现实中，皇帝并没有那么牛掰，他虽然拥有最高决策权，但一道诏令的出台，也不至于如此轻率。在宋朝，皇帝的命令，必须交付中书门下（宰相）商讨，然后由专人起草撰写，再经皇帝审核认可后才可正式颁行。我们多次说过，宋朝的文官都是很有个性的，不仅宰执大臣经常要对皇帝提意见，就连负责起草文书的翰林学士或知制诰都敢耍性子，拒绝接受那些自认为明显不合理的诏书。

赵祯想提拔狄青做枢密使，但宰相庞籍和副相梁适的意见并不统一。

庞籍在民间戏曲中被演绎成了著名的奸臣庞太师，可历史上真实的庞籍却是一个难得的贤相，此前一直对狄青鼎力支持。然而，对于狄青出任枢密使的提议，他却投了反对票。

庞籍这么做，并非嫉贤妒能。说到底，还是那条老掉牙的破规矩——"崇文抑武"。

枢密使是枢密院的长官，掌管军事大权，地位仅次于宰相。由武将出任枢密使，除了宋朝初年有过几例外，到了仁宗的时候，已经基本绝迹。庞籍判断，如果由狄青出任枢密使，势必引起文臣的强烈反对，到时候会闹得不可收拾，对狄青也没什么好处。

于是，庞籍苦口婆心地劝说赵祯，还把赵匡胤给搬了出来，说什么当年慕容延钊拿下荆湖地区，太祖也没给他封一个枢密使；曹彬征服了南唐，想得到一个宰相的名号，也没给。狄青的功劳和人家比，还是有差距的，还不如给他提升点儿级别，多赏赐一些钱财，枢密使就算了。

赵祯是出名的耳根子软，听庞籍这么一说，也觉得蛮有道理。

如果你了解宋朝前期历史的话，就知道庞籍的观点其实是很有问题的。慕容延钊、曹彬率兵征伐时，宋军的战斗力和现在不可同日而语。况且，文绉绉的李煜怎能和蛮横的侬智高相比？

副相梁适就不同意庞籍的观点，他觉得狄青就该被任命为枢密使，理由也很充分：文彦博仅仅平定了一个州的叛乱就升任了宰相，狄青平定了广南西路十个州，怎么就不能出任一个枢密使了呢？

梁适口中所说的文彦博，也是北宋政坛的一个重量级人物，在此我们必须简单插播一下他的事迹。

文彦博，字宽夫，景德三年（1006）出生，汾州介休（今属山西）人，和狄青是老乡。

由于科举文化的发达，宋朝社会对神童非常推崇，哪家的孩子有了一点儿高智商的表现，都会被煞有介事地宣传一番。如果凑巧这个孩子真的有出息了，这件事情还真能青史留痕。发生在文彦博身上的故事，叫"灌水浮球"。

据说文彦博幼时曾和几个小伙伴在草地上踢球，一不小心，球滚进了旁边的一个树洞里。树洞很深，孩子们一会儿伸手够球，一会儿拿木棍拨球，都没能把球从洞里取出来。正当大家一筹莫展的时候，文彦博想到了一个好办法，他让大家都去舀水，然后将水灌入树洞中，球果然就浮了上来。"文彦博灌水浮球"的故事和我们常听到的"司马光砸缸"一样，是在宋朝流传很广的智童故事。

文彦博于天圣五年（1027）进士及第，在地方上做过知县、通判、知州，在朝中也曾任殿中侍御史、枢密直学士等职位。庆历七年（1047），他入朝担任枢密副使，位列宰执大臣。

同年十一月，一个叫王则的士兵发动叛乱，占据了贝州（今河北清河西北）。第二年，文彦博领兵平定叛乱。朝廷为表彰其功绩，将他升任为宰相。皇祐三年（1051），因为被人参劾，他落职外放。此时的文彦博正担任忠武军节度使，主管永兴军（今陕西西安）。

梁适的话一出口，赵祯马上又回过味了。是啊，任命狄青合情合理嘛，我怎么就让庞籍给忽悠了呢？

庞籍眼见赵祯又往那边倒了，连忙反驳："前次平定贝州之事，大家就觉得赏赐太丰厚了。文彦博平叛前已经是副相，如果宰相位置有空缺，原本就可以顺位递补，何况他还立了功呢……狄青是行伍出身，短短几年内就被擢升为枢密副使，已经招来了一片议论。现在议论刚平息，若又给予过高的赏赐，势必又要招来非议。"

此外，庞籍还提出了一条重要的理由：依宋朝的惯例，文官担任宰执大臣，可以随时更换，比如此前的寇准、吕夷简等人，在两府之间进进出出，跟串门似的。但是武将一旦进了两府，只要不犯大错，就不得替换。一个是"终身无理由退换货"，一个是"有明显质量问题才能退货"，你说选哪个？

庞籍的一通慷慨陈词，让赵祯又动摇起来。最后，他还是改了主意，授狄青为护国军节度使，加检校太尉，还将他的四个儿子超迁升官，又另外赏赐了一栋豪宅和大量钱物。

至于实际官职，依然是枢密副使。

然而，事情并没有就此结束。

副相梁适并不甘心，他又找机会向赵祯上了一道密奏，为狄青据理力争，声称如果此次亏待了狄青，将来就没人肯为朝廷拼命了。为了说动赵祯，梁适还找了个宦官帮腔。

果然，赵祯的软耳朵名不虚传，一听，很有道理：把两府大臣都给我叫来，重新再议！

宰执大臣都到齐后，赵祯直截了当地对庞籍说："前次平定广南的事情，赏赐太薄，狄青还是得担任枢密使！"

庞籍立刻懵住了，刚说好的事情，怎么说翻脸就翻脸了呢？庞籍发现，这回赵祯表情严肃、语气严厉，看来不好对付。于是，他虚晃一枪，想打个太极拳："要不还是等我们回到中书，再商量一下，明天再来奏报？"

"不用回中书了，就在殿门阁内商议。我就在这里等你们的商讨结果。"向来在大臣面前温文尔雅的赵祯，这次难得强硬了一回。

话都说成这样了，还讨论个什么呢？

庞籍等人连忙加班审议，拿出了一个符合赵祯心意的结果。

这里，我们不得不提一下那个替狄青出头的副相梁适。大家或许会觉得梁适先生很正派，能够站出来说公道话。

其实，你大可不必感动，人家老梁也是无利不起早，也有自己的小算盘。梁适当时正担任副相，如果等宰相庞籍退下来，按理第一顺位的递补人就是枢密使。而如果由狄青出任枢密使，因为武臣是绝对不可能担任宰相的，那么，再顺延下去就轮到他了。

要说这算盘打得还真不错。第二年，庞籍真的退岗了，梁适顺利转正，也算劳有所获。

五月，诏令下，命狄青为枢密使。

至此，历经一波三折，狄青终于当上了枢密使。一个武臣所能企及的最高职位。

不过，正如庞籍所料，狄青的这个枢密使，做得一点儿也不舒坦。

## 人言可畏

按照马斯洛需求层次理论，个体的高层次需求在于受到尊重和实现自我价值。

狄青驻守边防的时候，他的军事才华得以淋漓尽致地展现出来。围绕在他身边的，尽是武将士卒，他们都感佩狄青的忠勇，服膺于狄青的权威。可以说，狄青之于战场，一如鱼儿之于江河，鸟儿之于长空，得其所哉。

可是，一入朝堂，事情就不一样了。

狄青虽然依然负责处理军务，却尽是些案牍事务，并非他所擅长。最令他郁闷的是，满朝之上，尽是文臣的天下，这些科举出身的臣僚早已形成了固定的价值取向，对于行伍出身的狄青，始终无法给予真心认同。在文人的心中，大宋皇帝应"与士大夫共治天下"，只有文人士大夫才能和皇上休戚一体，武人纵有再大的功勋，也是一个"局外人"。

更有不少文官，始终对狄青保持着戒心和偏见。那些从未经历战场狼烟、天天纸上谈兵的书生自不必说，就连那些曾经和狄青共事过的文臣也是如此。更有甚者，还在背地称呼狄青为"黥卒"（脸上刺字的小卒）、"赤枢"（宋朝社会上有人蔑称兵士为赤佬）。

　　狄青当上枢密使不久，韩琦回到朝中，出任三司使。韩琦是和范仲淹一起主持西北防务的名臣，曾是狄青的上级领导，对狄青也多有提携。然而，时过境迁，曾经的无名小辈，现在居然跑到自己前面了！这让心高气傲的韩琦心里很别扭，平时对待狄青也不是很尊重，依然是一副高高在上的样子。

　　相比于韩琦，枢密副使王尧臣的心里更别扭。前面提到，天圣五年（1027），王尧臣高中状元，当时的狄青刚刚入伍，属于围观群众中的一个。顶着状元名头的王尧臣仕途升迁飞快，在皇祐三年（1051）就当上了枢密副使。第二年，狄青因军功卓著，也当上了枢密副使。彼时，两人的地位基本相当，类似于现在某个局中的两位副局长，可王尧臣心里却很不服气，总是拿狄青脸上的两行刺字开涮。

　　有一次，王尧臣又嘴贱，对狄青开玩笑说："这两行字可是越来越鲜亮了啊。"狄青也不服软，回了一句："您要是喜欢，我就免费送你一行，你看怎么样？"王尧臣听了，被怼得满脸通红，气得一句话也说不出来。


　　如果从其他事迹来看，韩琦和王尧臣绝不是什么大奸巨恶，甚至也算不得小肚鸡肠。问题在于，防范武将弄权，早已是宋朝根深蒂固的祖宗家法。这些从小信奉"万般皆下品，惟有读书高"的文人士大夫，对武将有着天然的排斥心理。无论是为了维护赵氏祖宗家法，抑或是为了文官集团的整体利益，他们都本能地排斥武将坐大。尽管他们彼此之间经常因为政见不同吵得不可开交，但是，在反对狄青出任枢密使这件事上，却难得地达成了高度一致。

　　狄青深知朝中很多大臣都对自己抱有成见，平时做事非常谨慎低调，甚至很少发表意见。但是，所谓"欲加之罪，何患无辞"，你再小心翼翼，也架不住别人捕风捉影，往你身上扣黑锅。

　　嘉祐元年（1056），一个普通的消防事件居然让狄青陷入了舆论旋涡。

　　事情要从京城开封的"火禁"制度说起。宋朝的开封是个繁华的大都市，人口稠密，商铺林立。为防范火灾造成较大的损失，开封设置了一整套非常现代化的火灾预防机制。开封城内每隔一定距离，都会设置一处军巡铺屋，里面设铺兵五人，负责日夜巡察。在京城高处，还设有望火楼，有专业的厢吏在楼上瞭望查看，一旦发现哪里有火情，可以紧急呼唤"消防队员"。

　　没错，当时的宋朝还真建立了世界上最早的专业消防队伍，当时被称为"潜火队"。这些宋朝消防官兵配备了水囊（用牛羊皮等制作的贮水器具）、唧筒（用竹筒制成的消防水管）、斧锯（消防救生斧）等专业的消防设备，甚至还有用于高处救险的消防梯（云梯）。

　　为了提前发现火灾隐患，开封规定：谁家若是要办醮事（祭祀活动），就得提前向负责消防的厢吏报备，这样即使有人夜间烧纸钱，望火楼上的厢吏看见了，也不会误以为发生了火灾。

　　不巧的是，嘉祐元年（1056）的一天，狄青家里做醮事，管事的仆佣却疏忽大意，没去"消防局"备案。结果，当天晚上，厢吏发现狄府火光闪烁，发出了火灾"警报"。消防队员跑过来一看，才发现是虚惊一场。

这原本是一件再小不过的事，但因为事情发生在枢密使大人的府上，闹得尽人皆知。有个叫刘敞的人，当时担任知制诰，拿这事做起了文章，说什么唐朝叛将朱全忠的家里，就曾发生过夜里闪怪光的现象，旁边的邻居都以为着火了，跑去救火，结果发现啥事都没有。朱全忠和狄青，前后两件事非常相似。

刘敞的话其实刻毒无比。朱全忠就是后梁太祖朱温，篡夺了唐朝政权。拿狄青比朱温，那狄青就是要篡夺……他的言论传开后，引得开封城一片骚动，而且流言越传越不像话，最后有人居然声称看到狄青家养的狗都长出角来了。

当然，靠一些谣言八卦还不能真正撼动狄青的地位，但"倒狄"的声音不会就此停止。

很快，三份要求罢免狄青的奏疏连续出台，在朝中掀起了一股"倒狄"的强大风潮。

三份奏疏出自同一人的手笔：欧阳修。

欧阳修所上的第一份奏疏叫《论狄青札子》，用现在的话说，就是和大家讨论一下关于狄青同志的问题。

大文豪写起文章来依然洋洋洒洒，核心观点只有一个——免去狄青的枢密使职务。理由三条：

其一，狄青虽然为国立有功勋，但才能功绩尚无法与历代的名将相比（尚未得古之名将一二）。之所以现在看起来如此突出，只因我朝善于掌兵的人实在太少了。

其二，狄青武人出身，靠军功骤然位极人臣，其他的武人难免生出羡慕效仿的心思（一犬吠形，百犬吠声）。如果武人竞相逞强掌权，和本朝的祖制不符，容易出现尾大不掉的危险。

其三，即使狄青忠诚无贰心，但也架不住那些怀有贰心的骄兵悍将挑唆裹挟。早点让狄青离开枢密使的位置，也是为了保全狄青。

最后，欧阳修还苦口婆心地劝赵祯，千万要牢记前代的教训，防患于未然（戒前世祸乱之迹，制于未萌）。

欧阳修兜兜转转说了那么多，说穿了还是防范武将的老调调：现在不反，未必将来不反；自己不想反，未必不受他人胁迫而反。从制度上杜绝武将掌权，才能天下太平！

第一份奏疏上去以后，赵祯不为所动。不过欧阳修并不气馁，逮住机会还是要继续说。

七月，京城开封因为连日下大雨发生了水灾。这次水灾闹得特别厉害，许多地方要靠撑着小船才能进入，开封城简直变成了威尼斯。狄青的府邸在汴水河畔，受灾也很严重，狄家人只好搬到附近的大相国寺居住。这个大相国寺，是开封最著名的寺庙，赵匡胤曾几次到访，算是一个政治敏感地带。

果然，谣言很快又来了，有些嘴碎的家伙就开始议论，声称看见狄青穿着黄色衣服坐在大相国寺的大殿上。黄色衣服、大相国寺，两样东西加在一起，不能不让人浮想联翩……谣言一传，又给狄青带来了巨大压力。

借着这个由头，欧阳修连续上了两份《论水灾疏》。这回，欧阳修祭出了"天人感应"的大旗，他认为老天之所以降下水灾，正是在向我们作出警示。

为什么这么说呢？因为古人说了，"水者，阴也。兵者，阴也。武将者，亦阴也"。言下之意，老天都在警告我们，不能让武将继续占据高位。前面我们还说过，古代是讲究五行学说的，宋朝自认属于"火德"，而水又是克火的，实在太不吉利了！

欧阳修这么一说，群臣鼓噪。

也是凑巧，那一年朝中还发生了很多不吉利的事情。什么皇上生病、黄河决口、彗星划过夜空、日食，等等。无一例外，这些八竿子打不着的事情都被扯到了狄青身上，搞得狄青狼狈不堪。再搞下去，恐怕连开封的母鸡不下蛋也要算到狄青头上了。


面对满朝上下的议论纷纷，一贯维护狄青的赵祯也动摇了。于是，他开始征求宰相的意见。

当时的首席宰相已经换成了文彦博。文彦博也是文臣出身，知道赵祯心里也很矛盾，就和了一把稀泥，认为还是把狄青外放做官为好，品级上可以再提升一些，领一个两镇节度使，算是补偿。

赵祯左右为难，转头就去听狄青自己的意见。狄青一听就不乐意了：我又没立新功，为什么要提升我的品级呢？我也没犯什么错误，凭什么免去我的枢密使之职呢？

赵祯一听，也对，觉得狄青确实委屈。转头，他就把话递给了文彦博，并一再表示，狄青是员忠臣，不可轻易罢免。

此时的文彦博并没有在意赵祯的想法，面对游移不定的皇上，他不紧不慢地吐出了最致命的一句话。正是这句话，让一心想保住狄青的赵祯无言以对。

"太祖难道不是周世宗的忠臣吗？为何仍然有'陈桥兵变'一事？"

文彦博的话一举击中了赵祯的命门。

是的，赵祯断不敢承认太祖赵匡胤是一个篡权贼子。既然忠臣赵匡胤可以在"众人拥戴"下黄袍加身，那么忠臣狄青同样可以复制一出"陈桥兵变"。

文彦博用最直白的话说出了无数文臣心中的想法，让人无法辩驳。

连皇上赵祯听了，也只能默不作声（上默然）。

默然，即是默许。


诏令很快颁下：狄青被免去枢密使，出判陈州（今属河南）。作为弥补，狄青获封同中书门下平章事，得到了尊贵的使相身份。

不过，再多的荣衔也无法掩盖狄青内心的失落，耿直的他也曾找到文彦博，当面进行申辩。

然而，回复他的，是更加诛心的六个字：

"无他，朝廷疑尔。"


没什么，只是朝廷怀疑你罢了。

听到这句话，狄青惊得连退数步。

是年八月，狄青黯然离京。

半年之后，一代名将狄青在陈州郁郁而终。

不世功勋却抵不过一个进士名头，横扫敌军却敌不过悠悠之口。

直到七十年后，人们才意识到：

狄青的悲怆，也是宋朝的悲怆。

# 第十七章　后继无人

## 三年之约

欧阳修借着天灾上书，除了要求罢免狄青外，其实还谈了一件更重要的事情。

立储问题。

说来也是背运，赵祯十三岁登基，二十四岁亲政，到嘉祐元年（1056），已经在位三十多年，可膝下竟没有一个儿子。

说没有，并不准确。赵祯也曾有过三个儿子，只可惜都早早夭折了。皇三子寿命最长，也就活到两岁多，他病逝的时候，赵祯才三十四岁。那时，所有人都觉得皇上正值壮年，迟早还会有皇子诞生。

但是，年复一年，无论赵祯如何盼子心切，上天都不肯赐给他一个儿子。

皇位继承人就是国之根本，随着时间推移，东宫虚位成了朝野上下议论的话题。

皇祐二年（1050），一个年轻男子来到了开封街头，大庭广众之下，他居然搞起了即兴演说。

宋朝的市井氛围比较开放，你如果要耍嘴皮子卖狗皮膏药倒也没人管你，问题是他的"脱口秀"内容让所有人目瞪口呆，在开封瞬间引起了轰动。

年轻男子声称自己是当今皇上的亲儿子！

按照男子的说法，他的母亲曾在宫中工作，受到皇帝临幸，后来怀着孩子出了宫，生下了自己。如今，他是回来认亲了！

凭空从天上掉下来一个皇子，那还了得？这可是比明星绯闻更劲爆的新闻！

事情很快传到了官府，开封知府钱明逸连忙带人赶了过来，将这个大放厥词的人捉了回去。

进了大堂，年轻男子一点儿也不怵，站在府堂上厉声斥责钱明逸："大胆，见到我怎么还不起身！"钱明逸生性胆小，当了这么多年官，还没遇到过这么离奇的事情。情急之间，居然被男子的气势给唬住了，竟不自觉地站起身来。

当时没有亲子鉴定，审来审去也没个结果。钱明逸就把该男子当成一个胡言乱语的疯子，判了一个发配汝州编管。

　　钱明逸的这个判决显然是有问题的。如果男子果真假冒皇子，是犯了杀头的大罪，怎能如此轻判？估计他内心里也有点儿吃不准，生怕万一人家真是皇族血脉，将来追究起来自己肯定没好果子吃。

　　街头冒出一个皇子的事情传遍了开封城，闹得全城沸沸扬扬，很快也传到了赵祯耳朵里。有人立刻参了钱明逸一本，认为假皇子应当即刻问斩，而不是发配流放。钱明逸不仅办错了案，还放任谣言传得满天飞，应该治罪。

　　不久，赵祯命善于办案的包拯出面处理此事。一番调查下来，事情终于搞清楚了。

　　那个男子名叫冷青，他的母亲王氏曾在宫中干过杂役，后来被遣散出宫，嫁给了一个叫冷绪的人。冷青正是冷绪和王氏所生，而且，在冷青出生前，两人已经先有了一个女儿。所以，冷青绝不可能是赵祯的儿子。

　　包拯还查明，那个冷青其实是个妄想症患者，整日无所事事到处闲逛，还逢人就吹嘘自己是皇子，偏巧有一个和尚相信了他的胡话，竟然把他带到了开封来认亲。当然，皇宫肯定不是你想进就能进的，于是才有了街头宣讲的荒唐一幕。

　　查明真相后，疯子冷青被问斩，钱明逸被降职外放。

　　假皇子的事情过去了，开封士民又多了一份茶余饭后的谈资，而赵祯却成了最受打击的人。他意识到，皇子缺位的问题已然成了天下关注的焦点。或许，那些以天下为己任的官员早就蠢蠢欲动，如果再不诞育皇子，恐怕朝堂之下的窃窃私语迟早会变成漫天飞舞的奏折。

赵祯的担忧很快成为了现实，嘉祐元年（1056），他生了一场重病，立储的问题由此引爆。

其实，赵祯的身体一直不怎么好，隔三差五就要"不豫"一回，而且每次"不豫"总会"昏不知人"，表现出类似中风疯癫的症状。嘉祐元年正月初一，赵祯又一次"不豫"了，而且比此前任何一次都要严重。

说起这次生病，多少让人有点儿心酸。就在前一天的除夕夜，赵祯为了新年有好运，光着脚（跣足）向上天祈祷，希望老天能给自己带来个儿子。或许是晚上赤脚祈祷着了凉，第二天，元日朝会的时候，百官上殿就列，内侍一挑起帷帘，却发现赵祯已经歪着身子瘫倒在龙椅上了，嘴里还流出了口水。内侍发现赵祯发病了，连忙把帷帘放下。经过一番救治，赵祯才好转过来，勉强完成了元日朝会。

正月五日，赵祯在紫宸殿接待前来祝贺新年的辽国使臣。就在宴席上，赵祯再次发病，虽然没晕倒，却突然神志不清，说话语无伦次，好在当时还没有病得太离谱，总算勉强把宴会对付过去了。

第二天，辽国使臣上殿辞行，赵祯本打算继续在殿上设宴款待，不料还没等宴会开始，疾病又一次发作，他满嘴胡言乱语，甚至大呼小叫起来。宰相文彦博见状出来打圆场，一边命人赶紧把赵祯送回宫内，一边对使臣解释，声称皇上昨天晚上酒喝得有点儿多，今天没办法亲临宴席，朝廷会另派大臣在驿馆赐宴。

那天病倒后，赵祯一连躺了好几天。为了以防不测，宰执大臣开始破例留宿禁中。直到正月十四以后，赵祯的神志开始恢复，众臣悬着的心才放下了一些。

经过这番折腾，朝臣们意识到，解决皇储问题已经迫在眉睫。否则，一旦赵祯哪天突然驾崩，势必引发前所未有的政局混乱。

皇上眼下无亲生子嗣，要想解决问题，唯一可行的办法，就是在皇族宗室中选择一人，立为皇储。可是，提出这个建议，是需要莫大勇气的。

试想，赵祯当时也就四十三岁，年纪不算太大，如果谁贸然提议从宗室中选取皇子，岂不是等同于诅咒皇上？那可是大逆不道的行为。也正因为如此，几乎所有的朝臣都想到了立储的事情，却没有一个人敢站出来明说。

然而，形势已容不得半点儿迁延，必须有一个勇敢的人站出来，把最后一层窗户纸捅破。

终于，有人第一个站了出来：

范镇。

范镇，字景仁，成都华阳（今四川成都双流区）人，景德四年（1007）出生，宝元元年（1038）进士，时任起居舍人、知谏院。

范镇的传奇人生从进士及第那一刻就开始了。在那次科考中，范镇以省试第一名的成绩进入殿试，是当年的省元。在讲述欧阳修的时候，我们提到过宋朝的一个规矩，即殿试唱名时，如果念到第三人，还未出现省元的名字，他就有权站出来申诉。

范镇也遇到了欧阳修同样的情况，当考官唱出殿试前三名时，他并没有听到自己的名字。但范镇却没有像欧阳修那样站出来掏屁，而是像没事人一样站着，直到考官念到第七十九人，范镇才听到了自己的名字。此时他才出列回应，然后又一声不吭地退回队列中。

因为殿试名次落下了一截，范镇的起授官职并不高，一开始只当了个县主簿。不过，由于殿试中范镇"大度不争"，给人们留下了很好的印象，没过几年，他就被安排回京任官，还得到数次越级提拔，并于至和年间（1054—1056）出任谏官。

范镇在朝廷中素以大胆敢言、不计个人得失著称，面对日益紧迫的皇位继承人危机，他第一个上书赵祯——请从宗室子弟中择贤能者作为皇储。

范镇提议，从血缘较近的皇室成员中找出一个合适的人，过继给赵祯当儿子，备为储君。万一赵祯生了皇子，可以再把他送回去。

范镇的奏疏一递上去，宰相文彦博先急了，连忙派人质问范镇：这么大的事情，怎么连招呼都不打一个？

范镇的回答非常硬气："我是抱着必死的决心，所以才敢上书。如果和你们宰执大臣商量了，你们如果不同意，难不成这事就不干了？"

范镇上书后，第一个跳出来表示支持的是御史中丞张昪（biàn）。御史台和谏院都是直肠子官员的聚集地，御史台眼见谏院的同志第一个冲上去了，也不甘落后。张昪更是率领御史台全体官员集体进谏，态度比范镇还激进。

尽管范镇只是说找一个备胎皇储，但赵祯听了心里还是很不是滋味。对于台谏们的集体倡议，他始终没有正面回应。

既不答应，也不否定，一个字：拖。

这种处理方式，非常宋朝，非常赵祯。

不过，言官系统既然火力已开，想靠"拖字诀"是不能轻易过关的。

面对这位"拖延症患者"，"范医生"本着"不抛弃不放弃"的原则，一有机会就向赵祯提建议，居然一连上了十九道奏折。此后几个月，其他朝臣，诸如欧阳修等人也开始借机说事，前面用在狄青身上的京师水灾、黄河决口等事情也捎带送给了赵祯。

范镇，看样子，你已经不是一个人在战斗了！

要求立储的声音越来越大，赵祯被大家催得心烦意乱，只好将奏章交付宰执大臣们共同讨论。

皇帝不表态，宰执们能讨论出个什么来？

此时的宰执大臣正如风箱里的老鼠——两头受气。一边要照顾皇上的想法，一边要应对急吼吼的台谏官员，怎么办都不行。于是，只能无限期地讨论下去。

三个字：继续拖。

眼见一直没动静，范镇直接跑到中书去催：怎么样？奏章批复了没有？

文彦博也不敢惹范镇，只能好言劝慰："大家是因为皇上生了场重病才建议立皇储。你们的意见皇上也知道了，但现在让皇上马上就做出决定，太难了！"

范镇一点儿也不上套，瞪着眼睛回道："办事情只应考虑对与不对，而不应该考虑困难还是容易。你们觉得今天决断要难于昨日，可又怎么知道他日不会比现在更艰难呢（言今日难于前日，安知他日不难于今日乎）？"

范镇说得句句在理，赵祯和宰执们无法辩驳，可他们依然无法给个准信儿，只是将范镇升任侍御史知杂事（五品官），表彰了一下范镇的忠心。

可范镇岂是一个官位能够收买的？接到任命后，范镇表示：没采纳我的建议，就等于我说错了。朝廷应该处罚我，怎么反而给我升官呢？

最后，范镇拒绝接受任命，回家待罪去了。

事情闹到这个地步，赵祯再也不能不出来表个态了。

十一月的朝会上，范镇被召回朝廷入对。

见到赵祯，范镇流着泪说了一大通话："我是一个待罪的人，承蒙皇上恩典，任我为知杂御史，七次降下圣旨，命我赴御史台上任。我虽然资质愚钝，但也知道陛下其实认为我说的是对的。但是，陛下之所以犹豫不决，恐怕是因为身边的某些人认为您的病已经好了，不用再选宗室子弟为皇子了。说这种话的人都是奸邪而又无见识的人，陛下不能不慎察。希望陛下摒弃小人的浅见，采纳我的忠言，如此则群臣不敢畏避，必定竭心尽力辅佐陛下，使赵氏宗庙绵延不息。我前后十九次上奏，奏章恐怕都被留在了中书。今日再次进呈，希望重新交付宰执们共同商讨。如果谁有异议，就请让我与他当庭辩论。如果我真的错了，就请治我的罪；即使不治罪，也请解除我言官的职责。我的一片至诚之心，都在今天的这番话里了。"

范镇说完这段话，泣不成声。

赵祯发现，短短几月，这位刚满五十岁的老臣已是须发皆白。听完后，他也是泪流满面，说道："我知道你的忠心，也知道你的话是对的，但请你再等上两三年，我肯定会给你一个交代。"

赵祯近乎乞求的语调让众臣不胜唏嘘，他们知道，皇上是希望在这两三年内，老天能再给他一次诞育皇子的机会。

话说到这个份上，还能如何？对于赵祯的回答，众臣是基本满意的。三年为期，到时再行劝谏，恐怕皇上也就无话可说了。

于是，历时半年的立储之争，因为赵祯的"三年之约"按下了暂停键。

## 钢铁战士包龙图

"三年之约"让赵祯的耳根子清净了一阵。等到了嘉祐三年（1058），眼见后宫还未生出皇子，又有人向他催逼立储了。

相比范镇，这回站出来的人物火力更猛，战斗力更强，足以让赵祯心惊胆战。

御史中丞，包拯。

在很多人的印象中，包拯就是那位整日坐在开封府大堂上，黑脸不讲人情的铁面判官。事实上，包拯一生经历了很多岗位。这位庆历年间的监察御史，除了早年干过知县、知州，后来还担任过三司户部判官、转运使、安抚使、知谏院等一系列职务，其间还充当了一次出访辽国的大使，可以说从中央到地方，从行政、监察到外交、军事，一个人干了个遍。皇祐四年（1052），包拯获得了龙图阁直学士的贴职，因此留下了"包龙图"的称号。

包拯清廉刚直，眼里容不得沙子。经历了那么多岗位，他干得最多的一件事就是弹劾。凡是他瞅准要弹劾的人，向来是死咬不放，不达目的绝不罢休。

在包拯弹劾过的达官显贵中，最著名的莫过于外戚张尧佐。


庆历、皇祐年间，赵祯最宠爱的一个妃子是张姓妃子。张姓妃子本是一个小地方官的女儿，因为姿容出众、性情柔媚而得宠，庆历八年（1048）获封贵妃。

张尧佐是张贵妃的伯父，他虽然也是进士出身，但因为政务能力很差，在官场上口碑不佳。可是，因为张贵妃独得圣宠，又喜欢给赵祯吹枕边风，张尧佐也跟着飘了起来，官位一路走高，居然先后当上了开封知府、三司使。

不过，宋代的台谏官可不是好惹的，每次张尧佐升官，赵祯都要做好被唾沫洗礼的心理准备。到了皇祐二年（1050），由于张尧佐的升官问题，赵祯和台谏官的矛盾更趋白热化。因为再这样提拔下去，张尧佐就要成为宰执大臣了！

在宋代，宰执大臣一般来自翰林学士、开封知府、御史中丞、三司使这四个岗位，人们称之为"四入头"。而这个张尧佐眼下已经干过其中两个岗位，再提下去，难不成真要登阁拜相？

所以，一等张尧佐坐上三司使的交椅，本着防患于未然的态度，台谏官争相上书抗议。包拯当时的职务是知谏院，这种事情当然少不了他。老包的言辞最为激烈亢奋，直说张尧佐啥都不懂（是非倒置，职业都忘），还占着高位沾沾自喜，纯属寡廉鲜耻（洋洋自得，不知羞辱）。

闰十一月，在台谏官的围攻下，赵祯免去了张尧佐的三司使职务。但是，如此一来，张贵妃那里是交代不过去的。于是，过了几日，赵祯又任命张尧佐为宣徽南院使、淮康军节度使、景灵宫使、群牧制置使。

宣徽南院使是总管内廷事务的大官，其他三个职衔也是尊贵无比。如此一来，虽说张尧佐实际执掌的权力小了点，但一人身兼四衔，也算荣耀至极了。

拿掉一顶帽子，又多了四顶帽子，罢官还罢出好来了！台谏官们立刻集体炸了。

诏书刚下，包拯那篇还散发着墨水气息的奏疏已经到了赵祯面前。如果说他前面的奏疏只是言辞比较激烈的话，那么，现在则是直接开骂了。包拯认为，上面四个职衔，只有立下大功的勋臣才配享受，张尧佐靠裙带关系爬上来，已经够便宜他了。这号人，简直就是时代的垃圾，白天冒出来的鬼怪（清朝之秽污，白昼之魑魅），有什么资格窃取高位？包拯开炮后，其他台谏官纷纷响应，有人甚至以辞职为要挟。

赵祯见到伯岳被骂得这么惨，火冒三丈，干脆强硬到底。其实他也觉得很委屈：我贵为天子，只是给亲戚多发了几个虚衔，你们怎么就不依不饶呢？这回我就要一意孤行！

见赵祯死不回头，包拯决定改变分头上书的做法，搞一次集体辩论。借着一次朝会的机会，他带着七个台谏官气哄哄地站了出来。不过这回赵祯也有心理准备，先下嘴为强："你们是不是又要拿张尧佐说事？我告诉你们，那个节度使，也就是一个粗官，你们争什么争？"

不得不说，经过多年的唇齿切磋，赵祯同学的辩论水平已经有了很大的提高。他避开宣徽南院使等几个职务不说，单挑"节度使"说事。因为节度使是武官阶，在这帮清高的文人眼里，此类武职最看不上眼。你们不是嫌武人粗鄙吗？封张尧佐一个节度使总可以吧？

然而，残酷的事实证明，赵祯就算长十张嘴也不是一个台谏官的对手。这回，不用包拯亲自出马，殿中侍御史唐介已经站了出来，轻飘飘地回了一句："节度使恐怕也不能算粗官，我记得当年太祖、太宗都曾做过节度使。"

别忘了，把老祖宗拿出来吓唬皇上，那是每一个台谏官的必修课。赵祯听了唐介的话，气得脸色煞白，说不出一句话来。

迫于压力，赵祯免去了张尧佐宣徽南院使、景灵宫使两个官衔，以平息争议。

升官梦被搅黄后，张尧佐并没有死心，过了一年多，觉得风头已过，又开始怂恿张贵妃在赵祯耳朵边碎碎念。赵祯心一软，就想试着重新任命张尧佐为宣徽南院使。

一日上朝前，张贵妃为赵祯做足了思想工作，千叮咛万嘱咐：这次一定得把事情办成！赵祯拗不过她，硬着头皮在朝堂上旧事重提。

这还了得？要知道，我们的包龙图还在谏官的位置上呀。赵祯话刚出口，包拯就反击了："张尧佐现在腆着脸要当宣徽南院使，将来肯定还惦记着入中书、枢密院，甚至还做梦想当上使相呢。陛下想给予张尧佐这样尊贵的官职，难免又要引发争议。为了免除后患，不如把张尧佐调离京师，到外郡任职。"

包拯意识到，只要这个张尧佐还留在京城，就难免继续生事。这回非得来个彻底了断不可，把这个讨厌的家伙赶得远远的。

赵祯感到事情难办，又想支支吾吾搪塞过去。可包拯岂是这么容易打发的，继续在殿上说个没完。看着满脸激愤的包拯，赵祯心里叫苦不迭：早知道老包火力依然这么猛，压根就不该答应张贵妃。

眼见包拯得理不饶人，有加班开展思想教育的苗头，赵祯抽身想走。不料，包拯大步上前，一把拉住赵祯的袖子，继续说得起劲儿……

事情没办成，赵祯灰溜溜地回到了宫中。张贵妃一见赵祯回来了，连忙上前去问事情办得怎么样？赵祯被包拯教育了半天，正憋屈着呢，眼前又来个催债的，顿时火起："宣徽使、宣徽使，你就知道宣徽使。今天包拯上殿，唾沫都溅到我脸上了！"

包拯任知谏院以来，弹无虚发。几年里，他弹过地方高官，弹过皇亲国戚，弹过当朝宰相（严毅不恕，朝列有过，必须弹击），乃至被人戏称为"包弹"。

嘉祐元年（1056）十二月，包拯出任开封知府，这个岗位其实特别适合他。京城里住着无数权贵子弟，最难办的就是执法如一。包拯到任前，开封百姓递交诉状都需要转手府衙的吏员，滋生了很多腐败。包拯一到任就废掉了这个老规矩，允许百姓直接在府堂上控诉，由他老包直接现场办理！由于包拯执法公正严明，向来是天王老子都不顾忌，没干多久，他就把京城里的权贵子弟收拾得服服帖帖。京师盛传"关节不到，有阎罗包老"。

嘉祐三年（1058），六十岁的包拯转任御史中丞，重新回到了台谏官队伍。显然，包弹的威力并不会因为年龄的增长而减弱。这回，包拯加入了建议立储的行列。


包拯在御史中丞的位置上屁股还没坐热，就向赵祯进言："东宫已经虚位很久，天下人都为此担忧，众臣多次进言，可就是不见陛下有什么表示。不知陛下这么长时间不做决断，究竟是什么原因？万物都有根本，太子就是天下的根本，根本不立，那是会有大祸的！"

一听包拯的话，赵祯立刻不高兴了。

什么原因不立太子？你这不是揣着明白装糊涂吗？当然是想有一个亲生儿子来继承皇位啊。如果严格计算时间，赵祯和众臣的三年之约还没到呢。

赵祯心里很不痛快，狠狠地反问了包拯一句："那么，你想立谁为太子呢（卿欲立谁）？"

这可是一句非常重的话，因为朝臣固然可以建议立储，但绝不允许私议皇位人选。赵祯这么说，等于是怀疑包拯勾结皇室子弟，图谋大位。

可包拯就是包拯，脸不变色地回道："我本没有什么才能，却肩负着御史中丞的重任。之所以请求陛下立太子，全是为了大宋的万世江山考虑。如果要问我想拥立谁，那就是怀疑我。我也是个老人了，自己也没个儿子，难不成还能为自己的后人谋好处？请陛下明查就是了！"

赵祯见吓不倒包拯，只好淡淡地应付了一句："这事容我再考虑考虑。"

在台谏系统里，除了包拯，火力最猛的要数唐介。

如果说，包拯是言官中的大口径火炮的话，唐介就是一把狙击枪，火力不大，但枪枪命中要害。在立储这件事上，唐介又和包拯站到了一起。

同年九月，那个整天想着当大官的张尧佐去世了。这位总是添麻烦的伯岳一走，赵祯倒轻松了不少。想起当年的激烈交锋，赵祯逮住机会，揶揄唐介："你们言官说话有时候就是危言耸听，你总以为我重用了张尧佐，就好比当年唐明皇误用了杨国忠，会落得离京避难的下场。你看现在这结果，我就是真让张尧佐做了宰相，也不会和唐明皇一样嘛。"

唐明皇李隆基晚年误用杨贵妃的族兄杨国忠，搞得朝政昏乱。安禄山起兵叛乱，也是以诛杀杨国忠为名。李隆基最后落得外逃蜀地的下场。估计此前进言的时候，言官们没少拿这个例子吓唬赵祯，所以，这回赵祯又把它搬出来和唐介打趣了。

"唐狙击枪"清了清嗓子，认真地回道："现在看来，陛下重用了张尧佐，倒真的未必出现狼狈离京的结果。"

听唐介这么一说，赵祯露出了得意的笑容，难得在辩论中胜了一回：我说嘛，你们就知道小题大做。

不过，还没等赵祯得意完，唐介就补刀了："但是，陛下一旦出现了离京避难的祸事，恐怕还不如唐明皇呢。"

这又怎么个说法？顿时，赵祯的笑容僵在了脸上。

唐介继续说道："人家唐明皇离京避难，至少还有个儿子唐肃宗站出来匡扶社稷呀。陛下能依靠谁呢？"

太伤人了，捅到心窝里去了！

绕来绕去，居然又被他绕到了立储问题上，这不是自找不痛快吗？

听完唐介的话，赵祯脸都气绿了。

没辙，谁让自己没儿子呢。


值得庆幸的是，到了嘉祐三年（1058）的下半年，众臣们要求立太子的声音渐渐小了下去。倒不是他们学乖了，而是因为后宫传来了令人振奋的消息。

妃嫔有孕！

## 立　储

原来，后宫嫔侍董氏、周氏同时怀有了身孕。

如此一来，众臣自然不好再说什么。

一时间，宫内宫外都洋溢着前所未有的喜庆气氛。大家都盼望两个嫔侍能够早日诞下皇子，一举解决东宫虚位的问题。

最高兴的人当然要数赵祯，他一再用"拖字诀"对付众臣，盼的就是这一天。

有句歌词怎么唱来着：等了好久终于等到今天，梦了好久终于把梦实现……

宫中的内侍省为了迎合皇上，特意修建了一座潜龙宫，准备给将来的皇子居住，同时还预备了大量金帛、器物，就等皇子诞生后，以供赏赐之用。

接下来的时间里，赵祯和朝臣唯一能做的只有一件事——等。

于是乎，董氏和周氏的肚子成了当时宋朝的政治聚焦点，承载了所有的期待和希望。


然而，似乎真应了"希望越大，失望越大"这句话，上天还是没有眷顾求子心切的赵祯。

嘉祐四年（1059）四月，董氏第一个分娩。

皇女。

又过了一个月，周氏分娩。

仍是一个皇女。

添了两个皇女的赵祯照例进行了一系列的赏赐，但是，内心的酸楚，谁都心知肚明。此时，就连一直喋喋不休的台谏官都闭嘴了。

运气太差了，太可怜了。

赵祯并没有灰心，两个皇女的诞生固然让他失望，但也更让他坚信，自己仍有可能为大宋带来一个皇子。嫔侍董氏、周氏似乎也很争气，很快又有了身孕！

可是，接下来的事情，让赵祯欲哭无泪。

嘉祐五年（1060）五月，董氏有产。

皇十一女。

嘉祐五年（1060）七月，周氏有产。

皇十二女。

嘉祐六年（1061）七月，董氏再产。

皇十三女。

到了这般地步，还能说什么呢？

皇十三女出生的时候，赵祯已经五十二岁，本来就不康健的身体显得愈发赢弱。连他自己都意识到，想要诞下一个皇子的希望早已日渐渺茫。

赵祯生不出儿子，众臣要求立储的奏疏又如约而至。

此时，已经不需要台谏官们冲锋陷阵，各路大臣也纷纷上书进言，就连一直站在皇帝一边的宰执大臣，也采取了支持态度，奏疏上已经没有了激烈的言辞。

千言万语只有一句话：你就认命吧。

赵祯还能说什么呢？说好的三年之约，已经过了六年。盼着你生皇子，却连生了五个女儿。

天命难违，认了吧。

经过轮番的劝谏，赵祯终于妥协了。

嘉祐六年（1061）十月，垂拱殿，赵祯召见宰执大臣。那个时候，宰相已经换成了韩琦。

韩琦首先提出：选取宗室子弟备位储君。

这回，赵祯松了口："我其实早有此意，只是没物色到合适的人选。"说完，他又看了看众人，问道："宗室子弟中，你们觉得谁比较合适呢？"

韩琦恭敬地回道："这就不是臣下敢议论的了，应当由陛下自己圣断。"

赵祯叹了口气，说道："早年宫中倒曾经收养过两个孩子，岁数小的比较单纯，但不聪明，岁数大的那个，倒还可以。"

韩琦又问："不知皇上说的是哪一位宗室子弟。"

赵祯回答："赵宗实。"

赵宗实是濮王赵允让的儿子，生于明道元年（1032）。赵允让是太宗赵光义第四个儿子商王赵元份的儿子，已于嘉祐四年（1059）去世。巧合的是，赵允让幼年时也曾被真宗赵恒收养在宫中，用来当作皇子储备。只因后来赵祯出世了，他才被送回王府。赵允让万万不曾想到，当年自己没能递补皇位，如今自己的儿子要替他实现这个梦想了。

诡异的是，赵祯和父亲赵恒一直人丁不旺，赵允让一族却是多子多孙。赵允让生了二十八个儿子，赵宗实是第十三个。赵宗实曾在四岁的时候入宫，后因赵祯自己有了儿子，他又被送回王府。他的人生前期的轨迹几乎和父亲如出一辙。只因赵祯几个儿子的夭折，他的命运发生了奇迹般的转折。

听皇上这么一说，韩琦吊起的心放了下来。看来，皇上这次真心接受现实了，而且心里早就有了人选。

当然，韩琦在表面上还不能显得太急迫，于是他又说道："事关重大，我们也不敢贸然执行。陛下今天可以再思考一下，明天我们再来领旨。"

第二天，韩琦到赵祯处领旨，并建议先确定入宫人选，立为储君的事情可以慢慢来。不如先授予赵宗实泰州防御使、知宗正寺之职。

宗正寺是掌管皇族事务的官，想当年，赵宗实的父亲赵允让也曾担任此职。在没有皇子的情况下，授予赵宗实这个职务，其实就是向天下释放了一个"他是储君"的信号。

又过了几日，制书颁下，一直为立储问题揪心的众臣好歹松了一口气。

始料不及的是，立储的事情很快又起了波澜。

赵宗实没兴趣当储君！

世上的事情就是这么无厘头，有人处心积虑、杀人放火也要当皇帝，有人却是求着他当皇帝都不想当。

这个情况看上去不可思议，其实也容易理解。当皇上虽然荣耀，却也是份累人的活儿，有时还不如当个王爷来得自在快活。

当然，在赵宗实的心灵深处，可能还夹杂着一份委屈。老爸曾经当过备胎，自己四岁时也曾当过备胎。每次皇家后继无人了，就把我们叫唤过来；皇家有血脉了，又急着叫我们滚蛋。敢情我家是开轮胎店的。这回你请我干，我还不干呢。

赵宗实听到任命自己为知宗正寺的消息，断然拒绝了任命。赵祯知道后，略有点儿不高兴，就找韩琦说："他不想干，要不这事就算了？"

韩琦一听，头都炸了：我的娘啊，争来争去，好不容易哄得皇上松了口，怎么就这么算了？于是他建议赵祯亲自下手诏，命赵宗实赴任。

赵祯按韩琦的意思办了，可那位赵宗实邪了门，仍然死活不肯领命，而且连上了十八道辞表，要求朝廷收回成命，一会儿说自己还在为父守丧，一会儿又说自己身体不行。

据说，赵宗实命人给朝廷写辞表的时候，每写一表，都重赏一大笔钱。结果，朝廷传达诏令的内侍跑得死去活来，那位替赵宗实代写辞表的人反而赚得盆满钵满。

就这样，事情一拖再拖，又过了九个月。到了嘉祐七年（1062），眼见立储大事要搁浅，韩琦就建议赵祯把事情办彻底，直接立赵宗实为皇子。

于是，嘉祐七年（1062 年）八月五日，赵祯下诏，立赵宗实为皇子。

又过了两天，赵祯将宗室子弟召集到宫中，当众宣布了这一决定，完全确立了赵宗实的皇位继承人身份。

按例，皇储的名字应当有别于其他宗室子弟，赵祯亲自为赵宗实改名为赵曙。

说起来那个赵宗实确实顽固，直接立为皇子也不干。

于是，为了扶这个老兄上位，赵祯命虢国公赵宗谔带着轿子前去王府抬赵宗实。

赵宗谔是赵元份的长孙，赵宗实的堂兄，在家族中讲话很有分量。他一进王府就大骂赵宗实："你身为人臣，怎么能不接受圣上的任命？我不是不能派人把你硬塞进轿子里，我只是担心你因此失去君臣之义，背上不忠不孝的骂名！"

赵宗谔骂完，其他人都在旁边打圆场。经过一番连哄带吓，赵宗实这才勉强答应下来。

八月二十七日，皇子赵宗实进入宫中。

八月三十日，赵祯在清居殿召见皇子赵宗实。

此后，赵宗实按照礼节，定期问候赵祯起居。

至此，历时七年的皇储之议总算有了一个圆满的结果。

从这一刻开始，我们终于可以改口称赵宗实为"赵曙"了。

事实证明，嘉祐七年（1062）的立储非常及时，如果再晚半年，后果不堪设想。


嘉祐八年（1063），新年刚过，赵祯又病倒了，再次陷入神志不清的状态。

从至和年间（1054—1056）的第一次发病开始，人们已经习惯了皇上这种间歇性发作的怪病，不过这次的病情似乎较以往更加严重。经过长达两个月的调理，赵祯的身体才略有好转。

三月二十二日，是科举殿试的日子，向来重视文治的赵祯撑着病体主持了大典。谁都没想到，这将是他最后一次主持殿试。

三月二十九日，白天的赵祯还能如常人一样饮食起居。可到了半夜，他忽然从床榻上坐起，急令内侍传唤医官。

这次的病情似乎来得特别迅猛，才过了一小会儿，赵祯已经连话也说不出来，只能手指心口，表情极其痛苦。等医官赶到时，已经于事无补。

是夜，大宋第四任君主赵祯，崩于福宁殿，享年五十四岁。

# 仁

赵祯走了。对于这位在位长达四十二年的皇帝，我们不能不给予一个中肯的评价。

翻开宋人留下的记载，没有一个人会否认，在赵祯的治理下，宋朝走向了辉煌的鼎盛时期。

他的时代，营造了最为宽松的政治氛围。君主以求得直言为美事，臣下以犯颜直谏、秉笔直书为荣光。朝堂之上，人人敢言，士大夫群体的担当精神得到最大限度的弘扬。赵祯的谦抑，成全了范仲淹、包拯、欧阳修等一代名臣。

在那个时代，宋朝社会安定，经济蓬勃发展。至嘉祐年间（1056—1063），人口已增至一千两百余万户，岁入超过一亿缗，繁华的开封成为拥有百万人口的超级大都市。而回溯历史，我们会发现，史家赞不绝口的唐朝"贞观之治"时期的人丁不过三百余万户，"开元盛世"时期亦不过八百余万户，而其岁入还不及宋朝的二分之一。

正所谓"自古国家之富，未有及此也"。

在那段岁月里，宋朝建立了世界上最大的船队，指南针已经广泛运用于航海技术，一组组商船"夜则观星，昼则观日，阴晦观指南针"，将中国的丝绸、茶叶、瓷器远播到南亚、中东，乃至非洲，"海上丝绸之路"由此发端。

在那段时光中，人们的生活方式日新月异。宋代城市采取"坊市合一"的模式，民居和集市和谐共处，市内高楼林立、百业兴旺，商铺、酒楼、书坊随处可见，甚至还出现了颇具现代色彩的专业娱乐场所——瓦舍。延续千年的宵禁制度已经解除，从早至晚，晓市、夜市前后相继，人们从习惯的一日两餐逐渐变成了一日三餐。

最让后人引以为傲的还是那时空前繁荣的文化。传统的诗赋、散文被宋人完美地继承和发扬，同时，更加精致柔媚的宋词悄然勃兴。从朝堂到民间，从书斋到酒肆，处处可听到宋词所演绎的"晓风残月""暖风轻絮"。

"自三代以降，跨唐越汉，未有若今之盛者。"包拯的这句话，恐非虚言。

然而，我并不想把种种光环戴在赵祯一人的头上。一切辉煌，均有历史发展的惯性，理应归功于千千万万的普通士子、商贾、百姓。我更不想否认，在这繁华的表象背后，还有羸弱的边防、屈辱的岁币、汹涌的民变，还有庞大而又低效的官僚体系，有挥之不去的"三冗"危机。

此时的宋朝，宛若一个已经度过青春时期的中年人，正在步入人生的下滑曲线。

是的，我更想把赵祯当作一个普通人来看待。

拭去那些耀眼的"政绩"，我更为那些稗官野史中所记载的一些细琐小事而动容。

在一次出行中，赵祯曾因口渴而频频回头，而侍者却因未得到明示，无动于衷。直到回到宫中，他才急唤宫女取水来喝，宫女好奇地发问："官家渴成这样，为何不在外面取水？"赵祯回道："我几次回头，都没有看见负责随身奉水的人。如果此时取水，此人岂不是要被管事者怪罪？"

在一次进餐中，赵祯曾一口咬到了沙粒，牙齿被硌得疼痛难忍。事后，他却不忘再三嘱咐宫女，切莫将此事声张出去。因为让皇上在御膳中吃到异物可是一项不小的罪名，御厨将因此受到严厉责罚。

又有一次深夜，赵祯忽然想吃一碗羊肉热汤，可是思虑再三，最终忍饥未说。事后有人问起："陛下日夜操劳，想吃口羊肉汤，吩咐御厨做就是，为何如此？"他答道："只怕开此先例后，宫中形成习惯，夜夜宰杀羔羊，过于靡费。"

有一次，他赏赐入宫做法事的僧人每人一匹紫罗，赏完以后，却不忘再三嘱咐："他日出东华门时，务必将紫罗藏在怀里。如果传到了台谏官的耳朵里，恐怕又要说三道四了。"

此时的赵祯，不像一个大权在握的皇上，更似一个心地柔软、富有同情心的普通人。

仁慈，是赵祯最闪光的品质。


宋人言，赵祯"百事不会，只会做官家"。

能得此评价，正缘于一个"仁"字。

是故，赵祯成了第一个以"仁"字为庙号的帝王。

仁者，慈民爱物曰仁；屈己逮下曰仁；惠爱溥洽曰仁。

赵祯突然崩逝，致使举国哀恸。史载：

京师开封"罢市巷哭，数日不绝，虽乞丐者与小儿，皆焚纸钱哭于大内之前"。

东都洛阳"城中军民以至妇人孺子，朝夕东向号泣，纸烟蔽空，天日无光"。

宋朝的讣告送到辽国，"燕境之人无远近皆聚哭"。

赵祯，你不是一个雄才伟略的君主，但你是一个仁慈善良的人。

# 第十八章　火德难继

## 垂帘撤帘

赵祯去世后，韩琦等宰执大臣悉数来到宫中，经过一番商议，决定立刻将赵曙召入宫内继承皇位。

说起来赵曙确实是个怪人，一听众臣让他继位，竟急得跟猴子似的乱跑，连声念叨着："我不敢，我不敢。"

开什么玩笑！好不容易把你弄进宫，为的就是今天。这个节骨眼上罢工，还由得了你？

韩琦等人当然不理会赵曙的态度，决定"逼宫"。

于是，史上最滑稽的一场逼宫戏开始了。几个五六十岁的老臣和一个三十来岁的皇子玩起了躲猫猫。最后，韩琦一把抓住了赵曙，几位老人分工合作，一个紧紧抱住赵曙（不让他溜），一个为他解开发髻（准备戴皇冠），一个帮着他穿上御服。那种争分夺秒的劲头，堪比现在的家长早晨送孩子上学。

待到天色微亮时，韩琦终于将一切安排妥当，这才敲响丧钟，将在外殿等候的众臣召至福宁殿，当场宣读遗制，宣布由皇子赵曙即皇帝位，成为宋朝第五代君主。

赵曙登基，大家都充满了期待，不知道这位新皇帝能够给宋朝带来怎样的变化。

可是老天似乎诚心想和宋朝开玩笑。赵曙刚继位不久，马上"不豫"了。

赵曙正式登基是在四月二日，仅仅过了七天，就得了重病，而且从症状上看，和晚年的赵祯如出一辙，同样是神志不清、胡言乱语。

记得在讲述赵匡胤"烛影斧声"时，我们就提到过，赵氏一族似乎都有一种神经性的遗传疾病。赵光义的长子赵元佐、真宗赵恒、仁宗赵祯都曾出现类似的"疯病"。而且，此后我们将要讲述的宋朝君主中，还有好几位出现了同样的症状。很不幸，众臣费尽周折扶起来的赵曙，竟然刚即位就染上了怪病。

赵曙发病那天，正好是赵祯大殓的日子。赵曙本应以皇子身份主持仪式，可他居然在葬礼上奔走号叫，一副癫狂的样子，让不明内情的众人面面相觑。

最后站出来收拾烂摊子的人，还得是宰相韩琦。他连忙命人把赵曙护送回内宫，然后草草结束了大殓仪式。

丧礼糊弄一下总还是能够过去，接下来的朝政才是大问题。韩琦等人一合计，决定仿效刘太后垂帘听政的先例，请曹太后出山。

曹太后是赵祯的第二任皇后。

明道二年（1033），赵祯废掉了郭皇后，立曹氏为后。曹氏系宋朝开国功臣曹彬的孙女，她完美地继承了祖上谦逊低调的风格，平时做事十分谨慎，既不像郭皇后一样争风吃醋，也不似刘太后那样充满权力欲望。她从不为自己的亲属请托官职，就连吃穿用度也非常节俭。无论从哪个角度看，曹氏都算一个模范皇后。

正因为曹氏行事低调，所以，在前面的故事中，她都是隐身般的存在。

现在，曹氏已经变成了曹太后！由于赵曙突然生病，她必须从后宫走到前台，承担起驾驭朝政的重任。

根据韩琦等人的安排，由曹太后垂帘听政，权同处分军国大事。我们说过，加一个"权"字，意味着暂时代理朝政。

韩琦希望等赵曙病好后，曹太后能够马上还政给皇上。

令韩琦哭笑不得的是，赵曙的病情就像六月的天气，阴晴不定，时而好转如正常人，时而又旧病复发。好几次曹太后都已经打算还政了，可赵曙一发病，她又得硬着头皮出来。

赵曙当政的第一年是在反反复复的生病中度过的，直到那年冬天，他才逐渐恢复正常。

见到皇上身体康复，韩琦开始张罗着结束垂帘听政。

不承想，曹太后却不想撤帘了。

曹太后对政治没什么兴趣，不撤帘并非因为迷恋权力，她只是看赵曙不顺眼而已。

按照曹太后的说法，赵曙自从入宫以来，经常在言语上冒犯她，对她缺乏足够的尊重。

事实上，赵曙确实心存芥蒂，总觉得这个皇子身份来得突然，众人并非真心拥戴他。赵祯是赵曙名义上的父亲，那么曹太后就是他的母亲，可赵曙根本无法从内心上认同这层关系。

这种心理在赵曙生病后表现得更加明显，没事的时候，他居然在宫中写一些对曹太后不敬的诗词，而这些诗词又传到了曹太后的耳朵里，搞得两人关系越来越僵。

曹太后的态度给韩琦出了一道难题，本来就是你死乞白赖地求着她出来听政，现在没有使用价值了，就想让她立刻消失，那也太不拿太后当领导了。

在太后还政这件事上，大臣们都和韩琦一条心，马上就有台谏官站出来替韩琦说话了。

不久，曹太后收到了一份来自谏院的奏疏，中心意思是说：皇上还是不错的，只是因为生病了才会变得无礼。您怎么可以用正常人的标准去看待一个病人呢（岂可责有疾之人以无疾之礼耶）？您应该效仿古代的慈母，用至诚的恻隐之心去爱护皇上，使他认识到自己的错误，洗心革面（使之内愧知非，革心为善）。一旦等他病好了，他肯定会全力报答您。

　　韩琦见有人站出来说话，顺杆就往上爬，也上书劝曹太后宽容忍让。

　　看了他们的上书，曹太后并没有改变态度，反而觉得更委屈了。

　　曹太后觉得大臣是在拉偏架：你们说来说去，左一个"至诚"，右一个"至诚"，没见你们说皇上半点儿不对，倒反而怪我不诚心对待皇上？

　　当然，曹太后不是刘太后，她不会把奏疏扔在地上破口大骂，而是选择以沉默来应对。

　　女人不说话，后果更可怕。


　　韩琦一看苗头不对，要求入宫觐见解释。找准时机，他带着宰执大臣当面去给太后做思想工作去了。

　　见到韩琦等人，曹太后用上了女人的必杀技——哭，哭得梨花带雨、老泪纵横，边哭边诉说自己的委屈。韩琦等人站在那里头皮直发麻，孔老夫子也没教过他们怎么对付哭泣的女人啊。

　　韩琦说来说去还是那句话：皇上是个病人嘛。对于一个病人，您计较个啥呢？

　　听韩琦这么一说，曹太后的脸更阴了，坐在那里一言不发。气氛顿时变得异常尴尬。


　　眼看事情要搞砸，理论界的顶级高手欧阳修出场了。此时，欧阳修已经担任副相，成为宰执班子中的一员。

　　欧阳修劝慰曹太后道："太后服侍仁宗数十年，仁慈圣明的德行传遍天下。女人的品性，很少有不妒忌的。但是太后您就不一样了，当年温成皇后（张贵妃死后追封温成皇后）多么骄纵恣肆，太后您都可以如此豁达地对待，真是大度能容天下。难道现在母子之间反而不能相互宽容一下吗？"

要说辩论还是得服欧阳修。一上来，先给曹太后戴了几顶高帽子，把她夸得舒舒服服的，然后话锋一转，把事情继续绕到皇帝身上。赵曙再差劲，能比那个张贵妃更烦人吗？张贵妃都忍了，还有什么不能宽容的呢？话说得一点儿毛病都没有。

果然，听了欧阳修的话，曹太后的脸色缓和了不少。她轻叹一口气，说道："你们能这么想，真是幸事啊。"

欧阳修见自己的话起了效果，连忙接着送高帽："太后的仁德又岂止我们几个大臣明白，天下人谁不知道呀！"

欧阳修的话，曹太后很受用，心情看上去明显舒畅了许多。

欧阳修接着说道："仁宗皇帝在位的时间很长，恩德惠及每个人，天下人无不信服。因此，等他崩逝后，所有人都谨遵遗命，拥戴他所选择的后继君主，没有一个人敢提出异议。现在太后居住在深宫里，我们也就是五六个'措大'（贫穷的读书人，宋朝士大夫经常以此自称），所作所为如果不是秉承先帝的遗愿，天下人谁肯听从啊！"

欧阳修这段话说得非常高明。他没有评说太后和新皇帝谁是谁非，而是巧妙地搬出了先帝赵祯，委婉地点明赵曙乃是先帝所选。这是最大的既成事实，任何人都应该尽心扶助赵曙，否则就是对先帝不敬。

曹皇后听出了欧阳修的弦外之音，觉得他说得句句在理，点头称许。

说服了曹太后，韩琦转头去劝赵曙。他的心结也必须解开，否则一旦装病撂挑子，事情更难办。

果不其然，赵曙也不是善茬，张口闭口都说，太后对自己没什么恩情。

对于赵曙，韩琦早就想好了一套说辞："自古以来，圣明的君王不在少数。为什么我们唯独称舜帝为大孝呢？难道其他的帝王真的都不孝吗？"

韩琦口中的舜帝，是远古时期的圣主，一直和尧帝并列。如果你翻阅古人的奏章，就会发现，不论哪朝哪代的臣子，都喜欢用尧舜的事迹来规劝自己的君主。因为这两人是公认的君王楷模，谁都不好反驳。

赵曙见韩琦搬出了"别人家的皇帝"，只能埋头听下去。

韩琦接着说："父母慈爱儿子，儿子因此孝顺父母，这是理所应当的事情，并不值得称道。但是如果父母并不慈爱儿子，儿子依然不失孝道，这才值得称道啊。我们就怕陛下侍奉太后不到位，失了孝道。其实，为人父母哪有不慈爱儿子的呢？"

要听懂韩琦的话，还得继续了解舜帝的故事。相传，舜的母亲死得早，父亲又续娶了一个，还给他生了个弟弟。父亲、继母和弟弟都怕舜谋取家产，曾数次设计谋害他，但舜每次脱险以后，都不计仇怨，依旧善待他们。

这回，赵曙听明白了：韩琦是在告诉自己，哪怕太后不是自己的亲生母亲，与自己有嫌隙，也不能因此失了孝道。如此这般，他才是堪比舜帝的圣主。

当然，韩琦也没把话说死，最后还补了一句：父母肯定还是都慈爱儿子的。他费了九牛二虎之力，又把话给圆了回来。

通过"人民调解员"韩琦同志的艰苦努力，曹太后和赵曙的矛盾终于有所缓和。接下去，还得努力一把，把撤帘手续给办了。

依中国人的办事习惯，凡是敏感的事情都不能明说。韩琦为了劝说曹太后撤帘，又下了一番苦功夫。

一天，宰执班子向太后汇报完公务后，韩琦故意留了下来。他小心翼翼地向太后提了一个要求：辞去宰相之职。

干得好好的，怎么突然要辞职呢？

曹太后一时搞不懂韩琦葫芦里又卖什么药，吃了一惊。不过，转念一想，她又明白过来了，回道："你怎么可以要求辞职呢？该退下来的人是我吧。老身本该深居后宫，却每天都要出现在朝堂之上，实在是情非得已，还是让我先退位吧。"

韩琦听曹太后言语中微微带着怒气，连忙继续给她戴高帽，说："历史上那些垂帘者，多有贪恋权势之辈。今天太后您一口允诺退位，高风亮节，别人还真是比不上。"

曹太后对韩琦这套说辞早已厌倦，还没等他说完，就准备起身回宫。

话还没说完，你不能急着走人啊。韩琦急了，连忙上前一步问道："台谏中也有人上书请求太后还政，不知道具体定在哪一天呢？"

曹太后对韩琦咄咄逼人的态度非常生气，也不搭理他，继续起身走人。

韩琦也不示弱，干脆直接命令侍从撤去了帷帘。

经过一番交锋后，韩琦只能忐忑地回去等音讯。

值得称幸的是，曹太后毕竟不是一个恋权的人，也没心思一天到晚和大臣赌气。

当天，宫内传出曹太后手诏，立即还政皇上！

大事已定，以韩琦为首的宰执班子无不额手称庆。他们根本不知道，马上要有一桩更加难办的破事摊到他们头上了。

## 濮　议

治平二年（1065）四月，赵曙抛出了一个让群臣头痛无比的问题——如何确定生父濮王赵允让的名位。

如果依照普通人的思维，人都已经死了，捧得再高也没用，你哪怕封他为玉皇大帝，都没人管你。可是在古代，名位尊号是关乎宗法礼制的大事情。

礼之所以正国也，譬之犹衡之于轻重也，犹绳墨之于曲直也，犹规矩之于方圆也。

——《荀子·王霸》

　　事情到了赵曙这里，变得更加复杂，主要涉及两方面问题：一是生父赵允让能获得怎样的名号？二是赵曙该如何称呼他的父亲？依照赵曙的心思，自然是抬得越高越好，最好是能够追封为皇帝。

　　韩琦、欧阳修等宰执大臣在这个问题上和赵曙站到了一起。他们早就厌倦了新皇帝引出的是是非非，只想快点儿结束争议，好让朝政走上正轨。

　　为此，早在刚办完赵祯丧事的时候，韩琦就建议朝臣讨论赵允让的名位问题。但是，讨论结果很不理想，群臣一上来就否决了赵曙将老爸"提拔"为皇帝的设想。

　　道理很简单，一般而言，只有一个王朝的开创者才能追封祖上几代为皇帝！正如曹丕篡汉称帝后，把老爸曹操追封为武皇帝。赵曙是由旁支继任大统的，没这资格！

　　等到了治平二年（1065）再次讨论此事的时候，赵曙已经不再奢望把老爸追封为皇帝，他把关注点放在了自己对生父的称呼上。

　　赵曙希望自己能称父亲为"皇考"。

　　这里有必要说明一下。此处的"皇"并不代表皇室的意思，而是辉煌美好之意，"考"则代指已故的父亲。比如，大诗人屈原在《离骚》里就有一句"朕皇考曰伯庸"，是说先父名叫伯庸。

　　赵曙的愿望听上去非常合理，可负责讨论的官员却不这么认为。

他们讨论了半天，得出结论，还是叫"皇伯"比较合适。

赵曙这回真生气了：怎么做了几天皇帝，把自己的老爸都给做没了呢？

大臣给出的理由似乎也很充分：赵曙是过继给了仁宗皇帝，然后才当上了皇帝。既然如此，你赵曙就只能认赵祯为父亲，你的亲爸赵允让就不再是你爸了，论辈分，你只能称他为伯伯。让你管他叫"皇伯"，没毛病！

赵曙气得咬牙切齿。

什么玩意，证明"我爸是我爸"就那么难吗？

好在这次赵曙不是孤军奋战，欧阳修立刻站出来替他说话了。欧阳修考证：此前汉宣帝刘询、汉光武帝刘秀同样不是继承父亲的皇位，可他们照样称自己的生父为皇考。

欧阳修的观点一提出，马上遭到了炮轰：汉宣帝是汉武帝刘彻的曾孙，汉废帝刘贺被废后，为权臣霍光所拥立；汉光武帝是汉景帝的七世孙，靠平乱获得帝位。这两人都没过继给哪位皇帝当儿子，自然可以称生父为皇考。你欧阳修岂不是在"偷换概念"？

为了确定赵曙对赵允让的称呼，宋朝的朝堂上又开启了斗嘴模式。赞成称"皇考"的，主要是几个宰执大臣，虽然人少，但有皇帝撑腰。赞成称"皇伯"的，有起草文书的两制官员，有负责礼仪事务的太常寺官员，还有最认死理的台谏官员，人数众多，而且都是敢于死磕的辩论高手。

双方始终争执不下，辩论范围也越来越宽。台谏官不敢骂皇上，把怨气全都发泄到了宰执大臣身上，指责他们"巧饰词说，误惑圣听"。

当年八月，开封又发了一场大水灾。台谏官立刻借题发挥，对宰执大臣们群起攻之，什么两府弄权、臣权太盛、豺狼当道、奸邪在朝，等等，各种狠话都说了出来。

欧阳修做梦也没想到，自己当年曾经用在别人头上的词语，现在居然用到了自己头上。他当然不会白挨骂，立刻拿起纸笔，还击！

争吵持续了整整半年。

治平三年（1066）正月，这场无休止的争论有了转机。

曹太后下了一份手诏：允许濮王赵允让称"皇"，赵曙可称濮王为"亲"。

赵曙得到曹太后这份手诏，喜出望外。按照诏书的意思，称"皇"意味着赵曙可以将生父追尊为皇帝，而称"亲"意味着承认濮王的父亲身份，和称"皇考"差不多。

得到诏书，赵曙立刻谦虚地表示，追封皇帝就算了，称"亲"咱就不客气了。

至此，这场耗时近一年的争论总算画上了句号，赵曙取得了最后的胜利。

不过，持反对意见的朝臣并不买账，他们认为这个转折来得很蹊跷，一定是有人耍了花招。

怀疑也不是没道理，因为曹太后实在没理由支持赵曙。

从垂帘、撤帘的风波中可以看出来，曹太后和赵曙的关系并不和谐。况且，赵允让成了赵曙的父亲，那她这个名义上的母后算怎么回事呢？事实上，此前曹太后也曾表态，反对赵曙称赵允让为"皇考"。现在怎么出现了一百八十度大转弯？

后来，有台谏官打探到了消息，说是正月二十那天，皇上邀请太后和宰执大臣一起喝酒。大臣们轮番敬酒，把太后灌得醉眼蒙眬，趁着酒意，他们拿出了一份欧阳修起草的诏书，请太后签押。太后因为喝醉了，也没详察诏书上的内容，顺手就给签了。

把人灌醉，然后再骗人签字，这哪是正人君子所为？韩琦、欧阳修等人当然不肯承认。于是，围绕着有没有套路太后的问题，台谏官和宰执们再启"斗嘴模式"，最终以大批台谏官的贬职外放收场。

话说回来，这个桥段确实存在一些疑点：太后早就还政了，为什么还要签一份不符合自己心意的诏书？就算当时喝醉了，韩琦、欧阳修等人就不怕酒后算账？由于史料的匮乏，事情真相已经不得而知，我们也无法判断究竟谁是谁非。

不过，韩琦和欧阳修等人对这个结果还是满意的，因为了结了此事，他们就可以集中精力打理朝政了。

很可惜，留给他们的太平日子，也就十个月而已。

# 带水的年号

赵曙即位后将新年号选定为"治平"，治平者，取天下大治、天下太平之意。然而，这个满载希望的年号却被后来者指出了破绽。

宋朝崇尚火德，年号里怎么能出现一个带水的"治"字呢？水克火，太不吉利。有人以此推断，正是这个不吉利的名号，导致赵曙一朝坎坷不断。

拆文解字的把戏，自然当不得真，因为我们稍微思考一下就会发现，太宗赵光义的第四个年号叫作"淳化"，"淳"字也同样带着水。

取错年号一说固然荒谬，可赵曙朝的国运不佳却是真的。

治平三年（1066）十一月，赵曙再一次病倒，而且病得很重。短短几天内，这位年仅三十五岁的皇帝已经卧床不起，说话都成了困难。

根据医官判断，赵曙的病状和赵祯嘉祐末年的情况非常相似，看样子，已经来日无多。

众臣万万没有想到，这位苦心拥立起来的新君居然如此薄命。然而，国不可一日无君，当务之急，还得马上做好迎立新君的准备。

赵曙有四个儿子，都是皇后高氏所生，其中，长子赵顼（xū）已经十九岁，于治平元年进封为颍王，是皇位的最理想继承者。表面上看，赵顼的储君地位应该不会受到什么挑战，可韩琦等人依然不敢掉以轻心。

因为赵曙留给众人的印象并不好，他一会儿病恹恹地不思进取，一会儿因撤帘、定生父名号等问题开罪众人，啥成绩没有，麻烦却添了不少。所以，在许多皇室成员和朝臣心中都觉得以赵曙为继承人是赵祯看走了眼。

韩琦生怕有人利用这种情绪篡权乱政，开始紧锣密鼓地做出安排。

为防不测，韩琦每日都到宫中问候赵曙起居。一日，韩琦出来后，见到赵顼正站在门外，一脸忧愁。

他故意停下脚步，走到赵顼跟前说道："请颍王从现在起，每天都留在宫中，不要离开皇上半步。"

赵顼以为韩琦是在和他讲孝道，连忙回道："我自然知道，这是做儿子的本分。"

韩琦沉默了一会儿，没有说话。他注视着这个年轻的皇子，然后意味深长地说道："不是为了这个呀（非为此也）。"

赵顼顿时明白了韩琦的意思，重重地点了点头。

让赵顼自己留心注意还远远不够，韩琦筹划着早日将赵顼册立为皇太子，并诏告天下。如此一来，赵顼的储君之位才会稳固。

十二月二十一日，赵曙病情加剧，韩琦感到立皇太子的事已经刻不容缓。在一次例行探望过后，他独自留了下来。

韩琦在病床前小心翼翼地向赵曙建议："陛下已经有很长一段时间没有上朝，天下人无不因此忧虑惶恐。如今应该早立皇太子，以此安定天下臣民之心。"

赵曙吃力地睁开双眼，费力地盯着韩琦，眼神中似乎透着一股哀怜。从辅臣的话语中，他明白，自己已经时日无多，心中无限伤楚，却又倍感无奈，只好无力地点了点头。

韩琦见赵曙点头同意，立刻命人拿来纸笔，送到他的手中，请他写下"御札"。

赵曙费尽力气，在纸上写下了"立大王为皇太子"七个字。

颍王赵顼是赵曙长子，写"大王"二字并无不妥，但是，行事谨慎的韩琦害怕横生枝节，再次建议道："必须写'颍王'才可，还是烦请圣上重新书写一下。"

赵曙只得再次拿起笔来，添写了"颍王顼"三个字。

赵曙刚写完，韩琦立刻命内侍将这份"御札"交到翰林学士院，命翰林学士据此起草诏书。


学士院接到"御札"后，见是如此机密大事，觉得还是应该再当面请示皇上一遍。于是，翰林学士承旨张方平紧急入宫，来到赵曙病榻前请求明示。如果大家还记得，这位张方平正是当年为苏轼父子写推荐信的益州知州。

见到张方平后，赵曙扶着床几，口中念念有词，似乎还要再交代什么。但由于声音过于微弱，张方平根本无法听清楚他在说什么。最后，赵曙长叹一声，用手在床几上比画起来。

经过一番辨认，张方平终于确信，皇上已经下决心要立皇太子。张方平和韩琦一样小心谨慎，觉得如此大事，还是请皇上当面再书写一遍才放心。

赵曙只好又一次打起精神，拿笔写下"来日降制，立×为皇太子"十个字。

张方平见了手诏，顿时傻眼了，十个字中，偏偏最关键的一字写得非常模糊，让人无法辨认。他只好请赵曙再写清楚一点儿。赵曙拼尽全力，加写了"颍王""大王"四个字，张方平这才放心地退下去起草诏书了。

可怜的赵曙，在奄奄一息之际，还不得不把同样的事情做两遍。

第二天，诏书公布天下，立颍王赵顼为皇太子。

治平四年（1067）正月初八，离确立皇太子仅仅半个月，福宁殿内再次响起沉闷的丧钟声。

宋朝第五任君主赵曙因病辞世，在位仅三年零八个月。

赵曙死后，宋人为其定庙号为"英"。

是为宋英宗。

英宗赵曙去世后，太子赵顼即位，韩琦率领群臣参拜新君。他们发现，这位年仅二十岁的皇帝身上，散发着一股和他父亲截然不同的锐气。他的眼神看似睿智谦和，实则英气逼人。

十一世纪的中叶，一个血气方刚的帝王和一个日益衰朽老迈的帝国，即将发生前所未有的激烈碰撞。